河南省科技厅科技攻关项目（152102310089），河南财经政法大学博士科研启动基金，
河南省教育厅人文社会科学研究项目（2014-qn-103）

经济管理学术文库 • 管理类

城市群公共危机管理应急决策理论与应对机制研究

Research on Emergency Decision-making Theory and Coping Mechanism of Public Crisis Management in Urban Agglomeration

蒋宗彩 / 著

图书在版编目（CIP）数据

城市群公共危机管理应急决策理论与应对机制研究/蒋宗彩著．—北京：经济管理出版社，2015.9
ISBN 978－7－5096－3901－6

Ⅰ．①城…　Ⅱ．①蒋…　Ⅲ．①城市群—突发事件—公共管理—研究—中国　Ⅳ．①D63

中国版本图书馆 CIP 数据核字(2015)第 204061 号

组稿编辑：曹　靖
责任编辑：杨国强　张瑞军
责任印制：黄章平
责任校对：车立佳

出版发行：经济管理出版社
（北京市海淀区北蜂窝 8 号中雅大厦 A 座 11 层　100038）
网　　址：www. E－mp. com. cn
电　　话：(010) 51915602
印　　刷：北京九州迅驰传媒文化有限公司
经　　销：新华书店
开　　本：720mm×1000mm/16
印　　张：13
字　　数：248 千字
版　　次：2015 年 9 月第 1 版　　2015 年 9 月第 1 次印刷
书　　号：ISBN 978－7－5096－3901－6
定　　价：48.00 元

前　言

随着信息技术的发展、交通条件的改善，相邻城市之间的经济联系越来越密切，相互影响越来越大，从而形成了城市群。城市群不仅是我国推进城镇化的主体形态，经济社会发展的主要载体，也是财富集聚和科技文化的创新区域。城市群区域的公共安全问题直接关系到区域竞争力的提升和国家重要战略的实现。当前学术界对城市群公共危机的研究比较薄弱，并且大多数研究停留在定性描述上或针对某一特定城市群分析，还没有形成一套完整的、具有可操作性的城市群公共危机应急决策理论体系和有效的应对机制。

鉴于此，本书以城市群公共危机为研究对象，综合运用城市群理论、复杂性科学理论、博弈论、模糊多属性群决策等有关理论和方法，深入剖析城市群公共危机的诱因和形成机理，探究城市群公共危机应急决策理论，并设计了城市群公共危机的应对机制。本书主要研究内容及创新性成果如下：

（1）城市群公共危机诱因和形成机理研究。书中首先剖析了城市群公共危机的内涵，其次从运行层面、战略层面和突发层面探究了城市群公共危机的诱因，最后基于社会燃烧理论、自组织理论和脆性理论揭示了城市群公共危机的形成机理，为解决城市群公共危机应急决策问题提供依据。

（2）城市群公共危机应急决策模型构建。首先，从静态的视角，在专家权重和属性权重未知的情形下，基于区间直觉模糊多属性群决策理论，构建了城市群公共危机应急方案选择模型。其次，从动态的视角，建立了基于不完全信息动态博弈的应急决策模型，并分析了危机管理中管理者与危机事件之间的动态博弈过程，从而为危机管理者应急方案的形成提供决策支持。

（3）城市群公共危机管理评价研究。分别从危机前的风险管理绩效评估和危机后的管理能力评估两方面研究城市群公共危机管理评价问题。首先，运用模糊 AHP 和模糊 TOPSIS 方法构建了城市群公共危机风险管理绩效评估模型。其次，基于 α 截集和模糊 TOPSIS 方法建立了城市群公共危机管理能力综合评价模型，并通过对“非典”事件、南方雪灾、汶川地震和三鹿事件及其管理过程的评价，说明该方法的可行性和有效性。

（4）城市群公共危机应对机制研究。一方面，借鉴协同学的基本理论和方法，设计了城市群公共危机协同治理机制；另一方面，从信息保障、技术保障、资源保障、立法保障和教育保障五个方面构建城市群公共危机管理的保障机制。

以上研究成果拓展和丰富了公共危机管理的理论体系，促进了城市群公共危机应急决策理论的发展，提高了城市群公共危机管理系统的运作效率，对城市群公共危机事件的防治具有重要的参考价值和现实意义。

目 录

第一章 绪 论

第一节 研究背景、目的和意义

一、研究背景

人类社会文明在不断进步的同时，脆弱的生存环境却未曾大幅改进，突发性危机事件依然层出不穷。例如，2001 年发生在美国的“9 · 11”恐怖袭击事件，给人们造成了恐慌和不安；2003 年“SARS”病毒在中国肆虐，给我国居民造成了巨大的心理创伤。其他还有汶川大地震、国际金融危机、甲型 H7N9 禽流感、日本近海域地震引发的核泄漏、菲律宾台风、马航失联等特大危机事件接踵而至，不仅造成了大量的人员伤亡、财产损失和严重的社会失序，也对政府的危机管理提出了严峻的挑战，公共危机及其管理已成为各国政府和民众高度关注的公共议题。中共十八届三中全会上明确提出“创新有效预防和化解社会矛盾体制，健全公共安全体系，设立国家安全委员会，完善国家安全体制和国家安全战略，确保国家安全”的战略方针。

城市群不仅是我国推进城镇化的主体形态，经济社会发展的主要载体，而且是财富集聚和科技文化的创新区域。城市群的公共安全问题在很大程度上影响着国家的繁荣与稳定。国家“十二五”规划进一步提出“以大城市为依托，以中小城市为重点，逐步形成辐射作用大的城市群”。随着全球经济一体化的深入发展，城市群作为我国参与国际竞争最有潜力的载体，一方面，正面临着区域性人口、资源、环境、基础设施等方面潜在的各种矛盾日益激活和凸显局面；另一方面，随着城市群规模的不断扩大，城市群系统中各子系统的数量和功能逐渐增加，各子系统之间的依赖性不断增强，造成风险源增多，使得系统对外界的干扰和刺激非常敏感，任何由外部环境或者内部矛盾引发的小小骚动，都可能导致整个城市群系统产生混沌运动，使得危机在区域内的某个城市首先爆发，由于危机的扩大效应和连锁效应，往往会使危机的影响范围和危害程度加大，进而诱发城市群公共危机的爆发。例如，2003 年发生在纽约城市群和芝加哥城市群的大面积断电事件，造成的损失高达 300 亿美元；2003 年“SARS”在珠三角城市群的爆发与急速扩散，对我国乃至世界的经济发展、社会生活和政治状态产生了巨大影响；2008 年长株潭城市群的雪灾造成湖南省直接经济损失高达 112 亿元；2009 年持续数月的干旱从湖南农村席卷城市，使得长株潭城市群陷入了饮水危机。城市群公共危机指发生在城市群区域内的公共危机事件，该事件已经或可能对城市群区域内的公共安全和公共秩序产生严重威胁，需要公共部门在时间压力和不确定性极高的情形下作出决策并加以控制。虽然城市群的危机得到了妥善处置，但城市群公共危机应急决策理论及应对机制已经受到严峻考验，城市群的聚集效应所带来的经济利益与危机隐患是相生并存的，如果我们一味地陶醉于前者而忽视了后者，一定会付出惨痛的代价。

作为城市群公共危机管理重要环节的应急决策体系，是应对城市群公共危机的重要研究领域之一。如何在城市群公共危机发生时迅速、准确地进行应急决策一直是各国政府需要迫切解决的重要问题。由于应急决策环境的复杂性、信息的不完整性和不确定性以及时间的紧迫性，应急决策专家很难用精确的数值表达他们的偏好，因此模糊多属性群决策理论为城市群公共危机应急决策提供了一种有效的决策分析工具。另外，我国现有的城市群公共危机管理在机制、体制、法制上还不太完善，虽然已经出台了《泛珠三角区域内地 9 省（区）应急管理合作协议》、《黄河中游四省（自治区）应急管理合作协议》、《长江三角洲地区区域规划》等协议、制度，但这些区域应急管理合作机制的制度化水平还有待进一步提升，协同治理理论为城市群公共危机的应对提供了一条有效路径。

正确认识城市群公共危机的诱因和形成机理，探索城市群公共危机的应急决策模型和应对机制，对于保持城市群体系的可持续发展，推进城市群体系一体化实践有着重要的指导作用。本书以公共危机管理理论、复杂系统理论、多属性群决策理论为基础，以教育部人文社会科学研究基金项目“城市群体系公共危机诊断与反危机策略研究——以长江三角洲为例”（项目编号：10YJA630193）为依托，以城市群公共危机为研究对象，以提高公共危机管理能力为目标，从理论和实践两方面对城市群公共危机管理的应急决策和应对机制工作开展了相关理论方法和应用研究。本书部分研究成果已被长三角城市群的公共卫生临床中心、应急办公室以及疾病预防控制中心等部门采纳和应用，引起了危机管理部门的重视和思考，并为其政策法规的制定提供理论参考。

二、研究目的与意义

（一）研究目的

本书在深入研究城市群公共危机管理的基础上，通过理论研究和综合实践，充分利用现有资料和国内外研究成果，从城市群公共危机的诱因、形成机理、应急决策、管理能力评估和应对机制等方面进行理论研究，以提高危机管理能力与应对能力。本书的最终目的是建立城市群公共危机应急决策的核心理论与方法，为政府在城市群公共危机管理中采取正确的管理和决策行为提供科学的理论依据和方法参考。具体研究目标如下。

（1）基于复杂性科学理论，综合运用社会燃烧理论、熵理论、自组织理论和脆性理论分析城市群公共危机的形成机理，为解决城市群公共危机应急决策问题提供依据。

（2）从城市群公共危机发生前风险管理绩效评估、危机中应急方案选择和危机后管理能力评价三个角度构建了城市群公共危机应急决策的分析框架。

（3）借鉴协同学理论，探索城市群公共危机的应对机制和策略，为我国城市群公共危机管理提供一套可操作的政策建议。

（二）研究意义

第一，理论意义。国内外学者在危机管理方面已经取得了较为丰硕的成果，但对城市群公共危机管理的研究仍然处在起步阶段，尤其是针对城市群应急决策和应对机制的研究极少有学者涉足。本书将城市群理论、复杂系统理论、多属性决策理论与公共危机管理的理论、观点与方法进行交叉和集成研究，有利于完善对城市群公共危机客观规律的科学认识。在此基础上，研究城市群体系公共危机的特征、诱因以及形成机理，从应急群决策和管理能力评估两方面建立城市群体系公共危机的分析框架，并设计出有效的应对机制，不仅为政府危机管理部门提供了可靠的理论依据和实践指导，而且拓展了公共危机管理的理论体系，丰富了城市群公共危机管理的理论成果。

第二，现实意义。城市群是我国推进城镇化的主体形态，经济社会发展的主要载体和科技文化的主要创新区域。城市群区域的公共安全问题直接关系到区域竞争力的提升和国家重要战略的实现。研究如何将公共危机管理的理论与方法运用到城市群体系中去，设计出一套城市群公共危机的分析框架，并提出切实可行的应对策略为管理部门提供参考，对于城市群区域保持全面协调可持续发展，推进城市群体系一体化实践，提升现代化城市管理水平，构建和谐社会和保障国家安全稳定有着非常重要的现实意义。

第二节 国内外研究现状及评述

一、公共危机管理国内外研究综述

当前对公共危机管理的研究引起了社会和学术界的广泛关注。为梳理和归纳当代公共危机管理的研究现状及演进趋势，本书利用系统的文献分析方法，从国外和国内两个视角对公共危机管理研究进行分析。首先，阐述了国外公共危机管理发展的三个阶段；其次，对于国内公共危机管理的研究，主要从以下三个方面进行分析，即：危机管理机制的构建、危机管理评价和危机管理方法研究。

（一）国外公共危机研究分析

国外学者关于公共危机的研究主要分为三个阶段。其研究范围从政治、自然灾害等事件向整个经济社会领域扩展，并且危机事件类型日益多样化，跨领域跨边界危机成为21世纪的主要危机，对公共危机管理系统的建立和公共危机管理能力的提升提出了更高要求。

1. 第一阶段（20世纪90年代以前）：主要研究政治危机

20世纪60至80年代，受古巴导弹危机、中东石油危机以及苏联解体等事件的影响，学者们主要以研究政治危机为主。美国学者Alliso（1971）以古巴导弹危机为例，对国际公共危机管理中信息沟通的影响因素以及信息沟通在化解古巴导弹危机中的重要作用进行了分析，为以后解决危机冲突提供了良好的借鉴范式。美国政治学家Hermann（1972）的论文集《国际危机：行为研究视角》是对危机管理研究比较早的著作之一。Fink（1986）在著作《危机管理——对付突发事件的计划》中首次对危机管理进行了比较系统的研究。美国在1979年成立的联邦应急事务管理署（FEMA）是最大的一个危机管理组织。该组织的主要职能：一是建立一个以风险管理为基础的危机管理体系；二是在危机前、危机中和危机后的全过程管理中，做好支持和指导工作。

2. 第二阶段（20世纪90年代）：主要研究自然灾害和人为灾害

20世纪90年代，国外公共危机管理从政治危机管理转向灾害危机管理。随着经济的迅猛发展、科技的日新月异，自然灾害日益频繁，尤其是1999年发生在伊朗和土耳其的大地震引起了学者们对自然灾害的高度重视。另外，随着政治经济全球化进程的加快，人为灾害越来越普遍，如海湾战争、亚洲金融风暴以及电脑病毒的广泛传播等。这期间的研究主要涉及突发自然灾害时大规模疏散过程

中的行为模式和社会支持系统、灾难事件中的大众传媒的研究、从社会学角度对突发灾害概念的研究等。例如，Tiedemann（1992）利用灾害概率函数对洪水、风暴、地震等灾害进行风险评估。Goulielmos 等（1998）探讨了在处理船舶火灾时要考虑到港口的环境问题。Pearson 等（1998）提出要借助于跨学科理论融合法和先进技术手段相结合的方法研究危机管理。

3. 第三阶段（21 世纪之后）：公共危机管理研究多元化阶段

进入 21 世纪，国际公共危机事件涉及领域呈现多元化趋势，无论是自然灾害、公共卫生事件、社会安全事件还是经济危机、事故灾难全面爆发。如“9·11”事件、“SARS”、甲型 H7N9、卡特里娜飓风、汶川大地震、印度洋海啸、全球经济危机、日本核泄漏、菲律宾台风等。公共危机涉及领域的多元化，使得学者们更加注重危机前预防以及复杂性理论、运筹学等在危机管理中的应用。德国著名学者乌尔里希·贝克（2004）认为“人类所处的社会充满了风险，社会组织对风险的态度很不负责任”。Larson 等（2006）通过对俄克拉荷马州爆炸事件、佛罗里达飓风等重大灾难的分析，认为需要加强开发面向决策和运筹学的模型，以提高对重大突发事件的准备和响应。美国著名危机管理学家 Green 和 Kolesar（2004）对 30 多年来发表在《Management Science》上有关危机管理领域的运筹学模型和应用进行了回顾，并阐述了随着恐怖主义的猖獗，运筹学在危机管理中新的应用方向。Altay 等（2006）通过对 109 篇文献的系统分析，总结了运筹学与管理科学在危机管理中的应用研究，最后提出了未来潜在的研究方向，即：Multi - agent 研究、数据包络分析、模糊系统、系统动力学等方法论、数据采集、通信、遥感等通信技术分析、灾害损失评估与恢复计划研究、企业在灾害情景下的业务持续管理、关键基础设施研究等。Galindo 和 Batta（2013）对 Altay 和 Green（2006）的文献综述进行补充和完善，认为在以下 5 个方面还有待进一步研究：危机管理参与主体之间的协同性、通过应用性研究来引入新技术、通过正规的统计方法来加强假设的合理性、柔性运作管理以及危机管理政策绩效评估等。Wright 等（2006）通过对运筹学在国土安全领域里的应用分析，认为要加强关键基础设施之间相互依赖性的研究。Bayrak（2009）认为，一个灾害监测系统的成功运作需要管理者和计算机协同工作。Bagheri 等（2010）构建了地震灾后重建阶段的城市水危机系统动力学模型。McEntire（2011）分析了引起灾害的脆弱性因素，并且建议通过减少风险和敏感性以及提高抵抗力和弹性来降低脆弱性。Clerveaux 等（2011）通过设计危机意识游戏（DAG）评估和提高多元化社会中年轻人的危机意识。Kapucu 等（2010）论述在危机管理中协同管理的重要性，并且构建了危机协同管理网络。Salmon 等（2011）通过案例分析研究了在多主体的危机反应系统中，军事机构与民间组织的协同问题。Sinclair 等（2012）

通过问卷调查分析了北美和新西兰的政府危机管理组织是如何对地方政府的应急培训和演练效果进行评估的。Comfort 等（2012）对危机管理在公共管理领域的研究与实践过程进行综述，最后从组织间的协调和合作、通信设备之间的互操作性、危机的综合管理方法、危机响应和恢复以及社区的脆弱性等方面阐述了未来的研究方向。Ibri 等（2012）把多主体建模应用到应急车辆分配中。Vasavada 等（2013）运用社会网络分析工具检测印度古吉拉特邦灾害管理网络的影响因素。Rose 等（2013）构建了一个基于经济框架的跨边界应急管理体系和政策以处理跨边界危机。Adrot 等（2013）以 2003 年法国热浪危机响应案例说明了应急演练的重要性。

（二）国内公共危机研究概述

随着"9·11"事件、汶川地震、日本核泄漏等特大公共危机事件的爆发，我国学者对公共危机的研究逐渐升温，重心也由企业危机转向公共危机。研究内容涉及危机管理的体制、机制、法制、管理能力评价、管理过程、管理方法以及不同类型的公共危机，如群体性突发事件、学校突发公共危机、农村公共危机等。本书重点从危机管理机制、危机管理评价和研究方法对我国学者在公共危机研究方面的现状进行阐述。

1. 公共危机管理机制的构建

公共危机管理领域中一个非常重要的问题是如何构建合理有效的管理机制。在 2004 年前，学者们从"制度论"、"公共关系论"、"经验论"、"全面整合论"视角提出了我国公共危机管理的四种基本观点。近几年，部分研究者又提出了"协同治理论"，提倡多元主体共同协商合作来提高公共危机管理的效率。如张立荣等（2007）基于协同学理论的视角，提出了公共危机协同治理的模式。夏志强（2009）分析了公共危机多元治理主体的协同与合作所存在的诸多困难。赵林度等（2009）利用 Multi - agent 技术的优点，运用黑板理论和模型，对城际灾害应急管理的信息协同机制进行了研究。马道明（2009）从五律协同理论出发，认为非政府组织能够在危机管理中发挥重要作用，是危机管理重要的协同变量。陆远权等（2010）认为公共危机治理应在协同治理理论视角下，壮大非政府组织力量，培育民间组织，构建协同治理的组织体系，建立公共危机治理的国际之间、中央与地方、政府与公民社会组织之间的多方位合作机制。沙勇忠等（2010）探讨了我国公共危机协同治理的主要路径。刘奕等（2010）采用多主体（Multi - agent）方法对雪灾中的典型多部门协同进行了建模与分析。杜磊等（2010）针对突发事件处置过程中的多组织协同问题，定义了基于多 Agent 的应急协同 Petri 网模型，并给出了协同检测算法。邓旭峰（2011）从法律制度环境、组织体系优化、权责规范、资源保障以及信息技术保障等方面构建了公共危机多主体治理的

制度保障体系。姜小翠（2012）设计出了城市食品安全危机协同治理的主要路径。刘智勇和刘文杰（2012）通过对近10年间发表在国内期刊上关于公共危机管理多元主体协同相关论文的述评，认为目前对多元主体协同机制的研究还比较薄弱，有待进一步加强探讨。杨军（2013）分析了我国公共危机协同治理的现状及存在问题，并提出了对策建议。Li等（2014）构建了一个以社区为基础的应急协同信息系统。

2. 危机管理能力评价研究

危机管理能力评价是在危机发生之后，对以政府为主导的组织使用、管理与配置社会资源而处理危机事件效果的评估。通过建立科学、合理的危机管理能力评价体系，不仅可以考察政府的危机管理能力，及时发现管理中可能存在的薄弱环节，而且可以完善管理流程，优化管理系统。何代欣等（2006）选用综合DEA模型中的FG模型，研究了美国公共危机管理的绩效。田依林和杨青（2008）将专家估测法和AHP法相结合，构建了突发事件应急能力评价指标体系。凌学武（2009）设计了一套三维立体的政府应急管理能力评估指标体系。张海波和童星（2009）提出了我国应急能力评估的理论框架。陈升等（2010）结合汶川地震的实际，通过问卷调查对地方政府的应急管理绩效和能力进行评价。张永领（2010）设计了基于德尔非法和最小判别的应急能力逐级评价模式。卢文刚（2010）构建了基于政府主导的电力应急能力综合评价指标体系。朱正威等（2011）运用平衡计分卡方法构建了社区公共安全管理绩效评价指标体系。汪志红等（2011）提出了基于Logistic曲线的城市应急能力发展现状评价模型。佘廉和曹兴信（2012）提出了我国灾害应急能力建设的基本思路、主要目标和应急能力建设的重点内容，并提出了国家应急救援基地的建设模式。潘科和许开立（2012）以可拓集合理论为基础，构建了化工园区应急能力评价的两级可拓评价模型。苗成林等（2013）运用习惯领域理论提出了我国煤矿突发事件应急能力评价指标赋权方法。

3. 研究领域多元化和研究方法的多样性

从总体上看，近年来我国学者对公共危机管理的研究，是以政府危机管理为核心，以城市危机为主要研究对象。这几年，少数学者把笔墨扩展到了农村、城市群、学校、图书馆、医院等其他对象。李燕凌等（2004）和陈鹏等（2013）分析了农村公共危机产生的原因及对策。符礼勇等（2008）分析了城市群公共危机的内涵、诱因和表现特征。高小平和彭涛（2011）分析了学校危机管理的特点、机制和策略。宋希博和谭学元（2013）将熵权模型应用到高校公共危机应急处置决策中。刘兹恒和刘雅琼（2008）对国内外有关图书馆危机和危机管理的研究现状进行了综述。李敏（2013）通过对2012年恶性袭医事件的分析，提出医院公共危机管理的政策建议。

由于公共危机形态的多样性与复杂性，决定了该领域的研究需要结合安全科学、管理科学、信息科学、计算机科学、心理学等多学科与领域的研究成果，需要不同学科间开拓、交叉、渗透与融合（范维澄，2007；寇纲等，2012；钟永光等，2012；张辉等，2012）。为解决此类问题的关键技术提供新的思路、理论和方法，学者们将复杂系统理论、博弈论等方法应用到危机管理中，并构建出基于中国问题的灾害分析框架。

金鸿章等（2004）将复杂系统脆性理论应用于传染病危机的脆性分析中。张晓鹏等（2008）运用复杂科学理论构建了危机管理系统。刘拓（2009）对公共危机伪信息扩散进行混沌情景预测，并对其复杂性管理进行混沌情景仿真。欧阳敏等（2008）给出了一种考虑冗余的改进的灾害蔓延模型。鞠彦兵和王爱华（2009）将突变理论和粗集约简理论应用到突发事件影响度的评价中。张立荣和方堃（2009）基于复杂适应系统（CAS）理论，构建了公共危机治理的新模式。王飞跃等（2010）针对非常规突发事件应急管理的特点，在平行系统基本思想的基础上，提出了一种高性能、可扩展、可定制、开放交互的突发事件动态模拟仿真与计算实验平台设计框架。钟琪等（2010）运用自组织理论分析公共危机治理网络自组织演化机制、条件和动因，并借用生态学中的 Logistic 模型构建了公共危机治理网络的系统动力学模型。陈秋玲等（2010）将突变理论应用到上海市的安全度评估中。李本先等（2012）分析了社会网络分析在反恐应用中的主要成果。杨青和杨帆（2012）运用复杂系统元胞自动机（CA）原理和多 Agent 理论，研究突发传染病事件的演化机理。朱正威等（2012）基于“脆弱性—能力”视角，运用复杂系统和复杂网络理论对突发事件扩散机理进行研究。朱莉和曹杰（2012）将超网络理论应用到灾害应急资源调配运作中。谌楠等（2012）将尖点突变理论引入非常规突发事件网络舆情传播模型中。刘嘉和谢科范（2013）构建了非常规突发事件个体决策行为的系统动力学（SD）模型。

危机管理中的博弈研究主要是危机管理的主体和客体，以及不同层次主体之间的博弈分析。姚杰等（2004）描述了突发事件与危机管理者之间的动态博弈问题，整个博弈过程是如何调用方案空间中的方案应对突发事件的不确定性发展的状态。张婧等（2007）研究了多灾点资源调度中的非合作博弈问题。刘德海（2010）对群体性突发事件中的演化博弈进行了深入研究。丁继勇等（2012）基于贝叶斯和动态博弈理论分析了城市暴雨内涝应急决策方案的动态生成过程。刘尚亮等（2012）构建了政府监管下的群体性突发事件的两阶段动态博弈模型。刘德海和王维国（2012）将演化博弈理论应用到重大突发公共卫生事件情景预测与防控中。霍良安等（2013）构建了基于 Stackelberg 博弈模型的展会人员应急疏散模型。

我国知名危机管理专家童星和张海波（2010）从应急管理功能定位、应急预案绩效分析、治理结构优化、突发事件问责和群体性事件治理5个角度构建了基于中国问题的灾害管理分析框架。吕孝礼和张海波（2012）分析了公共管理视角下的中国危机管理研究—现状、趋势和未来方向，他们认为统一的话语体系，国外理论对中国的检适，数据的获取和合理使用三方面有待进一步研究。Yi 等（2012）从原则性、制度框架和法制建设三方面分析了中国的灾害管理问题。

二、应急决策理论国内外研究现状

城市群公共危机应急决策，实质上是以城市群公共危机应对为决策情势的一种特殊决策。它指的是在危机事件突然发生或出现某些征兆时，决策行为主体为了尽快把事态的影响控制在最小的范围内，并最大可能地减少事件的损失程度，在时间紧迫、信息不完全、资源和人力有限的形势下，迅速有效地利用决策理论和计算机辅助工具，选择合适的决策方案，并随着事态的发展不断调整方案直至事件得到控制为止的一个动态决策过程（Cosgrave，1995；Levy 等，2009；Mahmoud 等，2009）。与传统的决策相比，应急决策具有以下特征。

决策环境复杂多变。由于公共危机事件的突发性、高度不确定性和危害巨大性，使得每次应急决策所面临的情境都不尽相同，从而，不同的决策过程和方法以及对危机事件背景信息的把握，都可能得到不同的决策结果。

决策信息不完全。由于危机事件发生后要求决策者迅速作出反应，导致在有限时间内获取决策问题相关信息的高难度。另外，公共危机事件的发生往往造成用以收集、传递信息的基础设备设施和道路等毁坏，从而使得决策者无法获取相关信息或者获取突发事件相关信息不全面的问题。

决策过程具有时效性。公共危机一旦发生便可能造成巨大危害性，由于决策不及时而造成的后果可能比决策失误更加严重，因此应急决策的时效性至关重要，必须在较短时间内作出决策。

决策专家涉及多部门多领域。由于危机事件发展演化复杂多变，情景高度不确定，往往没有现成的预案可以借鉴，任何部门、任何个人都不可能具备决策所需的综合性知识、信息和经验，因此应急决策涉及跨领域、跨区域和跨部门专家共同参与。

决策风险高。在危机状态下，决策者在时间紧迫、信息缺失、资源短缺以及高强度的压力下通常难以经过深思熟虑做出理性的决断。因此，决策实际效果很难预料，决策风险性比较高。

多阶段不确定性动态决策。由于突发公共危机事件的发生、发展、演变以及应急处置措施和效果在时间、资源消耗上的不确定性，导致应急决策是一个随着危机态势发展的不断变化而不断调整的多阶段动态过程。

Tufekci 和 Wallace（1998）认为，危机管理的本质是应急决策。应急决策是公共危机管理的核心研究问题之一，它关系着公共危机处置的成败，是对政府危机管理能力的集中体现，如何在危机事件发生时迅速、准确地进行决策一直是各国政府和学术界迫切需要解决的重要问题。目前，国内外关于应急决策的研究主要涵盖应急决策概念模型分析、静态应急决策模型研究、动态应急决策方法研究、智能应急决策支持系统的构建、应急决策效用分析等。

（一）应急决策概念模型分析

Klein（1993）将经验决策模型引入突发事件应急决策中。Smith 等（2000）提出了一个基于协调决策的案例研究方法，并应用到灾害管理中。F. Ozel（2001）和 Kowalski - Trakofler 等（2003）分析了在时间紧迫和压力巨大的情形下，决策者如何选择合适的营救方案。Sayegh 等（2004）分析了情感在危机决策中的作用。Mendonca 等（2007）将应急决策方案制定过程与爵士乐即兴演奏过程进行类比分析，提出了一种公共危机管理即兴决策理论。关惠兴等（2007）提出了多部门应急机构的集群决策方法。韩传峰等（2009）分析了非常规突发事件应急决策系统的内部结构及其反馈机制、耦合机制、应急决策动态调整机理。华国伟等（2011）探讨了非常规突发事件的特征，并从演化机理、多属性智能决策、多阶段动态应急决策、多目标群体智能应急决策和不确定性多属性应急决策研究 5 个方面提出了应急决策的研究思路。刘霞等（2011）通过情景表征、风险认知、经验提取、信息参照、研判互动、政治考量、策略生成和风险选择 8 个环节及应急决策者、决策情境、算法规则和启发策略 4 个要素的序列心理加工而生成应急决策的基本规律，构建了应急决策生成机理的“天秤模型”。姜卉等（2011）提出了基于经验模式的非常规突发事件应急决策模型。唐辉等（2011）提出发展应急决策指导性模型的新思路。陈刚等（2011）构建了非常规突发事件的“事态—响应”集群决策模式。胡望洋（2011）构建了模块化的应急指挥最优决策模型。Kapucu 等（2011）提出了在危机和灾害管理中，协同应急决策的理论框架。钟开斌（2013）通过“信息源—信息渠道”的解释框架说明信息源清晰和信息渠道畅通对应急决策的重要性。曹蓉等（2014）构建了应急决策的“认知—情感”、“受控—自动”的二维分析框架，他们认为在认知系统中，管理者的应急决策隐性知识对应急决策的影响更大，而在情感系统中，热情管理者的情绪能量唤醒对应急决策具有积极影响，而情绪紧张唤醒则具有消极影响。

（二）静态应急决策模型方法

学者们构建了诸如决策树（Tamura 等，2000）、群决策（Rosmuller 等，2004；Carlos 等，2008）、模糊概率（Karimi 等，2007）、贝叶斯决策（彭若宏

等，2008）、效用分析（徐志新等，2008）、MAS 马尔科夫决策（曾伟等，2009）、约束满足问题（CSP）（董存祥等，2010）、相似度计算（姜艳萍等，2010）、Vague 集（宋莎莎等，2011）、敏捷决策法（Xie 等，2011）、二元语义（岳小云等，2011）、变异系数法（Xu 等，2012）、案例推理（汪季玉等，2003；李明磊等，2012）、云计算（龙飞，2011）、冲突消解协调（徐选华等，2013）、前景理论（Liu 等，2014）、故障树法（Liu 等，2014）等模型方法来辅助应急决策，其中多属性应急群决策应用比较广泛。如，Levy 和 Taji（2007）针对属性关联的洪水灾害应对方案选择问题提出了一种基于网络层次分析的群决策法（GANP）。Andrews 等（2008）将 AHP 方法应用到核危机决策中。Yu 和 Lai（2011）构建了基于距离的多属性应急群决策支持系统。Ju 和 Wang（2012）提出了综合证据理论和 AHP 及 TOPSIS 的方法来对应急方案进行选择。邬文帅等（2012）提出了混合模糊理论、灰色系统理论及多目标决策理论的应急决策方法。薛可等（2012）提出了基于多属性不确定性决策的论坛危机信息传播决策的定量研究方法。Du 等（2013）提出了基于包以德（OODA）循环（观察、调整、决策、行动）的城市疏散应急决策模型。刘洋等（2013）提出了突发事件应急响应的多属性风险决策方法。孔衍等（2013）将三标度 AHP 法应用到在核事故应急决策中。Ergu 等（2014）提出了改进的网络层次分析法（ANP）来解决应急决策问题。

由于应急环境下的信息具有不确定性、模糊性以及专家知识水平的有限性，因此在应急决策时，往往对许多属性难以确定和量化，从而模糊多属性应急群决策理论得到了重视。陆能枝等（2002）将模糊决策的相关理论应用到核事故应急决策中。孙颖等（2005）运用熵值法和 TOPSIS 法对多个应急预案进行群体排序。Fu（2008）针对防洪应急方案调度选择问题，给出了一个基于模糊逼近理想解的决策方法。Zhou 等（2011）利用模糊决策试验和评估实验室方法来识别应急管理中的关键因素。Turĝut 等（2011）应用模糊 AHP 方法选择灾害物流中心。Krohling 和 Campanharo（2011）利用改进的模糊 TOPSIS 方法解决漏油事故中的应急决策问题。刘明等（2011）在信息不完全情景下，构建了一个混合 ANP、证据理论以及改进 TOPSIS 的多属性应急协同决策方法。王绍玉和黄星（2012）将直觉模糊距离群决策方法运用到堰塞湖减灾决策过程中。唐润等（2012）建立了基于相似度调整的直觉模糊城市极端洪灾应急群决策模型。程铁军等（2013）将基于残缺直觉判断矩阵的群决策方法应用于突发事件的应急决策中。Lee 等（2014）提出了一个基于 α 截集的模糊 TOPSIS 方法来对洪水的脆弱性进行评估，并应用到韩国汉江的水资源管理中。

（三）动态应急决策方法研究

张云龙等（2009）利用模糊集合理论，建立了在事故灾难复杂环境下对应急决策进行动态调整的模糊群体决策方法。韩传峰等（2009）分析了非常规突发事件应急决策系统的内部结构及其反馈机制、耦合机制和应急决策动态调整机理。陈兴等（2010）构建了多阶段，多目标、多部门的应急协同决策模型。姜艳萍等（2011）针对应急决策中的动态调整问题，通过对方案的处置对策，转换成本和应对损失等进行风险评价，得到最优的调整方案。刘霞（2010）通过分析应对非常规突发事件应急群决策的经验信息网络、当前事件网络和主体行为网络多网耦合的情景特征和权变策略，构建了非常规突发事件应急动态群决策的“情景—权变”范式。姜艳萍等（2011）针对突发事件的应急预案选择问题，提出了基于特征匹配的应急方案选择方法。杨继君等（2011）构建了突发事件应对方案的序贯决策模型。左春荣等（2012）提出了基于 Markov 链的非常规突发事件动态预测—应急决策模型。王慧敏等（2012）探讨了非常规突发水灾害事件动态应急决策模式。Peng 等（2013）构建了溃坝动态应急决策的理论框架，并应用到唐家山堰塞湖应急管理决策中。

（四）智能应急决策支持系统研究

自 20 世纪 90 年代以来，计算机、通信及网络技术的迅速发展为减少和消除决策个体之间的信息沟通障碍提供了技术支持，提高了群决策模式的可操作性，因此智能群决策支持系统成了当前研究的热点。例如，Tufekci（1995）提出了应对飓风应急管理的有效、整合、模块化的决策支持系统。欧共体开发了由问题分析子系统、应急对策子系统和决策方案评价子系统构成的欧洲核应急决策支持系统 RODOS。管春等（2003）基于 Java 和 Internet 技术提出了用于异地远程应急的群体决策支持系统。廖光煊等（2005）运用虚拟现实技术和火灾 CFD 软件，建立了事故应急决策支持系统。Fruhling 等（2006）将 ExtremeProgramming（XP）软件应用到分布式应急响应系统中。刘士兴等（2007）针对爆炸、火灾和毒气泄漏等事故，运用 Internet、GIS、无线数据传输、无线通信等信息化技术相整合的方法，构建了公共安全应急决策框架系统。朱晓峰等（2007）构造了政府危机决策支持系统的理想模型，该模型由危机的决策过程和实施过程以及危机决策的 IT 保障构成。Mendonca（2007）构建了基于计算机的极端事件即时响应决策支持系统。Van de Walle 和 Turoff（2008）从危机前准备、危机中响应和危机后恢复三方面对应急情形下的决策支持系统进行分类综述，并提炼出参与主体多样性、应急准备阶段的计划和分析及应急管理中的多属性决策等关键问题。湛永松等（2008）构建了基于 Web GIS 的分布式城市应急决策支持模型。Zhang 等（2009）构建了应急管理中心评价的模糊多属性群决策支持系统。Maio 等（2011）提出了基于模糊认知图的应急决策支持系统。Ishak 等（2011）提出了基于自然决策理论的洪水灾害智能决策系统概念模型。Peng 等（2011）提出了数据挖掘和多

属性决策相结合的灾害信息管理框架。Potter（2012）构建了基于人工智能的应急决策支持系统。Haghighia 等（2013）构建了基于本体论的应急决策支持系统。Fogli（2013）等提出了以知识为中心的应急决策支持系统，并应用到流感事件中。Wang（2013）考虑到关键基础设施之间的相互依赖性，提出了基于规则的决策支持系统，并应用到灾后关键基础设施管理中。

（五）应急决策效用分析

Kuwata 等（2002）通过过程模拟和系统仿真方法对应急管理决策系统的有效性进行定量评价。Mendonca 等（2006）运用博弈模拟的方法评估了应急响应群决策支持系统的绩效。Carreño 等（2007）提出了由风险识别、风险减缓、灾害管理和财政保护构成的政府灾害风险绩效评估指数。Chen 等（2009）运用 DEA 和 TOPSIS 相结合的方法对澳大利亚的 8 个州的危机管理能力进行评价。Cui（2012）从质量的视角运用模糊综合评价法对危机管理的有效性进行评估。Chen 等（2012）从可减缓性、可挽救性和可恢复性三方面构建了应急管理事中评价的概念模型。Henstra（2010）针对危机管理的四个阶段，即准备、减缓、反应和恢复，构建了地方政府危机管理能力评估的定性分析框架。陈升等（2010）结合汶川地震的实际，通过问卷调查对地方政府的应急管理绩效和能力进行评价。Lumbroso 等（2012）提出了评估和提高洪灾应急计划的方法。Molinari 等（2013）构建了洪水应急灾害管理的绩效评估模型，并以意大利桑治奥城市为案例说明该方法的有效性。

三、城市群公共危机管理国内外研究现状

对于城市群公共危机这一概念，国内外学术界尚无统一明确的概念界定，各国的描述具有一定差异性，相近的提法有“城市群灾害（Urban Agglomeration Disaster）”、“区域公共危机（Region Public Crisis）”、“跨界危机（Transboundary Crisis）”等。国外学者 Boin、Birkland、Ansell、Edwards、Rhinard、Hermann 等基于危机的跨边界特性及其引发的连锁后果，对跨边界危机的概念、特征及治理方向等方面展开了研究。例如，荷兰知名危机管理学者 Boin（2009）认为“跨领域、跨边界危机是我们在新世纪面临的主要危机，该危机不仅很容易跨越地理边界、功能边界和政治边界，而且传播速度快，破坏潜力巨大”。美国危机管理专家 Ansell（2010）认为“跨边界危机影响多个行政区、破坏各政策部门的功能，以及关键基础设施，它们升级迅速，在扩散的过程中变幻莫测”。

我国学者也从不同角度对跨区域、跨边界危机及其管理进行了不同程度的研究。

在城市群公共危机概念界定方面的研究。符礼勇等（2008）认为“城市群

公共危机是相对于城市群区域一体化后社会生活中正常的系统稳定状态而言的，指社会体系被打乱或受到破坏而处于一种不稳定状态，使公共安全、公共利益甚至社会的基本价值受到严重挑战，威胁到区域安全和可持续发展”。

在城市群公共危机管理方面的研究。吴次芳等（2005）剖析了长江三角洲城市群生态危机的根源并提出了调控机制。周国华（2005）等利用 P－S－R 模型分析长株潭城市群生态安全的现状。续新民等（2006）分析了珠江三角洲城市群抗震设防的现状和面临的地震安全问题。姚尚建（2009）提出了区域公共危机治理的逻辑与机制。莫靖龙等（2009）运用层次分析法对长株潭城市群灾害应急管理能力进行综合评价。赵林度（2009）从应急协同决策和信息与资源协同方面对城市群应急管理进行了深入研究。谭小群等（2010）运用多级模糊综合评价法对跨区域应急管理能力进行综合评估。吴晓涛等（2011）采用德尔菲法，识别出突发事件区域应急联动的 9 个主要影响因素。李强等（2012）构建了城市群地区社会风险 PIETINC（人口—产业—环境—技术—制度—规范—观念）分析框架。杨安华等（2012）认为跨边界传播成为现代危机的本质特征，提升跨边界协同治理能力，识别危机的传播边界，防范与阻断危机的跨边界传播、扩散能力日益成为现代危机管理的核心能力。曹玮等（2012）提出了基于“三预”视角的区域气象灾害应急防御能力评价体系，并建立了基于改进 CRITIC 法的综合评价模型。Neville 等（2013）提出了一个跨界应急管理决策支持系统。

在城市群公共危机应对机制方面的研究。刘佳（2006）构建了珠江三角洲城市群地震灾害应急管理新体系的对策。张仁平和曹任何（2008）从府际管理的视角，研究了长株潭城市群公共危机管理合作模式。赵定东（2009）指出了长三角区域社会突发事件的特点及政府协作机制。伍洪杏（2011）从协同理论和治理理论的视角，构建了长株潭城市群突发事件的应急联动体系。全永波（2012）分析了区域公共危机治理的政策架构。吕志奎和朱正威（2012）分析了美国州际区域应急管理协作的经验。

四、研究现状评述

学者们在危机管理研究方面，由最初单纯探讨自然灾害或政治危机发展到对危机管理的全方位研究。从研究内容来看，危机管理研究跨度已从现场救援过渡到危机事件全过程，涉及要素从单一层面过渡到危机体制、法制、机制、心理干预等多个方面。从研究趋势来看，由定性研究逐步转向构建危机管理的数学模型等定量化问题的研究，国外学者在危机管理研究中运用数学规划、统计、仿真、多属性决策等方法来解决危机响应过程中的资源调度、分配等问题，国内学者在公共危机管理机制的构建、危机管理能力评价以及研究方法上进行了深入探索。

当然，在目前的研究中也存在着一些有待进一步解决的问题。一是在公共危机管理体系研究上，宏观层面的分析较集中，微观层面的关注不够，如预防与准备、监测与预警、危机响应与救援、恢复与重建等内容的具体研究很少。二是在危机管理评价上，研究评价体系内容的较多，而构建系统的评估指标体系较少；评价方法上多采用理论、主观方法，如 AHP 法、专家评分法等，在评价过程中对模糊不确定的因素和决策特征缺乏考虑。三是在方法研究上，虽然建立了大量的定量模型，但随着外部环境的变化，这些定量研究尚需与时俱进。四是在研究对象上，现有的研究多数都仅从单个城市的视角切入研究公共危机，很少从城市群体系的视角研究城市群的公共危机，并且大多数研究还停留在定性描述上或针对某一特定城市群分析，没有形成一套完整的、系统的、具有可操作性的城市群公共危机应急决策体系与应对机制。

纵观公共危机管理的研究现状和发展趋势，根据我国现实国情和危机管理发展阶段的实际要求，我们需要在以下几个方面做进一步的研究：

第一，加强对公共危机管理脆弱性方面的研究。解决公共危机最好的方法是防患于未然，而脆弱性分析是危机防范的前提。我国著名危机管理专家童星、朱正威、刘铁民、张小明等在危机的脆弱性分析方面虽然形成了一系列的研究成果，但在脆弱性的评估指标、评价方法等方面尚需深入研究。

第二，加强新媒体视阈下公共危机管理的研究。伴随着网民规模的日益壮大以及新媒体的普及，使得信息的传递异常迅速，尤其是一些不实信息或谣言的传播很容易造成公众的恐慌心理，成为引发公共危机的一个重要诱因。目前，在新媒体视角下研究公共危机的文献相对较少或比较薄弱，有待进一步深入研究。

第三，加强对危机管理中国际国内合作、跨区域合作的长效机制研究，提高危机协同防范和控制能力。随着信息技术的发展、交通条件的改善，相邻国家、城市之间的经济联系越来越密切，相互影响也越来越大。由于危机的扩大效应和连锁效应，使得在某个区域发生的危机很容易扩散到其他区域，进而使得危机的影响范围和危害程度加大，因此要加强国家间、城市间的危机管理的协同合作研究，尽可能地将危机消灭在萌芽状态。

本书是在前人研究基础上，以城市群公共危机为研究对象，深入分析城市群公共危机影响因素和形成机理，从城市群公共危机发生前的风险管理绩效评估、危机中应急决策和危机后管理能力评价 3 个角度构建了城市群体系公共危机应急决策的分析框架。最后，在总结前期研究成果的基础之上，设计了城市群公共危机的应对机制。

第三节　研究内容、研究方法和技术路线

一、研究内容

本书以城市群公共危机管理应急决策与应对机制为中心进行研究，在对国内外城市群公共危机管理实践进行学习分析的基础上，综合运用多种手段和方法深入研究城市群公共危机应急决策理论与应对机制。主要研究内容如下。

（1）国内外公共危机管理经验与启示。发达地区危机管理起步较早，研究的内容比较丰富，值得我们进行参考和借鉴。本书以中国台湾和美国纽约为例，分析它们在公共危机管理方面的成功经验，以期对我国的城市群公共危机管理有一定的借鉴作用。

（2）城市群公共危机形成机理分析。通过对城市群公共危机内涵的界定、城市群公共危机典型特征的识别分析城市群公共危机的诱因，并在此基础上，研究城市群公共危机的形成机理。

（3）城市群公共危机应急决策模型构建。在城市群公共危机发生时，如何选出最佳应急方案一直是国内外学者关注的焦点问题。由于在城市群公共危机应急决策过程中，时间紧、压力大、应急信息不完备、专家知识局限性等因素导致专家在应急决策时犹豫不决，因此区间直觉模糊多属性群决策方法非常适合应用到应急方案的选择中。另外，考虑到随着时间的推移，应急方案需要随着危机事件的情景演变而不断调整，本书运用不完全信息动态博弈理论进行危机动态决策建模。

（4）城市群公共危机管理评价方法研究。为了对应急决策效果及危机管理的绩效进行评价，针对城市群公共危机的复杂性及信息不完全性等特征，综合运用模糊 AHP、模糊 TOPSIS 和 α 截集等模糊多属性群决策方法，分别从危机前风险管理绩效评估和危机后管理能力评价两个角度对城市群公共危机管理进行评价。

（5）城市群公共危机应对机制研究。为了更好地应对城市群公共危机，一方面，从协同学的视角设计了城市群公共危机协同治理机制；另一方面，从信息、技术、资源、立法和教育 5 个角度构建了城市群公共危机管理的保障机制。

二、研究方法

本书通过文献调查法充分了解掌握有关危机管理与城市群公共危机管理的研

究现状，综合运用城市群理论、复杂性科学理论、模糊多属性群决策理论、博弈论等有关理论和方法，从城市群公共危机的演化机理、城市群公共危机应急决策模型和城市群公共危机应对机制等方面进行理论分析与逻辑推理，主要研究方法如下。

(1) 文献分析法。通过对现有公共危机管理理论、应急决策理论及城市群公共危机管理的相关研究文献进行整理、分析和综述，掌握了大量较为翔实的关于公共危机管理的理论和实践的相关资料内容，并获取了应急决策和公共危机管理研究较为前沿的一些学术观点，为城市群公共安全管理模式的研究和机制设计打下了较为坚实的基础。

(2) 专家小组法。通过与应急办主任、卫生局、公安局、教育局、地震局等负责应急工作的同志进行深度当面访谈，利用专家小组法，采用结构化访谈与半结构化访谈的方式，验证本书提出的城市群公共危机分析思路的有效性，构建城市群公共危机应急决策与应对机制的分析框架。

(3) 定性与定量相结合法。本书对于城市群公共危机的诱因、形成机理以及应对机制主要采用定性分析的方法，而对于应急决策和危机管理能力的评估则主要采用数学方法进行定量分析。

(4) 比较分析法。本书通过对发达国家和地区包括美国纽约、中国台湾等城市的公共危机管理模式进行分析和研究，总结出发达国家或地区在应对城市群公共危机问题中的成功经验。通过比较，发现我国城市群公共安全危机管理过程中的问题和不足，为城市群公共危机管理改革和创新提供借鉴，为城市群公共危机的应对开拓新视野。

(5) 跨学科理论融合研究法。针对城市群公共危机的复杂性特征，本书采用将公共危机管理理论、城市群理论、复杂性科学理论、模糊多属性群决策理论和博弈论等诸多学科知识和相关理论融合的方法，以保证研究方法的科学性和适用性。具体如下：①采用系统分析和复杂性理论，对城市群公共危机的特征、诱因和形成机理进行分析；②采用模糊多属性群决策方法，构建应急决策模型及对危机管理能力进行评估；③运用不完全信息动态博弈理论进行危机动态决策建模；④运用协同学理论，构建城市群公共危机应对机制。

三、技术路线

本书将管理科学、公共安全科学、决策科学和复杂性科学等多学科、多领域的相关理论交叉融合，在对城市群公共危机内涵及形成机理深入分析的基础上，构建城市群公共危机应急决策模型，并提出相应的应对机制。具体研究方案和技术路线如图 1-1 所示。

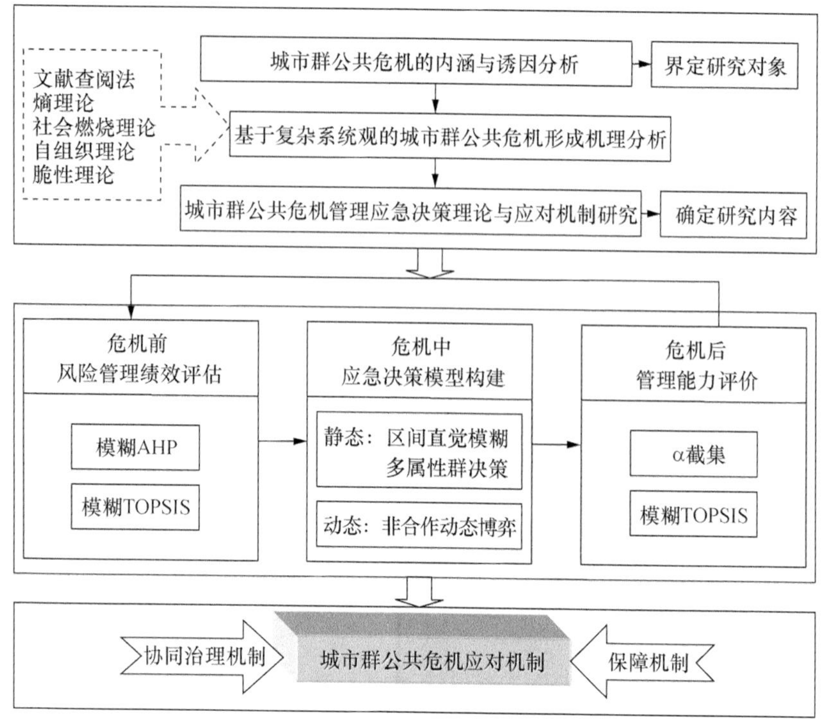

图1-1　研究方案与技术路线

本书共八章。

第一章　绪论。对国内外与城市群公共危机管理相关研究现状进行综述，阐明城市群公共危机应急决策理论和应对机制研究的目的与意义，确定研究内容、研究方法及主要创新点。

第二章　理论基础。归纳总结了公共危机管理、复杂性科学和模糊多属性群决策理论的基本概念和特征，并说明其在城市群公共危机管理研究中的适用性和可行性，为本书的写作建立了支撑条件。

第三章　国内外公共危机管理经验与启示。以中国台湾和美国纽约为例，分析它们在公共危机管理方面的成功经验，以期对我国的城市群公共危机管理有一定的借鉴作用。

第四章　城市群公共危机形成机理研究。首先分析了城市群公共危机的内涵，其次从战略层面、运行层面和突发层面探究了城市群公共危机的诱因，最后基于系统科学和复杂性科学的理论方法，揭示了城市群公共危机的形成机理，为城市群公共危机应急决策和应对机制研究奠定了基础。

第五章　城市群公共危机管理应急决策模型研究。首先，从静态的视角，在

专家权重和属性权重未知的情形下，构建了基于区间直觉模糊多属性群决策的城市群公共危机应急方案选择模型。其次，从动态的视角，建立了基于不完全信息动态博弈的危机决策模型，并分析了危机管理中管理者与危机事件之间的动态博弈过程，以便为危机管理者应急方案的形成提供决策支持。

第六章　城市群公共危机管理评价研究。分别从危机前的风险管理绩效评估和危机后的管理能力评价两方面研究了城市群公共危机管理评价问题。首先，运用模糊 AHP 和模糊 TOPSIS 方法构建了城市群公共危机风险管理绩效评估模型。其次，建立了基于 α 截集和模糊 TOPSIS 的危机管理能力综合评价模型，并通过对政府在“非典”事件、南方雪灾、汶川地震和三鹿事件中管理能力的评价，说明该方法的可行性和有效性。

第七章　城市群公共危机应对机制研究。首先，运用协同学的基本理论和方法，设计了城市群公共危机的协同治理机制；其次，从信息保障、技术保障、资源保障、立法保障和教育保障五个方面构建了城市群公共危机管理的保障机制。

第八章　总结与展望。总结全书，阐述了本书的创新之处，并对后继研究进行展望。

第四节　创新点

本书在借鉴国内外学者现有研究成果的基础上，对城市群公共危机应急决策理论与应对机制进行比较深入的研究，其创新点主要体现在三个方面。

（1）在研究对象上，以往研究多数从单个城市的角度研究公共危机，本书从城市群体系的视角切入研究城市群公共危机，开拓了公共危机管理研究的新领域。

（2）在研究内容上，本书对城市群公共危机前、中、后进行全方位研究。在城市群公共危机发生前，分析了其形成机理，并对危机前的风险管理绩效进行评估；在城市群公共危机发生中，分别从静态和动态的视角，构建了应急决策模型；在城市群公共危机发生后，不仅对公共危机管理能力进行评估，并且设计了有效的应对机制。

（3）在研究方法上，一方面，运用社会燃烧理论、熵理论、自组织理论、脆性理论、协同学等复杂性科学理论对城市群公共危机的诱因、形成机理和应对机制进行定性分析；另一方面，运用模糊 AHP、模糊 TOPSIS、α 截集、区间直觉模糊多属性群决策、动态博弈论等数学方法对城市群公共危机应急决策和管理评价进行定量建模。

本章小结

本章是全书的总体概述，阐述了选题的理论背景和研究意义，分析了城市群公共危机的研究现状，确立了研究对象，即城市群公共危机应急决策理论和应对机制。另外，构建了城市群公共危机管理应急决策与应对机制的研究思路，阐明了主要研究方法，并提出了研究分析框架。

第二章　理论基础

近年来，突发性公共危机事件的发生频率不断增加，不仅造成人类生命财产的重大损失，而且严重阻碍了社会经济的发展和进步。为避免或减少公共危机的危害，国内外学者开始深入研究公共危机管理相关理论，现已取得丰硕成果。由于城市群公共危机的复杂性，使得在对其研究时要综合运用多学科的理论知识。本章在汲取前人研究成果的基础上，归纳总结了公共危机管理、复杂性科学和模糊多属性群决策理论的基本概念及特征，并说明这些理论方法在城市群公共危机管理研究中的适用性和可行性，从而为城市群公共危机应急决策理论和应对机制的研究奠定坚实的理论基础。

第一节　公共危机管理的相关概念

一、公共危机的基本概念

（一）危机内涵

对于危机的内涵，由于国内外学者研究领域及研究角度的不同，目前尚未建立权威的界定。其中，比较有代表性的是罗森塔尔（1989）的观点，即危机是指“对一个社会系统的基本价值和行为准则构架产生严重威胁，并在时间压力和不确定性极高的情况下必须对其做出关键决策的事件”。许文惠等（1998）从系统论的角度将危机定义为“由于系统内外部元素之间的矛盾而改变或破坏系统平衡状态的现象”。吴忠民（2008）从组织学角度将危机定义为“由于某些自然或社会问题的出现，打乱了正常的组织秩序，使得组织的安全运行和健康发展难以维持的状况”。

综上观点，本书认为危机是一种干扰组织的正常运行，其破坏能力超过承受体的抵抗能力，严重威胁到组织或个人的利益和安全的一种突发状态，它需要应对主体在有限的时间内采取必要的决策加以应对。

（二）危机特征

（1）破坏性：危机具有巨大的破坏力，不仅造成人类生命财产的重大损失，而且严重阻碍组织的正常运转，甚至对社会心理和个人心理造成破坏性冲击。

（2）突发性：危机的爆发往往是突如其来的，出乎人们的预料，危机一旦发生，其破坏力会被迅速释放，并呈快速蔓延之势，如果不能及时控制，危机会急剧恶化并带来更大损失。

（3）持续性：一方面，任何危机事件的发生，均会持续一个过程，具体表现为危机预警、危机爆发、危机缓解和危机善后四个时期；另一方面，由于一个危机事件如果应对不力的话往往会演化为另一类型的危机事件，从而会持续较长一段时间。

（4）不确定性：由于环境的复杂性、人类的有限理性以及信息的不完备、不及时等因素，危机的诱因、后果、影响都是不确定的，其扩散、衍生、耦合、转化的方向也是不确定的。

（5）双重效果性：危机通常会造成巨大的损失，但危机也有可能带来机会和转机。如果危机管理者能够处理得当，抓住危机所带来的机遇，危机又会成为未来良性发展的坚实基础，促进制度的革新和环境的变革。

（三）公共危机的内涵

公共危机在概念使用上，除了“危机（Crisis）”外，还有“应急（Emergency）”、“紧急状态（State of Emergency）”、“突发（公共）事件（Emergency）”、“非常规突发事件（Unconventional Emergency）”、“灾难（Disaster）”、“灾害（Hazard）”、“重大事故（Major Incident）”等，这些概念都用来描述性质相近的同一类事件或状态，然而侧重点有所不同。在本书中，我们对这些概念不加以区别。

公共危机是发生在社会公共领域，影响社会公共利益和公共安全的危机，它是危机在社会公共领域上的一个特例。随着近年来公共危机事件的频繁发生，学者们开始关注社会各个领域公共危机的相关研究，尼古拉斯·亨利（1970）认为“公共危机是由于内部或外部不确定因素对社会共同利益和安全产生威胁的一种危险境况和紧张状态”。Stern（1999）认为“公共危机是指社会遭遇严重天灾、疫情或出现大规模混乱、暴动、武装冲突、战争等突发性公共事件而使社会秩序遭受严重破坏，人民生命财产和国家安全遭受直接威胁的非正常状态”。张成福（2003）从公共管理角度理解公共危机的内涵，认为“公共危机是一种影响社会正常运作、对公众的生命财产以及环境等造成威胁损害，且超出了政府和社会常态的管理能力的紧急事件或紧急状态”。周晓丽（2006）认为“公共危机是指那些危害国家安全、损害公共利益、扰乱社会秩序、威胁公民生命财产安全，需要社会各个相关部门做出紧急处理的事件”。2006 年，在国家所制定的《国家突发公共事件总体应急预案》中，将突发公共事件定义为“突然发生，造成或者可能造成重大人员伤亡、财产损失、生态环境破坏和严重社会危害，危及公共安全的紧急事件”。

综合上述定义和解释，本书将公共危机定义为：一种发生在社会公共领域，干扰社会的正常运行，其破坏能力超过了社会公共设施的抵抗能力，严重威胁到社会的公共利益和公共安全的一种突发状态（自然灾害、事故灾难、社会动乱等），它需要多个应对主体在有限的时间内聚集各种资源、采取必要的决策加以应对。

（四）公共危机的特征

公共危机除了具有一般危机的特征外，还具备一些自身特有的特征，具体来说包括以下五点。

（1）公共性：公共危机是发生在社会公共领域，危害国家安全、损害公共利益、扰乱社会正常秩序的危机事件，表现的是全局性和系统性的风险。

（2）扩张性：公共危机一旦爆发，其破坏能量会被迅速释放，并呈快速蔓延之势，如果没有及时有效控制，危机就会急剧恶化，造成更多更大的损失。

（3）连锁性：即“涟漪效应”，是指随着时代的发展和科技的进步，事物之间的联系越来越紧密，在某一领域或地区发生的公共危机，就像病毒传播一样，会将其造成的危害和损失传播到周围邻近的领域或地区。

（4）聚焦性：不论何种性质的公共危机，其一旦爆发就会立即引起媒体、公众和相关组织的密切关注，由于新媒体的快速发展，相关信息会迅速传播开来。

（5）复杂性：由于公共危机事件涉及经济、政治、社会等公共领域，以及公共危机的扩张性、连锁性、聚焦性等特征造就了公共危机的复杂性。

二、公共危机的类型和等级

（一）公共危机的类型

基于不同角度，可将公共危机分为不同类型，纵观国内外研究，学者们对公共危机进行了如下分类：

（1）按危机的影响范围可分为全球性公共危机、国际性公共危机、国家公共危机、地区公共危机和个别组织公共危机等。

（2）按起因分类分为人为公共危机（如恐怖袭击、社会动乱、重大事故等）和自然危机（如干旱、地震、台风、海啸等自然灾害）。

（3）按危机来源分类分为内生型公共危机和外生型公共危机。前者是由系统内部某些因素发展失衡造成的，后者是由系统外部诱发因素干扰造成的。

（4）按发生顺序分类分为原发性公共危机和继发性公共危机。原发性危机指最初发生的公共危机事件，继发性危机指由原发性危机事件诱发出来的新的公共危机事件。

（5）按利益分类分为利益一致型公共危机和利益冲突型公共危机。前者指危机所涉及的所有人的利益基本上是一致的，不存在强烈的冲突。后者指危机所涉及的人群中存在着利益不一致的两个或多个群体，他们各自对危机的态度是不同的 。

（6）按公共危机发生的领域可分为自然灾害、事故灾难、公共卫生事件和社会安全事件四大类型 。如表 2－1 所示，每个类型里面涵盖了各种可能诱发的公共危机事件，这种分类方法没有强调危机事件某个特定方面的性质，具有直观、具体的优点，所以被广泛采用。

表 2－1　公共危机的类型

一级分类	二级分类	三级分类
自然灾害	气象灾害	暴雨、干旱、高温、雪害、冰雹、雾霾、龙卷风、雷电、沙尘暴等
	地质灾害	地震、山体崩塌、现代火山、滑坡、泥石流等
	海洋灾害	风暴潮、巨浪、海啸、海冰、赤潮等
	农作物生物灾害	农作物病害、农作物虫害、农作物草害、鼠害等
	森林生物灾害	森林病害、森林鼠害、森林虫害等
事故灾难	生产作业事故	交通运输事故、供水供电中断、设备安全事故、质量安全事故、危险化学品泄漏等
	环境污染和生态破坏事故	酸雨、臭氧层破坏、水土流失、放射性污染等
公共卫生事件	重大传染病疫情	肺鼠、肺炭疽、“非典”、人禽流感、甲型肝炎、鼠疫
	重大动植物疫情	口蹄疫、猪瘟、高致病性禽流感等
	食品卫生安全	食物中毒、食源性疾病、食品污染、“三鹿奶粉”等
	药品卫生安全	假劣药物、药物滥用、药物中毒等
	水污染	工业废水、生活污水、农田污水等
社会安全事件	大规模群体性事件	非法集会、游行示威、境外非法宗教活动等
	重大刑事案件	杀人绑架抢劫、走私诈骗、劫持、重大毒品案、盗窃国家秘密、涉外重大刑事案等
	恐怖袭击事件	爆炸、自杀性袭击、投毒、纵火、劫持人质和飞机等
	经济安全事件	能源危机、资源匮乏、金融危机等

（二）公共危机的等级

根据各类突发公共危机事件的性质特征、危害程度、可控程度及影响范围的大小，我国在《国家突发公共事件总体应急预案》中，将公共危机事件分为四级，即Ⅰ级（特别重大）、Ⅱ级（重大）、Ⅲ级（较重）和Ⅳ级（一般），分别用红色、橙色、黄色和蓝色来表示。如表2-2所示。

表2-2 突发公共危机事件等级响应机制

颜色	威胁程度	确认与响应
红	特别重大（Ⅰ级）	事态非常复杂，规模极大，影响范围很广泛，已经或可能造成重大损失，需要动用省级或中央的力量方可控制
橙	重大（Ⅱ级）	事态复杂，规模大，后果特别严重，发生在一个市以上的区域，需要动用省级应急机构力量方可控制
黄	较重（Ⅲ级）	事态比较复杂，后果严重，影响范围大，发生在一个县以上的区域，只需要市级相关专业机构力量就可控制
蓝	一般（Ⅳ级）	影响相对较小，范围仅限于某辖区较小范围内，一般仅需县级政府或事发地街道办事处就可控制

三、公共危机管理

（一）公共危机管理的概念

“9·11”事件及“非典”的发生，使公共危机引起了世界范围内的极大关注。目前，公共危机管理已经成为学术界的一个焦点和热点问题。对于公共危机管理内涵的定义，当前学术界比较有代表性的有：张成福等（2003）认为“公共危机管理是一种有组织、有计划、持续动态的管理过程，政府针对潜在的或者当前的公共危机，在其发展的不同阶段采取一系列的控制行动，以期有效的预防、处理和消弭公共危机”。张小明（2003）认为“公共危机管理的主体包括政府部门、非政府公共部门（NGO）、企业和公民个人”。吴兴军（2004）认为“公共危机管理是公共管理的一个重要领域，是政府及其他公共组织在科学的公共管理理念指导下，通过监测、预警、预防、应急处理、评估、恢复等措施，防止或减轻公共危机灾害的管理活动”。Akay 和 Green（2006）认为“危机管理是指在危机发生前、危机中、危机后进行的一系列活动，其最主要目的是运用各种方法和手段提高危机发生的预见能力、危机发生后的救援能力以及危机后的恢复能力”。

概况来讲，所谓公共危机管理，是相对于企业等私营部门危机管理而言的对公共危机的管理。它是一个全过程的管理，也即采用科学有效的方法手段对危机发生前的风险识别、危机中响应及危机后的恢复重建工作进行指导、干预和控制。由于公共危机事件通常遵循发生、发展和消亡的时间顺序，因此我们将公共危机管理的周期划分为预警期、爆发期和善后期，如表 2－3 所示，每个时期对应不同的公共危机管理能力要求和任务。

表 2－3　公共危机管理周期

时期	阶段	能力要求	主要任务
预警期	发生	预警预备	收集信息、情报、数据，防范危机事件的发生和发展
爆发期	发展	迅速响应	迅速有效地控制住危机，并且防止其蔓延和持续
善后期	消亡	恢复重建	尽快恢复正常秩序并总结经验教训

（二）公共危机管理的特征

（1）人本性。就是以人为本、以灾民的生命安全为核心、以灾民的生存环境为基础。用最有效的措施保护灾民的生命财产，尽最大的努力拯救人的生命，这是公共危机管理的最高准则。

（2）系统性。公共危机管理涉及面非常广泛，需要调动包括人力、物力、财力、信息等各项资源，从建立危机管理机构、培训人员到危机的检测、预防、处置及恢复都需要有系统的规划，可以说公共危机管理是对不确定的自然和社会突发事件的系统管理。

（3）权威性。为保证公共危机管理的有效性，政府和相关部门工作人员运用行政权力依法履行管理职责，在非常态条件下从事应急资源调度、信息发布以及进行应急决策等都必须是权威的。

（4）博弈性。公共危机管理不仅仅是政府决策者在复杂冲突的环境中快速做出应急决策，使其效用最大化的行为，而且往往涉及多个参与主体的相互作用。它是应急资源的集结与危机事件的发展、应急决策和资源冲突以及不同利益群体之间相互博弈的过程。

（5）网络性。由于公共危机管理所涉及的范围通常是多领域、多专业和多层次的，从而在对危机管理的过程中需要集结资源、统筹部署和协同作战，最终形成一个相互依赖、共享权力、快速响应的动态合作网络。

（三）公共危机管理的必要性

（1）社会高度依存致使公共危机诱因增多。21 世纪以来，我国城市进入了快速发展期，人口与各种资源向大城市集中的趋势愈演愈烈，大城市已经成为社会经济、政治、文化发展的动力引擎。与此同时，人口高度稠密、经济活动频

繁、基础设施发达、人员流动速度加快、财富迅速集聚等特点使得现代社会的依存度不断增高，关键基础设施的耦合性日益增强，进而导致危机诱发的渠道越来越多，危机的涟漪效应越来越明显。

（2）区域化全球化加速公共危机蔓延。随着经济一体化和信息全球化的进一步加剧，地区之间或国家之间的人流、物流、资金流、信息流等交流和来往日益频繁，任何一个地区或国家范围内的政治、经济与社会性危机都有可能波及其邻近的地区和国家，从而造成国际性公共危机的爆发。

（3）城市群的不断增加导致了公共危机的爆发。伴随着城市化进程速度的加快，当城市化进程达到一定规模时，就会形成以特大城市为中心的城市群或都市圈。城市群体系中人口、资源、信息以及其他社会要素在聚集与扩散的过程中，如果中间任何一个环节出现问题，都有可能诱发城市群公共危机的发生。

（4）社会问题凸显导致公共危机加剧。处于经济社会转型加速期的中国，大规模的公共安全事故、工人失业、社会骚乱、游行示威、治安恶化等一系列社会问题相继出现。这些形式多样、种类繁杂的社会性公共危机往往具有对抗性，其爆发的强度与烈度非常大，往往会造成很大的危害性。

第二节　复杂性科学理论

一、复杂性科学的内涵

（一）复杂性科学

复杂性科学（Science of Complexity）及其复杂性问题的研究兴起于 20 世纪 80 年代，是一种研究复杂性和复杂性系统的新兴的边缘交叉学科。它是系统科学发展的新阶段，是当代科学发展的前沿领域之一。复杂性科学的研究范围涉及自然、工程、生物、化学、神经、动物、经济、管理、地理、气候、军事、政治和社会等各个方面。1984 年，以诺贝尔物理学奖获得者盖尔曼（M. Gell - Mnan）和安德森（P. Anderson）以及诺贝尔经济学奖获得者阿罗（K. Arrow）为首的一批来自不同学科不同领域的科学家在美国组建了著名的圣塔菲研究所（Santa Fe Institute，SFI），其是一个研究复杂性问题的国际性研究中心，为各个科学领域的研究发展做出了卓越的贡献。例如，美国学者霍兰（J. Holland）提出的复杂适应系统（Complex Adaptive System，CAS）被广泛应用到石油开发、地震救援系统中；美国学者朗顿（C. Longton）开创了人工生命理论（Artificial

Life，AI），推动了元胞自动机（Cellular Antomata，CA）理论的发展；丹麦物理学家普巴克（P. Bak）提出的自组织临界（Self - organized Criticality，SOC）等概念也被应用到山体滑坡、地震和森林火灾中。

与此同时，我国在著名科学家钱学森的倡导和组织下，以开放的复杂巨系统理论为学术旗帜，开创了国内复杂性科学研究的先河。随着对复杂性科学探索的不断加深，国内的研究成果层出不穷。例如，郝柏林院士研究了物理学中混沌、分岔和湍流问题；谢和平创立了分形力学理论；方锦清在混沌系统的控制理论方面做出了重要贡献；魏一鸣提出了自然灾害的复杂性概念；陈平和宋学峰研究了混沌经济学；戴汝为、于景元和王浣尘等学者提出了综合集成研讨厅理论；盛昭翰研究了混沌时序的系统重构和预测技术；王众托对超网络理论进行了深入探讨；宋华岭对安全系统结构复杂性进行了深入研究等等。另外，随着“香山会议”和“全国复杂性学术研讨会”的召开，以及“复杂性科学研究”专项自科基金的设立，标志着我国在复杂性科学研究方面进入了重要的发展阶段。

虽然复杂性科学流派众多、观点多样，但复杂性科学主要有以下 3 个主要特点：

（1）复杂性科学是以复杂系统为研究对象，以揭示复杂系统运行规律为主要任务的学科互涉的新兴科学研究形态。

（2）复杂性科学的研究方法是定性判断与定量计算相结合、微观分析与宏观分析相结合、还原论与整体论相结合、科学推理与哲学思辨相结合。

（3）复杂性科学是以创立新的理论框架体系或范式，应用新的思维模式来理解自然界带给我们的问题为目标的一种新的学科。

（二）复杂系统

复杂性科学的研究对象是复杂系统。复杂系统是非线性科学和系统科学相互融合的产物，它是由相当多具有智能体、自适应主体构成的大系统，系统内没有中央控制，内部存在复杂性并具有巨大变化性，从而决定了系统主体间及与环境间的复杂相互作用，使得复杂系统涌现出所有单独主体或部分主体不具有的整体行为——涌现性。目前关于复杂系统的定义还很不统一，具有代表性的定义如表 2 - 4 所示。

表 2 - 4　关于复杂系统的定义

学者或研究机构	复杂系统的定义
混沌学派	复杂系统就是混沌系统
圣塔非研究所	复杂系统是具有自适应能力的演化系统
本体论的观点	复杂系统是客观事物某种运动或性态跨越层次后整合的不可还原的新性态和相互关系

续表

学者或研究机构	复杂系统的定义
认识论的观点	复杂系统是对客观复杂性的有效理解及其表达
R. Stacey	复杂系统是包含反馈环的系统
J. Warfield	复杂系统是任何人不能用传统理论与方法解释其行为的系统
L. Kiel	复杂系统是动态非线性系统
G. Cowan	复杂系统是包含多个行为主体（Agent）并具有层次结构的系统

学者们普遍认为，复杂系统具有复杂性、开放性、非线性、涌现性和初值敏感性等特点：

（1）复杂性是复杂系统的首要特点。复杂系统由很多子系统及次级子系统构成，各系统间存在着错综复杂的联系，在内在元素非线性交互作用下，使得系统在外部表现为无序性和混乱性。复杂系统难免会受到来自系统内外部的干扰，由于子系统之间的密切联系，一个子系统受到干扰崩溃很可能会导致连锁崩溃效应，最终可能会使整个复杂系统坍塌。

（2）复杂系统是开放的，与外部环境有着紧密的联系，并与之相互作用，不断地与外界环境进行物质、能量、技术和信息的交换。系统与外部环境是统一的。一方面，外界环境影响系统的行为和目标，另一方面，系统对环境也会产生反作用力。任何一个复杂系统，只有在开放的条件下才能形成、维持和生存。

（3）非线性是产生复杂性的必要条件，是复杂系统最为本质的特征，没有非线性就没有复杂性。非线性指自变量和变量不成线性的关系，事物之间的联系是因果不等当的，代表着不规则、不均匀的运动，非线性说明了系统的整体大于各组成部分之和。

（4）涌现性指是由多个要素所组成的系统具备单个要素之和所不具备的性质，它体现了系统的量变质变过程。通过内部元素之间及与外界环境的交互作用，在自组织、自协调和自加强的作用下，使得系统逐渐发生变化，最终导致产生与单个子系统行为显著不同的宏观整体性质。

（5）初值敏感性，也称“蝴蝶效应”或积累效应，是指在复杂系统的运动过程中，如果起始状态稍微有一点改变，那么随着系统的演化，这种变化就有可能会被迅速积累和放大，最终导致重大差异的结局，进而使得复杂系统中的行为变幻莫测。

二、复杂性科学的主要研究方法

（1）理论分析法。理论分析不仅包括对一个系统是否为复杂系统的判断，还包含对复杂系统事前、事中和事后的理论分析，是研究复杂系统非常重要的途径。

（2）模型分析法。构建模型为科学研究的最常用方法之一。目前关于复杂系统的重要模型方法有混沌动力学模型法、符号动力学方法、系统动力学方法、结构解释模型法、复杂适应系统方法、复杂网络、多智能体系统、自组织临界性理论的沙堆模型、人工生命模型等。

（3）数值计算方法。相关的数值计算方法主要有遗传算法、胞映射方法、演化计算方法等。

（4）模拟方法。常用的模拟方法主要有元胞自动机方法、SWARM 方法、系统动力学方法等。

三、复杂性科学理论在城市群公共危机研究中的适用性

通过前文对复杂性科学理论主要观点的回顾可以看出，复杂性理论在经济、社会、管理等学科有着广泛的应用。近年来，国内外学者逐渐开始重视将复杂性科学理论应用于公共危机管理的研究中。城市群公共危机管理涉及自然、社会、经济等各个方面，是一项复杂的巨系统。复杂性科学的研究为城市群公共危机的研究提供了重要的理论与方法。

由于城市群公共危机事件的特性及公共危机管理的复杂性，使得复杂性科学理论非常适合用于分析解释城市群公共危机的形成机理、研究城市群公共危机管理系统的运行规律。应用复杂性科学理论的目的在于认清城市群公共危机形成的复杂性机理，并且设计出更为有效的应对机制。因此，以现代复杂性科学理论为指导来分析城市群公共危机的形成机理和应对机制具有重要的意义。本书将以熵、自组织、协同学、脆性等复杂性科学理论为指导，探究城市群公共危机的形成机理，设计城市群公共危机的应对机制。

第三节 模糊多属性群决策理论

一、模糊多属性决策理论

决策作为人们日常生活和工作的一项基本活动，广泛地存在于经济、政治、军事、管理、工程、技术及医疗诊断中，已经成为个人生活与工作以及组织存在与发展的重要内容。管理即决策，管理的效率和效果受到了决策水平的制约。1972 年，Cochrane 和 Zeleny 在美国组织召开了国际决策会议，标志着多准则决

策（Multiple Criteria Decision Making，MCDM）作为一种规范化的决策方法被正式引入了决策科学领域。1981 年，Hwang 和 Yoon 明确地将多准则问题分为多属性决策（Multiple Attribute Decision Making，MADM）和多目标决策（Multiple Objective Decision Making，MODM）两个重要领域。作为现代决策科学的重要组成部分的多属性决策，指的是决策者按照已有的决策信息，通过一定的方式，对有限个备选方案进行排序、评价或择优。

多属性决策是指针对相互冲突的多个属性（指标），收集相关的决策信息，采用一定的方式对各备选方案进行评价、权衡并选择较优方案。多属性决策首先要求相关方提供各方案在每一个指标下绩效值并确定各个指标的权重，然后选择合适的方法将各方案对应的单个指标绩效集成得到各方案的综合绩效。多属性决策的主要组成要素如图 2－1 所示。

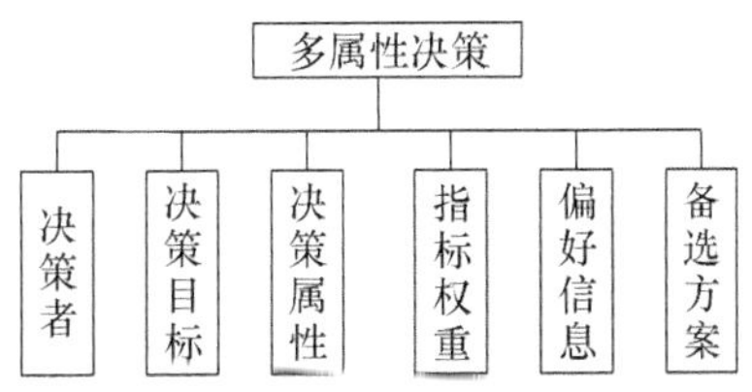

图 2－1　多属性决策的组成要素

决策者可能是个人也可能是若干专家组成的评估小组，能直接影响决策最终结果的判断；决策目标是对最终达成目标的客观描述、优化函数或求最优解的方向；决策属性是用来反映达成决策目标最优状态的综合评价准则；指标权重是对属性间相对重要性的描述；偏好信息直接反映出决策者对评价结果的主观判断；备选方案也称评价对象，是整个决策过程中的决策对象。

常用的多属性决策方法有层次分析法、简单线性加权法、TOPSIS 法（Technique for Order Preference by Similarity to an Ideal Solution）、多维偏好线性规划法（Linear Programming Techniques for Multidimensional Analysis of Preference，LINMAP）、ELECTRE 法（Elimination et Choice Translation Reality）、数据包络分析法（Data Envelopment Analysis，DEA）、网络分析法（Analytic Network Process，ANP）、证据决策法（Dempster Shafer theory，DST）、灰色关联分析法、可拓评价法、风险型决策法等。

多属性决策过程一般比较复杂且涉及因素众多，包括提出多属性决策问题、确定决策目标、拟定备选方案、确定属性权重、选择最优决策方案等。其具体决策过程如图 2－2 所示。

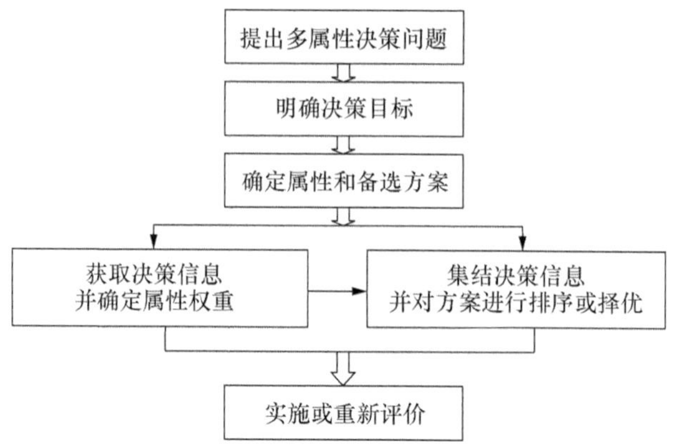

图 2-2　多属性决策过程

作为现代决策科学的重要分支，多属性决策理论与方法已被广泛应用于工程技术、军事管理和应急决策等诸多领域。由于现实决策问题的复杂性、不确定性以及人类思维的模糊性，当专家受一些主客观因素制约时，属性值很难以精确的数值表达，往往以区间数、三角模糊数、梯形模糊数、直觉模糊数、犹豫模糊数、语言变量、二元语义等不同形式的模糊决策信息给出，因此以模糊集为理论基础的模糊多属性决策（Fuzzy Multiple Attribute Decision Making，FMADM）问题引起了决策分析学术界极大的关注。例如，著名决策专家 Hwang 和 Yoon 在对模糊加权平均法、模糊层次分析法、模糊 TOPSIS 法、FLINMAP 法等模糊多属性决策方法进行了全面系统的综述。我国学者徐泽水、李登峰、徐玖平、樊治平、李荣钧、王坚强等在模糊多属性决策领域进行了深入的研究。例如，徐泽水教授的专著《不确定多属性决策方法及应用》及李荣钧的著作《模糊多准则决策理论与应用》都对模糊多属性决策的方法和应用做了详细的介绍。

二、模糊多属性群决策理论

随着生产和生活的不断发展，人们的决策活动越来越复杂，往往需要同时考虑众多相互矛盾、相互影响、不可替代的因素或准则。单纯依赖个人和专家经验不能胜任管理的需要，多准则决策已经成为决策研究的热点。为了使决策更加科学化、民主化，也为了提高决策水平与效率，对于重大复杂的决策问题一般都采用群决策的方式。群决策是由来自不同领域的专家组成专家群体，运用多种技术手段，将各个专家的偏好集结成群体的偏好，对决策问题择优、排序、分类或描述。20 世纪 80 年代后期，学者们将群决策与模糊理论相结合，从而形成了模糊多属性群决策理论（Fuzzy Multiattribute Group Decision Making，FMGDM），其理

论方法及应用引起了国内学术界的高度重视。

模糊多属性群决策作为一门综合性比较强的交叉学科，其研究内容及理论涉及数学、信息、计算机、运筹学、管理学和社会科学等多个学科。近年来，有关模糊多属性决策问题已经吸引了来自各领域专家和学者的注意力，而且取得了大量的研究成果，提出了一系列解决有关模糊多属性决策实际问题的理论方法。例如，模糊多属性决策方法以投资决策、招投标、项目评估、金融投资、人员招聘、企业选址、武器装备性能评价和经济效益评价等诸多领域得到较成功的应用。

模糊多属性群决策研究需要重点解决的三个问题：一是个体偏好的表现形式；二是个体偏好的集结方法；三是权重的确定。关于个体偏好的表现形式，常见的有三角模糊数、二元语义、梯形模糊数、直觉模糊数、直觉三角模糊数、直觉梯形模糊数、区间直觉模糊数、区间直觉三角模糊数、区间直觉梯形模糊数、Vague 集、犹豫模糊集等。关于个体偏好的集结方法一般是各种各样的算子，如算术平均算子、几何平均算子、加权几何平均算子、有序加权平均算子、混合集结算子等。关于权重的确定又分为专家权重的确定和属性权重的确定。关于专家权重的确定方法，例如，Yu 和 Lai（2011）提出了基于距离的方法，Xu 和 Cai（2012）提出了基于最小化群不一致思想而构建的最优化模型等；属性权重的确定方法有主观赋权法、熵权法、模糊层次分析法、离差最大化法、数学规划法等。

模糊多属性群决策的具体过程如图 2－3 所示。

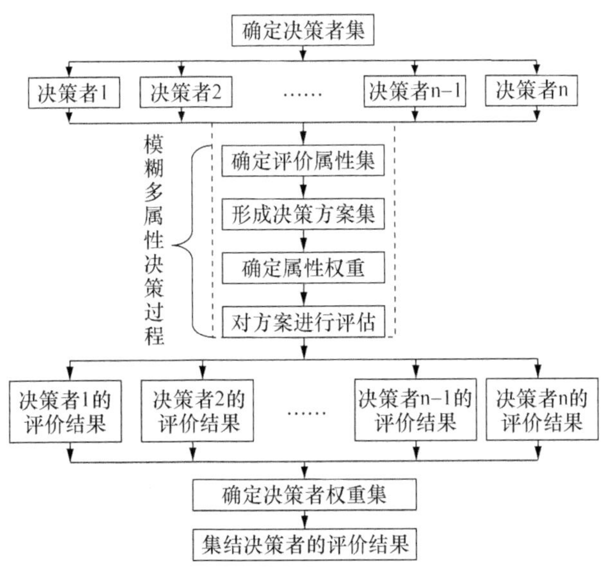

图 2－3 模糊多属性群决策过程

三、模糊多属性群决策理在城市群公共危机研究中的适用性

模糊多属性群决策理论的应用领域相当广泛，几乎遍及所有经济管理领域，目前正在向社会科学的研究领域扩展。模糊多属性群决策理论专门研究模糊不确定条件下的群体决策问题。由于城市群公共危机应急决策过程异常复杂而且必须满足决策过程中时间紧、压力大和时效性等特征，适应决策环境复杂多变、决策信息缺失模糊不确定、决策专家分布广泛等要求，通常需要多学科知识相互交叉，多专家经验相互融合，以便共同承担重大的应急决策责任、分散应急决策风险。因此，模糊多属性群决策理论非常适合应用到城市群公共危机决策中，用此理论分析城市群公共危机发生时的应急决策问题，探索危机管理能力评价模型有着重要的现实意义。

在本书中，我们将运用和发展模糊 AHP、模糊 TOPSIS、α 截集、区间直觉模糊集等理论构建城市群公共危机应急决策和管理评价模型。

本章小结

本章在吸取前人研究成果的基础上，归纳总结了公共危机管理、复杂性科学和模糊多属性群决策理论的基本概念和特征，厘清理论发展脉络，并说明这些理论对研究城市群公共危机的适用性和可行性，从而为后面章节建立城市群公共危机应急决策模型和设计应对机制打下坚实的理论基础。

第三章 国内外公共危机管理经验与启示

发达地区危机管理起步较早，研究的内容也比较丰富，值得我们进行参考和借鉴。本书以中国台湾和美国纽约为例，分析它们在公共危机管理方面的成功经验，以期对我国的城市群公共危机管理有一定的借鉴作用。

第一节 中国台湾的公共危机管理经验

台湾地区每年平均有3.6次台风，另外由于板块（亚欧板块和太平洋板块）间的碰撞，地震也时常发生，由台风和地震造成的自然灾害危机是不可避免的。面对如此众多的灾害挑战，台湾地区逐步建立与完善公共危机管理体制，形成了符合当地实际情况的公共危机治理体系，积累了许多成功的经验。

一、专门的危机战略制定部门和组织协调机构

在危机管理实践中，台湾地区政府作为危机战略的制定者，在台湾地区整体发展战略指导下，界定灾害出现的可能性和影响的范围，最终确定危机防范的措施、流程和组织形态。为了保证灾害发生时，能够采取有效的应对技术和应对策略，并提高灾害管理的效率，自1982年起台湾地区采取了一系列的激励机制鼓励减灾技术的发展，包括第一、第二、第三个减灾研究五年计划和地区减灾科学技术项目。这几个五年计划已经取得了有意义的研究成果，而其提供了一个将研究成功整合并转化成可以实施的技术的机制。

危机管理需要各个政府部门之间的配合和协调，在项目研究中需要一个机构协调不同的参与部门，并设置一个长期的研究目标，促进研究结果的应用。因此，在2003年5月，台湾地区科委发起了建立减灾科技中心的计划，同年7月，台湾地区减灾科技中心正式建成。为了保证减灾科技中心的权威性，减灾科技中

心由台湾地区灾害预防与保护委员会（NDPPC）和台湾地区科委共同运作。减灾战略制定中各部门之间的关系如图 3－1 所示。

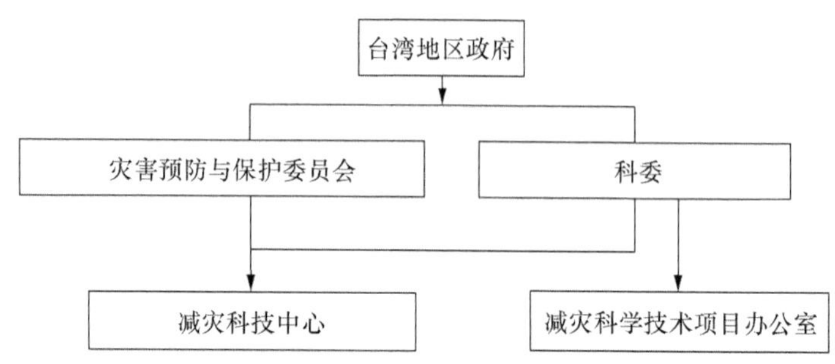

图 3－1　危机战略制定中各部门之间的关系

二、多部门合作的危机管理计划实施机制

减灾计划和措施在制定以后，最终由地方政府保证完成实施。为了保证计划的顺利实施，1999 年，台湾地区减灾科学技术项目办公室与台北市政府达成协议，将其研发的减灾技术系统实施。2001 年，台湾地区减灾科学技术项目办公室与嘉义市政府达成了一个相似的协议。台湾地区减灾科学技术项目办公室分别为台北市和嘉义市组织一个技术团队协助其实施：①洪水和泥石流潜在灾害分析；②地震灾害评估和决策支持系统的应用；③灾害管理决策支持系统的建立；④计划并建立减灾应急机构；⑤减灾计划的策划；等等。

2000 年 5 月 17 日和 2002 年 3 月 14 日，台北市和嘉义市分别开始实施减灾计划，在 2003 年底，两市减灾计划全部实施完成。台湾地区减灾科学技术项目办公室与台北市和嘉义市的合作工作流程图如图 3－2 所示，这种合作模式也被其他的地方政府所引用。

在这种合作模式下，两市减灾工作取得了以下成就：将降水和洪水信息整合到决策支持系统提高了洪水减灾的效率，并改变了工作方式（从被动地处理变成了积极的预测并提前采取阻止措施）；建立泥石流灾害预警的标准，划定潜在泥石流发生地区，保证应急灾害运作中心发出预警和撤离居民；地震情景模拟可以进行灾难损失的评估和撤离路线规划，比如 2002 年 3 月 31 日在台北成功地进行抵抗地震事件的测试；数据库，检测系统和决策支持系统的规划和开发结果已经运用到了灾难缓解和应急响应；一个综合性“市立减灾计划”整合成为市政府多个部门参与的项目的一部分，已经完成并随后付诸实施；市政府下一个专门负责减灾计划的部门已经成立并发挥作用；通过实践，两个市政府工作小组过去两

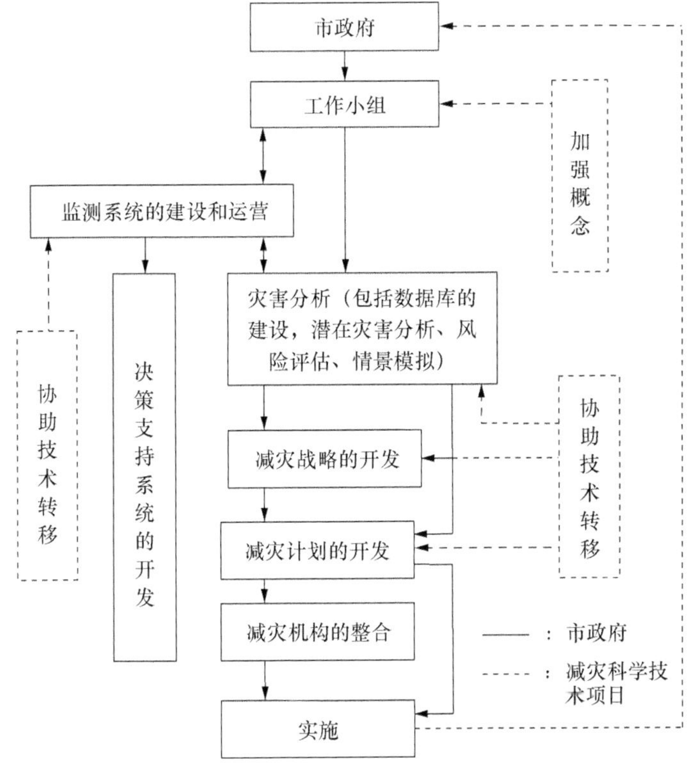

图3－2　多部门合作工作流程

年在台风来临时减灾运作方面已经做出了大量的改善。

三、良好的技术研发机制和大量的减灾技术研发项目

（一）良好的技术研发机制

科学技术是减灾的关键因素，良好的技术研发机制是科研顺利进行的保障，项目办公室是良好的技术研发机制的具体表现形式。由于台湾地区减灾科学技术项目是需要多个部门之间合作的项目，因此必须为参与项目的部门提供一个相互交流的平台，因此成立了项目办公室。项目办公室的任务包括计划、协调、整合和管理。为了有效地完成不同的任务，台湾地区减灾科学技术项目办公室设立工作小组、专家团队和研究小组。另外，台湾地区减灾科学技术项目要有一个监督小组和咨询小组，监督小组的成员是相关部门或委员会的副部长，咨询小组的成员包括学者和对减灾运作负责任的领导者。台湾地区减灾科学技术项目的运作流程图如图3－3所示。

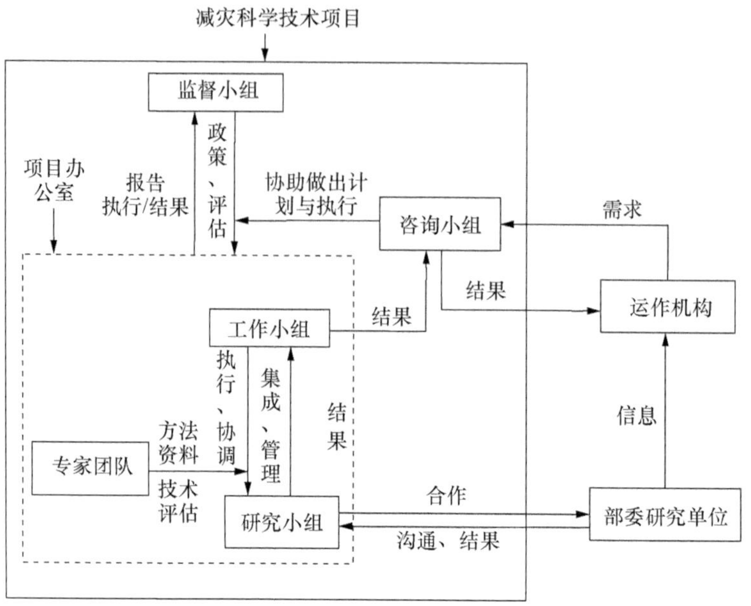

图 3-3　台湾地区减灾科学技术项目的运作流程

主要的研发主题由工作小组咨询专家团队后提出，并最终由监督小组同意。考虑到各部门在减灾中的需要，研发结果将被连续地跟踪监测，并转化成适当的应用。台湾地区减灾科学技术项目运作模型已经被证实可以加快由研究转变成实用的速度，也能够很好地满足各部门的需要。特别是台湾地区减灾科学技术项目研究小组和部门研究单位的互动受到鼓舞。

由于有非常多的部门和委员会参与到台湾地区减灾科学技术项目中，在项目办公室之间不同的部门需要连贯协调。尽管台湾地区减灾科学技术项目办公室提供一些协调和整合的功能，因为其运作是基于一个项目，因此这种人力资源管理的功能是不可持续的。在这种环境下，达到促进研究成果的应用这个长期的目标是相当困难的，而台湾地区减灾科技中心的建立克服了这个困难。台湾地区减灾科学技术项目与台湾地区减灾科技中心结合，并在台湾地区减灾科技中心的投资和支持下，可以保证经验的积累，减灾技术数据库的定期更新。作为台湾地区减灾技术系统技术的手臂，台湾地区减灾科技中心由台湾地区灾害预防与保护委员会和台湾地区科委共同运作。它与其他机构的相互关系如图 3-4 所示。

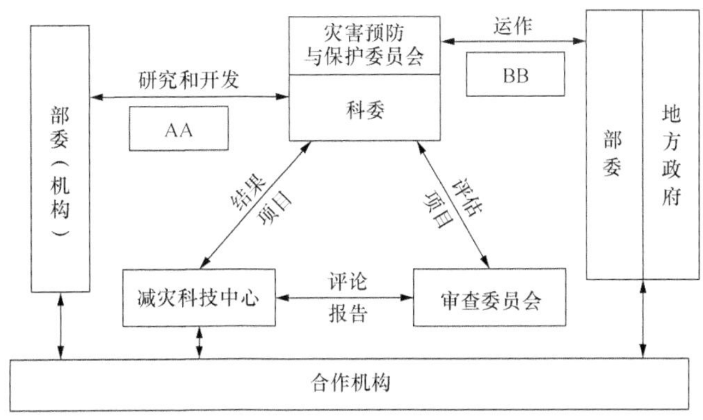

图3-4　灾害预防与保护委员会、减灾科技中心和科委的关系

图3-4中，AA表示规划主题，选择参与组织，评估结果，后续部署与应用等。BB表示减灾计划系统，开发减灾计划，成立灾害监测与预警系统，建立信息系统，减灾准备与练习等。

为了缓解地震灾害，减少灾难发生的风险，不论是在平时还是在紧急时刻，具有足够的破坏评估和风险管理策略是必要的。这种策略必须利用数据库中的可靠信息、过去的经验、合适的情景仿真做出。因此，地震情景仿真技术的开发对于经常发生地震的国家来说非常重要。

台湾地区已经开发了一款以GIS为基础的集成软件——“Haz-Taiwan”，当强地震发生时它可以用来估计地面的运动强度、地面塌陷范围、民用基础设施被破坏的可能性和数量、导致的社会经济损失等。当强地震发生后它能够为采取应急行动提供有用的数据，还可以为决策支持系统调度救援力量和医疗资源。平时“Haz-Taiwan”软件能够为各级政府做地震灾害缓解计划提供有用的信息。

在地方减灾计划开发过程中，台北市政府已经采用“Haz-Taiwan”软件进行地震情景仿真、风险评估和损失估计，地震灾害缓解和应急计划也是通过“Haz-Taiwan”软件所获得的结果做出。目前，该软件已经升级并重新命名为台湾地震损失评估系统（TELES），台湾地区正努力将这种科技传授给负责开发减灾计划部门，希望台湾地震损失评估系统（TELES）能够在台湾地区得到广泛的应用。

（二）大量的减灾技术研发项目

自1982年起台湾地区采取了一系列的激励机制鼓励减灾技术的发展，包括第一、第二、第三个减灾研究五年计划和台湾地区减灾科学技术项目。良好的技术研发机制带动了大量减灾技术研发项目，通过大量减灾项目的研究培养了大量技术人员。他们为危机战略的制定以及实施提供了重要的技术支持。

1. 三个五年计划期间提出大量减灾科技项目

在三个五年计划期间，学术界和政府部门推出了1000多个减灾科技项目。第一个五年计划的重点是气象、洪水、地震学、地震工程和岩土工程。每个领域都包含许多学科，并且是实用的、具有地域性的、长期的。在第一个五年计划的基础上，第二个五年计划增加了两个学科：人为灾害、灾害预防中的社会经济问题。第三个五年计划，重点在于减灾信息化的研究和应用。

在三个五年计划期间，通过这些项目培养了大量的研究人员，建立了坚实的研究能力，同时获得了大量的科学技术成果。

2. 三个五年计划之后提出台湾地区减灾科技项目

1997年，三个五年计划结束后，学术界和政府部门共同提出了台湾地区减灾科学技术项目，接下来一年是准备期。台湾地区减灾科学技术项目第一阶段开始于1999年，于2001年结束，预算是10.38亿台币；第二阶段开始于2002年，于2006年结束，预算是30.07亿台币。这是一个需要多个部门和委员会共同参与的综合性项目，共计12个部门和委员会、19个单位参与了这个项目。参与的部门或委员会要与台湾地区科委一起做出计划，并进行计划推广、执行和整合，最后将研究成果实施应用于减灾工作中。

第一，台湾地区减灾科学技术项目第一阶段。台湾地区减灾科学技术项目聚焦于台湾地区最常见的两类灾害——台风和地震，第一阶段研究使得灾难潜力分析、风险评估和情景仿真方法结构化，然后应用开发方法制定几个地方性的减灾计划（试点），经过仔细调整后，这种方法可以推荐给地方政府用于其减灾计划。台湾地区减灾科学技术项目第一阶段的概念框架如图3-5所示。

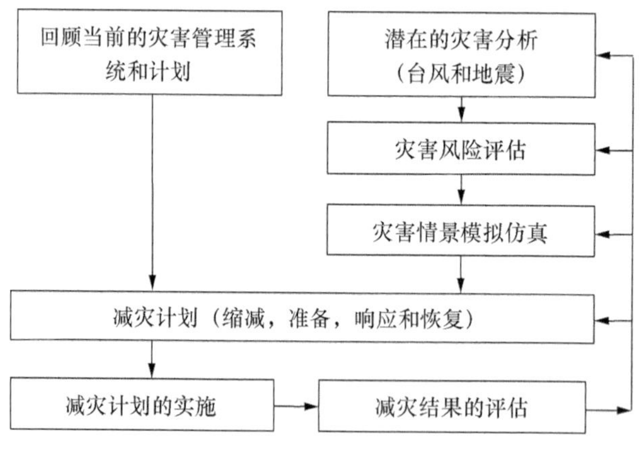

图3-5 台湾地区减灾科学技术项目第一阶段的概念框架

台湾地区减灾科学技术项目第一阶段取得的主要成就如下：提高了洪水和滑坡预测的精度，利用台风登陆点、降水和天气预报详细信息提高了疏散和营救措施的效率；完成了洪水在台湾岛可能发生地点地图；开发了洪水灾害评估方法，从而构建了淹没深度和洪水损失之间的相关关系；建立了利用潜在自然灾害分区的数据库和 GIS 系统，比如陈有兰溪地；编写了完整的统一的台湾地震目录；为台北盆地和 CHIA－NAN 地区建立了地震损伤和地面运动特征之间的关系；建立了合适的城市地震灾害风险评估和都市火灾灾害情景仿真、疏散和营救、经济损失计算方法；开发了台湾地震灾害损失评估模型，并选择示范地区进行地震灾害情景仿真；为灾难缓解、准备、响应和恢复开发了决策支持系统，该系统整合了在地理信息系统中的灾难情景仿真方法；开发了台北市和嘉义市的减灾计划，表明了该项目减灾技术的应用。

第二，台湾地区减灾科学技术项目第二阶段。台湾地区减灾科学技术项目第二阶段强调加快减灾科技的发展速度，并强化减灾技术的应用，另外，还涉及了有关集地震灾害的话题。第二阶段计划于 2000 年 5 月开始，经过多次讨论，参与部门和委员会之间达成了共识。于 2000 年 9 月完成计划报告并通过了 NSC（台湾地区科委）的审批。主要工作计划如图 3－6 所示。

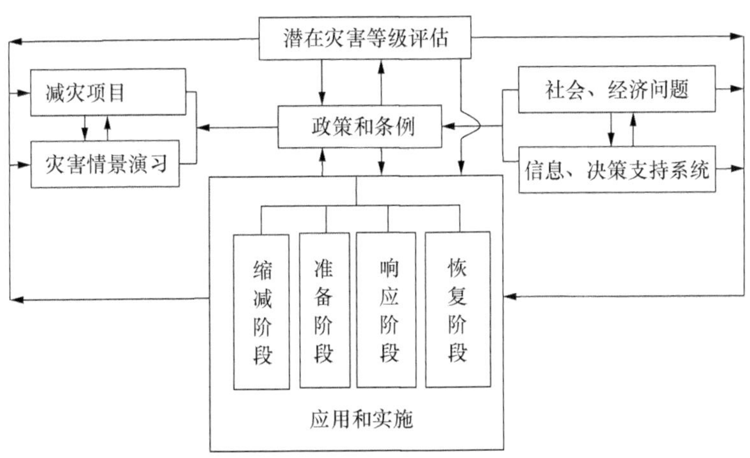

图 3－6　台湾地区减灾科学技术项目第二阶段工作计划表

四、完善的法律保障

2000 年 6 月 30 日，台湾地区通过了“减灾法案”，于 2000 年 7 月 19 日宣布强制执行该法案。该法案在某种程度上是综合性和开创性的。该法案对与减灾相关的科学研究和开发项目也做出明确规定。比如，为了加强研究成果的实施和应用，草案明确规定减灾科学研究中心的建立目的是促进减灾科技的应用。另外，减灾顾问委员会应该对各个等级的政府部门提供好的减灾建议。政府部门各个等级应该加强减灾技术的应用，进行潜在灾难的侦测和分析，灾难风险的分析，用科学方法进行情景仿真，及时公布侦测和分析结果。而且，“减灾法案”第20条规定：组织在面对区县级的减灾反应应该做出与他们所在地区潜在灾害一致的营救项目。

第二节　美国纽约的公共危机管理经验

目前为止，美国在处理“9·11”事件、次贷危机等危机事件中取得了比较成功的结果。纽约市作为美国第一大都市，处于美国第一大商港和金融中心的特殊位置，而且纽约市在公共危机战略管理实践中已经取得了比较大的成功，因此纽约市可以代表美国的公共危机战略管理典范，具有较大的参考价值。

一、专门的危机管理部门

纽约市危机管理办公室是纽约进行公共危机管理的常设机构，是纽约进行公共危机管理的最高指挥协调机构，是公共危机管理战略的制定者。纽约危机管理办公室下设四个部门，分别为健康和医疗科、危机恢复和控制科、国土安全委员会、人道服务科。另外，危机监控中心实施24小时值班制度。

首先，危机管理办公室与纽约警察局和消防局、医疗服务机构进行通力合作，设计并组织实施对各种危机事态的应急预案；其次，纽约危机管理办公室与州以及联邦政府部门保持日常的合作关系，以应对危机的突然发生；最后，纽约危机管理办公室与非营利机构、私人部门进行合作，保证纽约市民的正常工作和生活能够尽快从危机中恢复。危机管理办公室负责的主要工作有三个：危机预警、危机准备以及危机处理（见图3－7）。危机预警是危机管理办公室的信息中心，其责任是利用先进的网络信息系统收集信息、传递信息；危机准备是根据将要发生的危机做相应的资源、人员的准备；危机处理包括在危机发生时，协调各个组织之间的活动、调配人员、资源等。

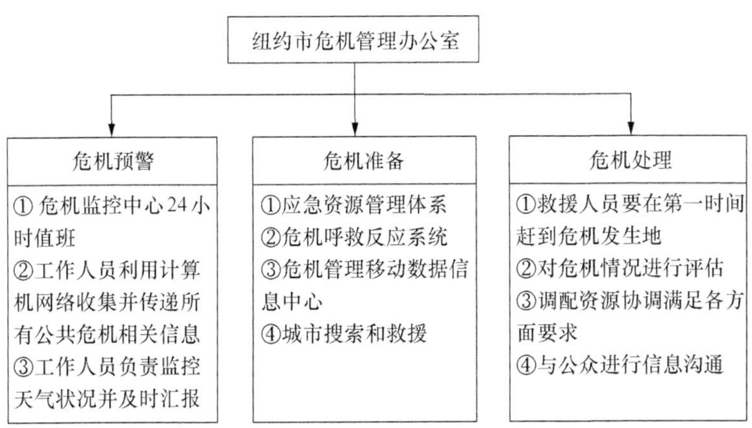

图3－7　危机管理办公室的职能

二、多层次的危机应对项目

纽约的公共危机管理系统是一个包括危机前准备、危机处理、危机恢复的系统工程（见图3－8）。为了更好地应对危机，纽约市开展了许多应对危机准备项目，这些项目分为针对个人项目和针对商业组织项目。

纽约政府开展了很多项目，帮助市民提高自身的在危机中自救以及等待救援的能力，这些项目基本上都是以社区为依托，比较典型的项目是社区危机反应团队合作项目。开展这个项目主要是为了给市民提供基本的危机反应训练，当危机发生时能够及时地进行自救。现在纽约市的五大区基本上都有了自己的社区反应合作团队。

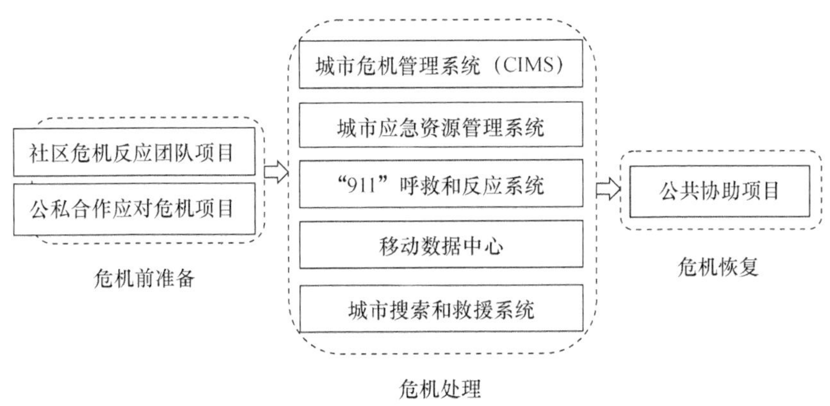

图3－8　纽约市危机管理的系统工程

除了针对个人的项目外，纽约政府还设计了主要针对商业界的应对危机准备项目。应用范围比较广，影响比较大的项目是公私合作应对危机项目，该项目的推出使得许多商业部门能够从政府部门得到帮助，由此建立了公共机构和私营机构之间的信息共享机制。对于“9·11”事件对商业界的影响，该项目的运用取得了巨大的成功。

纽约危机管理办公室不只是针对各种潜在危机做出必要的准备和预防措施，同时还制定了一系列的危机反应机制，能够在危机突发时提供充分的人员、信息、资源以及组织上的保证，从而做出快速有效的反应，包括城市危机管理系统、移动数据中心、“911”危机呼救反应系统、城市危机资源管理体系以及城市搜索救援系统等。

纽约危机管理办公室要帮助受到危机影响的市民、企业以及社区尽快地恢复正常的活动。纽约市在这方面最典型的项目是公共协助项目。公共协助项目通过向公共机构以及非营利组织提供资金帮助，使得他们能够尽快摆脱危机事件对其造成的影响，并恢复正常的工作和生活。而且对于符合相关标准的“紧急性应对工作”和“永久性修复工作”，联邦政府至少会提供75%的资金，其他的资金由州政府以及申请机构共同分担。

三、多部门合作的危机管理方式

危机的种类很多，有的危机事件对社会造成的影响非常大，单个的危机管理部门不可能具有应对所有类型的危机事件的资源和能力，特别是应对影响非常大的危机事件的资源和能力。

纽约市危机管理办公室作为纽约市负责危机管理的常设机构，注重与其他相关部门的合作。①纽约市危机管理办公室与纽约市消防局、纽约市警察局和纽约市医疗管理机构通力合作，设计并组织实施应对各种潜在危机事态的应急预案。②纽约市危机管理办公室与联邦、州以及地方机构进行合作，如州危机管理办公室、联邦紧急事务管理署、公平和正义部、能源部以及国家气象服务中心等，进行信息共享，协调有关人员和资源的调配方案，并共同进行培训和危机应对演习活动等。③危机管理办公室与志愿者组织、非营利性机构以及私人组织等合作，组织协调他们共同参与危机管理。如图3-9所示。

纽约市危机管理的成功之处在于这个工作网络，这种管理并非只涉及一个机构，而是形成了一个管理网络，全方位地掌控局势，在发生危机时，能够又快又好地处理危机事态。通过这种网络结构，纽约市危机管理办公室与其他政府部门、相关专业职能部门进行合作，在需要的情况下，让非政府组织参与到公共危机战略管理中来，能够提高危机管理效率，减少危机造成的损失。

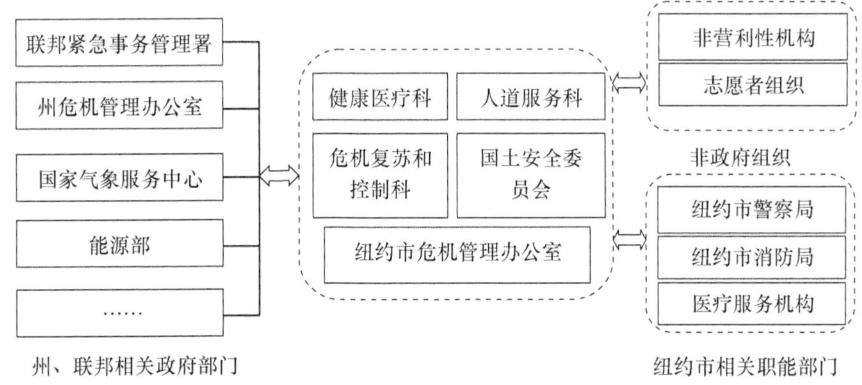

图3－9　纽约市危机管理办公室工作网络

第三节　中国台湾、美国纽约的公共危机管理经验启示

一、设立综合性的危机管理部门

中国台湾和美国纽约都有一个常设的综合性的危机管理机构，中国台湾的危机管理机构是台湾灾害应急处理中心，美国纽约市的危机管理机构是纽约危机管理办公室。

没有一个专门负责公共危机管理的常设机构，就不能够从战略的高度考虑问题，无法使危机前准备、危机中应对和危机后处理有机结合。因此要建立一个常设的危机管理机构，赋予其对公共危机管理的统一领导权和指挥协调权，并最终发展成为独立的、专业的危机管理部门，竭力向全过程、全社会、全灾种的全面危机管理新模式转化，并使危机管理成为公共管理的重要内容之一，使危机管理能够常规化。

二、建立多部门协调合作机制

由于公共危机影响的范围比较广，影响的人数也比较多，因此单个部门不可能完成有效的危机处理的任务，即在危机发生前、危机处理中、危机发生后的过程中，往往需要多个部门共同参与，通力合作才能够成功地消除危机。因此，在危机管理中，需要建立一种机制，协调各部门之间的行动来应对危机的发生。

三、重视公共危机管理科研投入

将减灾科技应用到公共危机管理，对于危机的预警、准备、处理和恢复等环节都能够起到提高效率、节约成本和减少损失的效果。中国台湾和美国纽约都非常重视科技的力量，在科研上投入了很大的资金，也取得了很大的成就，这些成就对于危机管理具有非常大的作用。

目前，从对于危机管理方面的高科技应用情况来看，主要包括三个方面：第一，危机评估，主要包括地理评估、危机管理、经济分析、统计、环境评估等内容，并总结汇成危机评估报告。第二，卫星遥感应用，主要包括遥感和地理信息系统等远距离监控技术。第三，网络通信，主要包括计算机、通信、网络、电子等设备，维护危机管理机构的网络和通信系统。

四、完善危机管理相关的法律体系

由于公共危机影响的广泛性，因此应对公共危机需要调动多方面的资源。为了使得危机管理更为有效，危机管理计划能够得到更好地实施，需要有法律的强制性保障。危机管理相关的法律体系必须要满足以下两项相互关联的原则：一方面，法律体系包含的内容要全面，不但要包括国家安全、交通运输、经济、新闻舆论、福利保障等宏观领域立法，还要包括具体管理环节在各个微观领域的实施细则；另一方面，法律体系的统一性原则，在包含内容全面的基础上，各级法律（宪法、部门法、地方的行政法规等行政法律法规）条文不得相互冲突，在发生问题后能够及时补救。

第四章　城市群公共危机形成机理研究

随着信息技术的发展、交通条件的改善，相邻城市之间的经济联系越来越密切、相互影响越来越大，从而形成了城市群。在城市群发展过程中存在着诸多隐患，危机随时可能发生。危机通常是在区域内的某个城市首先爆发，由于危机的扩大效应和连锁效应，往往会使危机的危害范围和程度加大，进而诱发城市群公共危机的爆发。人类对此类危机的了解还甚微，对其的预防准备更是薄弱。另外，城市群公共危机的发生、演进及危机后衍生状况具有很大的不确定性。正确认识城市群公共危机的内涵、理解城市群公共危机诱因和形成机理，不仅有利于危机监测和控制，而且对保持城市群体系的可持续发展，推进体系一体化实践有着重要的指导作用。本章首先剖析了城市群公共危机的内涵和复杂特性，其次探究了城市群公共危机的诱因，最后基于复杂系统理论分析了城市群公共危机的形成机理。

第一节　城市群公共危机的内涵

一、城市群的内涵

城市群是城市区域化和区域城市化过程中出现的一种独特的空间形态，是城市化发展到一定阶段的产物和主流发展趋势。城市群不仅是我国城镇化战略的重要内容、经济社会发展的主要载体，而且是我国交通枢纽与科技文化的创新中心、生产力增长的关键极点和节点以及对外开放合作的实验区。

城市群的出现是一个历史过程，它是集历史、行政、体制、地理等多种因素而形成的，并非偶然出现的，更不是规划出来的。随着城镇化人口由分散到聚集的迁移，在一些经济发达的城市周边会崛起一个超大城市，在其辐射半径内可能覆盖周边五六个城市。当该区域内有众多城市，且相邻城市辐射边界逐渐模糊时，就形成了城市群。

关于城市群的内涵与外延，目前学术界还没有统一的认识。城市群的概念，最早源于1975年法国地理学家戈德曼（Gottmann）在研究了美国东北部都市区连绵化现象后提出的大都市带概念。我国学者姚士谋在城市群理论方面做出了卓越的贡献，并界定了城市群的概念。他认为"城市群是在特定的地域范围内具有相当数量的不同性质、类型和等级规模的城市，依托一定的自然环境条件，以一个或两个超大或特大城市作为地区经济的核心，借助于现代化的交通工具和综合运输网的通达性，以及高度发达的信息网络，发生与发展着城市个体之间的内在联系，共同构成一个相对完整的城市集合体"。

城市群是城市发展到成熟阶段的空间组织形式，具有地理和经济双重属性。从我国城市群形成与发展看，城市群主要有以下5个特征：

（1）地域性。城市群是在特定空间地理范围内聚集的若干城市的联合体。

（2）内在有机性。城市群不仅是多个城市在邻近空间或地域上的简单罗列，而且是人力、物力、财力、科技等各类资源在区域内的特定分布形式，具备不同于各城市简单加和的新的整体特征与功能，也即实现"1+1>2"的效应。

（3）强聚集性。城市群内的各城市之间、产业之间、基础设施以及科技文化之间有着非常紧密的联系。它表现为更大规模、更强作用力度的集聚经济。城市群不仅在国家经济总量中占有显著比例，而且在经济密度、城镇密度、人口密度等指标上也具有明显的优势。

（4）多中心性。城市群一般都是以一个或几个中心城市为核心，如长三角城市群的上海市，长株潭城市群的长沙市、株洲市和湘潭市等。这些核心城市是城市群经济活动的增长极、辐射源和集散地，是城市群内的调控枢纽，在该区域的经济活动中通常占据着核心和绝对支配地位。

（5）网络性。城镇体系是城市群演化的起点，一般表现为树状的等级关系，在城市群内城市之间相互吸引、扩散的作用下，形成了复杂的网络化的空间结构。这种网络结构大大便利了城市内部及城市之间的人口和物质流动、信息与技术传递、能量转换以及资金周转。城市群的网络性不仅表现在城市群内形成了产业网络、基础设施网络、市场网络、物流网络、商贸网络等各种网络，而且各网络之间的关系也非常密切。

二、城市群公共危机的内涵

城市群公共危机在概念使用上，除了"城市群灾害"外，还有"区域公共危机"、"跨界危机"等，这几个概念都是用来描述性质相近的一类事件或状态，但它们之间的侧重点有所不同。区域公共危机指发生在一定地域之内的、超越行政区划的公共危机，需要地方政府间的相互协作来管理。如 1989 年密西西比、密苏里和田纳西 3 个州为应对地震灾难而签署的《州际地震应急管理协议》，以及 1995 年美国南部州长联合会（Southern Governor' s Association，SGA）为了确保其成员州在危机时刻能够获取充分的救助资源而签署的《州际应急管理互助协议》。跨界危机是跨不同界别的危机，它包含两层含义：一是在地理空间上，危机跨越部门、组织、行政区划边界，甚至是跨国界传播；二是危机可能跨越政治边界传播、跨越功能边界传播、跨越时间边界传播。

关于城市群公共危机的概念，我国学者符礼勇和孙多勇进行了界定，他们认为“城市群公共危机指的是城市群区域内的一种不稳定状态，即城市群内的公共安全、公共利益甚至基本价值受到破坏和严重挑战”。鉴于我国目前特殊的国情，即城市密集、经济发达的区域几乎都形成了各种级别的城市群，从而发生在一个城市的公共危机很容易会扩散到整个城市群，因此，城市群公共危机这个概念比跨界危机、区域危机更加适合我国的国情。

在本书中，我们将城市群公共危机定义为：发生在城市群区域内的公共危机事件，该事件已经或可能对城市群区域内的公共安全和公共秩序产生严重威胁，需要公共部门在时间压力和不确定性极高的情形下做出决策并加以控制。由此可知，城市群公共危机虽然属于公共危机的一个类别，即可将其归纳为区域性公共危机中，然而城市群公共危机的特殊性质表明，应对这类事件并不能依据公共危机事件的一般管理方法，而是需要更加灵活、高效、综合性的危机处理办法。

城市群公共危机是公共危机的特例，除了具备一般公共危机的特点，诸如突发性、破坏性、紧迫性、公共性、复杂性、双重性之外，还有其自身特有的性质，也即跨界性、连锁性和高度不确定性。

（1）跨界性。作为一种特殊城市化产物的城市群，由于各城市之间地理空间密集、信息沟通便利、交通运输体系发达，使得危机的发生呈现链状衍生性。城市群公共危机一旦发生，其影响和危害已经不再主要局限于事发地，而往往会迅速跨边界传播，在扩散的过程中变幻莫测。在一个城市发生的公共危机可以在极短时间内借助于现代工具迅速传播到另外一个城市甚至整个城市群，并且影响与威胁多个区域，通常会使城市群的正常功能无法有序、正常进行，破坏整个城市群系统的部分或整体功能，对相关利益人心理产生巨大的影响，对经济产生巨大的冲击作用，传统的危机应对方法可能会失效。

（2）连锁性。连锁性指城市群公共危机在时间维度上表现出持续性特征，在空间维度上表现出传递性特征。即原来的城市群公共危机事件还将持续发生，但事件进一步演进，可能引发了相关联的其他类型公共危机事件的发生，也可能产生异

质性的连带公共危机事件，从而造成更大范围内的社会危害。如2005年吉林石化“爆炸事件”由一起典型的事故灾难引发社会安全事件的异质事件连锁反应。

（3）不确定性。由于信息缺失、信息不完全等特征，城市群公共危机事件在发展和演化过程中呈现高度的不确定性和难以预测性，进而使得应急决策变得极其复杂和不确定。在时间压力和缺乏前例参照信息的情境下，决策专家获得的信息往往具有随机性、未确知性和模糊性，从而难以用确切的数字表达某些应急决策的评估指标。因此，将模糊多属性决策理论运用到城市群公共危机应急决策理论体系中，已成为公共危机管理研究领域的重要研究目标之一。

第二节　城市群公共危机的诱因分析

城市群公共危机具体可分为自然灾害、事故灾难、公共卫生事件和社会安全事件四种类型。其中，自然灾害、事故灾难、公共卫生事件三种危机类型为自然性危机事件，社会安全事件为社会性危机事件，它又包括经济型、政治型、文化型和社会治安型四大类型。

同时，诱发城市群公共危机发生的因素也是种类繁多，站在不同角度，可将诱发因素分为不同类型：从危机事件是否由人为因素造成的角度分析，可将其分为自然因素和人为因素；从诱发因素时间长短角度分析，可将其分为突发因素和累积因素；从内外环境角度分析，可将其分为外部因素和内部因素；从是否可以避免角度分析，又可将其分为可控因素和不可控因素。本书结合城市群公共危机的特征分析，研究上述各种诱发因素，站在全局角度，提出基于战略、运行和突发三个层面的城市群公共危机诱发因素体系，涵盖九大因素，如图4－1所示。

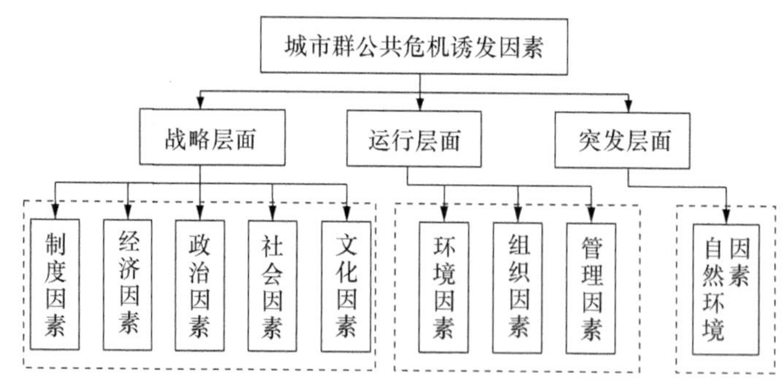

图4－1　城市群公共危机诱发因素

一、战略层面的诱因

（一）制度因素

制度是指用于规范行为主体的办事规程或行动准则，城市群区域内的各城市之间的相关制度存在一定的差异，此外或许还存在对某一社会群体利益的忽视或对某一群体利益的过于强调等问题，地区之间的差异以及制度本身的缺陷必定会产生各利益群体之间的矛盾，矛盾没有及时化解则形成公共危机。制度缺陷主要体现在制度过于刚性，当外力超过一定的限度，一旦出现问题则容易引发公共危机，而保持制度的弹性有利于区域的创新发展、转型升级。因此，制度整合失调、控制失灵等是引发城市群公共危机的重要原因。

（二）经济因素

经济因素是指影响区域发展的宏观经济状况，主要包括经济发展状况、经济结构状况、居民收入状况、消费结构状况等方面。地区经济发展的差异和产业结构的雷同会造成区域间的不平衡与竞争，居民收入的差距和消费结构的差异会造成社会群体间的不平衡与矛盾，故经济因素是影响城市群和谐健康发展的重要因素。在城市群区域一体化的进程中，各种不平衡、竞争、矛盾潜藏在城市群区域经济体系中。其中，最突出的是金融危机，它不仅将城市群还可能将整个国家卷入到社会动荡，进而遭受巨大经济损失。2008 年美国金融危机充分证明了这类危机事件的突发性和破坏性。金融危机会引发“连锁反应”，不仅影响金融行业，还会影响银行、证券、房地产等行业，会给社会其他领域带来一系列的社会突发事件。

（三）政治因素

政治因素包括政局因素与政策因素两个方面。区域的政局是否稳定，直接影响该区域的健康发展；区域的政策是否完善平稳，直接影响社会成员的安居乐业。目前我国政府正在努力由经济建设型政府向公共服务型政府转变，在这过渡时期存在着许多变数，从而增加了危机爆发的可能性。政治因素将直接影响社会经济发展，很多不良现象频频出现，比如权力滥用、贪污腐败、社会公平和正义缺失、政府职能缺位、公共服务缺失、社会监管缺乏、民主和法制建设依然不健全，等等，这些现象是城市群公共危机发生和蔓延的导火索，也是引发公共危机的政治性根源。无论在城市群区域还是在全国范围内，政治因素方面存在的问题依然是值得重视和关注的。

（四）社会因素

从广义上讲，社会因素包括人类的一切活动，狭义上讲，社会因素包括社会保障、社会交往和社会舆论等方面，此处指狭义上的概念。虽然城市群区域总体经济实力居全国前列，但社会群体中存在的不平衡并没有减弱，比如社会保障体系并未实现全覆盖和无差异，即使有社会保障，但对城镇居民和乡村居民的社会保障还存在差距，弱势群体得不到较为全面的社会救助的现象依然存在，同时社会群体中贫富差距也日益突出，失业现象难以完全控制。在城市群区域的经济发展中具有重要贡献的流动群体，由于收入分配、社会保障等利益失衡问题以及风俗习惯的问题与当地社会群体之间也存在矛盾，使得城市群区域社会群体之间的交往存在风险因素。此外，城市群地区人口的聚集、人口类型的复杂，负面的社会舆论一旦发生，产生的影响力和影响面也是不可估量的。因此，在社会群体、社会交往和社会舆论等方面都会引发城市群公共危机。

（五）文化因素

文化因素的核心问题是价值观问题。当前，社会主义核心价值体系尚未在全社会起到凝聚人心的作用，信仰危机仍然存在。一方面，当今社会利己主义、唯钱是举的不良思想造成社会公德、职业道德、家庭美德和个人品德的缺失，在人口聚集和人口状况复杂的环境下，道德缺失的现象更容易传播蔓延，公共危机风险因素层出不穷；另一方面，在城市群地区，由于社会经济的快速发展以及城市与农村、城市与城市之间居民、当地居民与外来务工人员之间的生活环境、文化背景的不同，在城市化发展进程中和区域一体化发展进程中，有可能引发文化冲突，它既包括传统文化与新文化的冲突，也含有当地文化与外来文化的冲突。

二、运行层面的诱因

从诱发城市群公共危机的来源分析，又可将运行层面划分为环境因素、组织因素和管理因素。环境因素包括城市群的内环境和外环境，它是危机源的滋生土壤；组织因素是在危机发生前、发生中和发生后三个阶段中对危机管理过程控制的相关方面；管理因素是有效实现危机源头控制和危机管理过程控制的支撑。这三方面共同作用，对城市群公共危机管理产生影响，任何一方面的缺陷都将诱发危机的发生。

（一）环境因素

环境因素指内部环境因素和外部环境因素，它是危机源的滋生土壤。一方面，城市群内部隐含着各类危机源，社会成员、企业、公共场所、各类组织等，它们在社会运行中会交互发生关系，这些关系中时刻蕴含着各类问题，若问题得不到有效解决将成为危机发生的隐患；另一方面，随着计算机网络技术、通信工具的发展以及通信效率的提高，使得城市群区域与周边环境的关系变得日益紧密，城市群作为一个开放的复杂系统，与周边环境不断进行人流、物流、资金流、技术流和信息流等要素的交换和沟通，形成“你中有我、我中有你”的关

系，彼此之间的影响度、依赖度、互动性增强，在与外界环境的交互关系中，必定使得城市要素出现不稳定和不确定，城市群的结构将变得脆弱和失衡，这将加大城市群公共危机的爆发概率。例如2003年影响全国的“非典”事件，首先是在广东佛山发现第一例“非典”病例，由于经验不足以及对“非典”危害认识上的欠缺，当地政府部门没能及时有效地处理危机，由于上海、北京等发达城市与外界之间存在着频繁的人流交换，这为病毒的传播提供了广阔渠道。2003年3月初，北京发现第一个“非典”病例，接着在上海、南京等地也出现了“非典”疫情，进而“非典”疫情开始在全国范围内传播。可见，城市群内部存在的交互关系以及与外部存在的流动关系，使得危机发生概率更大、蔓延更快。

（二）组织因素

组织因素是在危机发生前、发生中和发生后三个阶段中对危机管理过程控制的相关方面，若过程控制的失效必将引发危机的爆发，故组织因素是引发城市群公共危机爆发的重要风险因素。组织因素可从两个方面考虑：一方面体现危机管理过程控制中的保障能力，比如危机管理机构的设置情况、职责分工情况、智能库的建设情况、危机管理信息系统的建设情况、相关法律法规的完善情况等；另一方面体现危机管理过程控制的柔性运作能力，比如危机预警方案的可行性、危机监控手段的可行性、危机处理机制的可行性、信息发布方式的可行性等。因此，组织因素中的保障能力和运作能力是保障城市群正常运行秩序的关键和核心，只有关注组织因素的各个具体内容，才能避免城市群运行过程中的公共管理、公平公正、行政作为和违法行政等问题所引发的城市群公共危机。在社会、经济活动中，有效的过程控制必定能预防危机事件的发生。例如，2011年浙江省质检总局在市场上检测出20万克“问题血燕”，经查明这些血燕是从广东、厦门等地进入，违法厂商为了追求私利，将含致癌物质的亚硝酸盐放入“问题血燕”中。这正是有效的危机信息监控起到了关键作用，从而防范这类危机事件的发生和蔓延。

（三）管理因素

管理因素是有效实现危机源头控制和危机管理过程控制的支撑。管理是与人相关的活动，对环境因素和组织因素的认识、改善都需要人的参与。在城市群公共危机诱因中，管理因素直接影响环境因素和组织因素，在危机管理中，管理因素体现在以下几个方面：①主观能动能力的不足，比如相关管理部门对存在的隐患问题没有预见性，管理人员对具体问题的处理缺乏主动性、处理流程缺乏规范，这将引发环境因素和组织因素中公共危机的发生。②客观适应能力的不足，比如对危机环境和过程控制的不了解，对相关领域知识的欠缺，各部门之间沟通协调的不畅通，这将导致危机管理者难以及时发现问题，有效控制问题，就有可能诱发危机事件的发生。

三、突发层面的诱因

突发层面的因素主要指自然环境因素，该因素具有突发性、破坏性等特点。自然环境因素又可分为两个方面：一是由于地壳运动或气候变化而引发的自然灾害，如地震、海啸、台风、洪水、干旱等灾害，例如2005年长三角城市群的第9号台风“麦莎”、2008年长株潭城市群的雪灾等，该类灾难不是由于人为因素造成，是不可控因素，且破坏力极强，会给当地居民的经济生活造成严重影响；二是人类为了满足私欲，追求剩余价值，对有限的资源环境或环境进行超额榨取，最终由于资源的掠夺性开采和环境的无情破坏而对自然环境造成极大的损害与破坏，如酸雨、臭氧层破坏、温室效应、泥石流、水污染、大气污染等灾害均是由于环境与资源问题诱发的自然灾害。在城市群区域内，由于经济发展速度快、产业集中度高、人口密集，各类污染物排放量相当大，据统计占全国的1/5。目前最突出的是大气污染、河湖水系污染、酸雨等问题。该类灾害是由于人为因素造成，伴随着城市化进程而产生，是可控因素也是可避免的因素，同样其破坏力极强，而且有些灾害具有滞后性的特点，不易被人察觉，但是伴随着时间的推移，其破坏性会逐渐暴露，一旦危害性暴露则难以在短时间内控制和解决。此外，这类危机的发生，还会产生一系列的连锁反应：一方面环境质量状况低劣和自然资源的减少与退化会削弱经济可持续发展能力，另一方面环境破坏和自然资源短缺会引发人民群众的不满，从而导致社会的动荡，削弱社会可持续发展能力。因此，该类因素不仅严重影响城市群社会经济的发展，而且对整个人类社会可持续发展具有严重阻碍作用，它与当前我国倡导的人与自然和谐发展相背离。

第三节　城市群公共危机的战略层面的识别体系

公共危机识别是指通过检测系统或评价系统认识和辨别出公共危机事件在危机发生各个阶段的症状和表现，以期对公共危机发展进行正确的识别，从而有效地避免或降低公共危机给社会造成的损失。能够实现对公共危机的有效识别，是进行正确公共危机管理的前提和保障。

在现实生活中，城市群公共危机往往不是由个别因素所引发，而是由来自系统内部或外部、战略层面或运行层面等一系列诱发因素相互交织、共同作用的结果。本书从城市群公共危机诱发的战略层面和运行层面出发，提出城市群公共危机战略层面的识别内容、运行层面的识别流程与方法。

在城市群公共危机战略层面的识别工作中，应该建立公共危机战略管理系统，有效控制战略层面的五大诱发因素（制度因素、经济因素、政治因素、社会因素、文化因素）。本书在设计中参考了中国台湾地区和美国纽约市的公共危机战略管理的经验，建立了城市群公共危机战略管理系统框架，明确了城市群公共危机战略管理的流程。

一、城市群公共危机战略管理的内涵和系统框架

城市群公共危机战略管理，首先是战略层面的范畴，其次是战术层面的内容，最后是运营层面的内容。城市群公共危机战略管理我们可以理解为从战略的高度制定城市公共危机管理的相关制度和公共危机处理的流程，将公共危机可能涉及的组织和处理公共危机用到的各种资源进行统一安排，以达到更加有效地控制危机、减少损失的目的。城市群公共危机战略体系是从整体上考虑城市群公共危机战略管理，将公共危机管理看作一个系统。

在这里，“框架”是方向指南和整体方案，可以尽量准确地说明战略管理在整个公共危机管理过程中的重要作用，以及战略管理的各个阶段与公共危机管理的融合的必要性，从而达到减少危机所造成损失的目的。

在城市群公共危机战略管理系统框架的制定中，我们必须要考虑三个问题：谁负责制定战略、谁负责监督指导战略实施和谁负责战略的具体执行，也就是说战略框架必须包括战略规划、战略实施和战略执行三个层面，并将战略管理的三个层面分别与公共危机管理的三阶段相融合。为了更加明确战略管理三个层面的组织和人员的职责分工，更加有效地应对危机，本书将城市群公共危机战略管理三个层面的操作人员用 GSB（金银铜）系统表述。管理支撑系统是城市群公共危机战略管理存在和顺利实施的物质基础，与城市群公共危机战略管理系统相互作用。城市群公共危机战略管理系统框架如图 4－2 所示。

图4－2 中，G（Gold）代表城市群公共危机战略管理中最核心、最高层次的领导者，是战略管理的战略层，其主要工作是战略规划和政策制定。G 必须是一个具有领导力和决断力的部门，因为部门相对于个人来说，在面临大的危机面前，犯错误的机会要小很多。战略管理要与公共危机管理的危机防范相融合。为了促进两者的融合，需要做到以下两点：①完善公共危机管理决策系统的创新机制，提高创新能力。利用信息系统和现代化的互联网技术进行信息的收集、分析、传递和共享，使得危机决策系统决策过程规范化和科学化。成立专门的危机预警组织机构，识别危机诱因，并建立“危机事件参考库”，结合实际情况为危机决策提供新的方法。②确定公共危机管理的战略管理目标。收集各类潜在公共

危机事件的详细信息，使组织在危机发生时能够确定危机管理的战略目标，并使用 SWOT 工具分析组织在进行公共危机管理过程中具有的机会和威胁，优势和劣势；分析以后要迅速协调人员和资源解决问题，尽可能地减少损失。

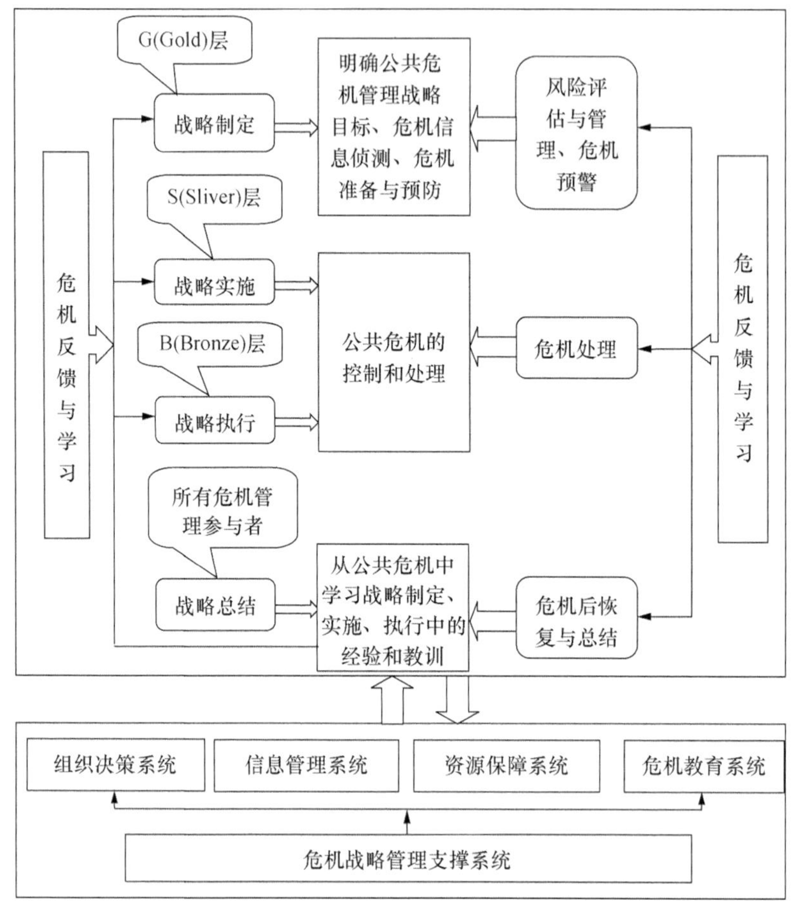

图 4－2　城市群公共危机战略管理框架

图 4－2 中 S（Sliver）代表城市群公共危机战略管理中的中层，即战略管理的战术层，其主要任务是战略管理实施的监督和指导。B（Bronze）代表战略管理的执行层，负责战略的具体实施。这两个阶段要与公共危机管理的危机处理阶段相融合。为了实现两者的融合，需要做到以下几个方面：①建立专业化、系统化的危机管理工作流程。要求危机管理团队专业化、管理环节流程化、管理措施科学化，以期在最短的时间内，用较小的成本达到利益最大化的目标。②建立统

一领导、分工协作的组织体制。公共危机管理是政府的基本职能和职责之一。为了提高政府公共危机管理能力，需要建立统一领导、分工协作的组织体制，从而增强部门之间的协调能力，以便在危机发生后迅速协调解决问题，减少损失。

战略总结阶段需要 GSB 系统的所有工作人员共同参与，主要工作是对以前的战略规划、战略实施效果进行总结，找出不足，吸取经验教训。这一阶段与公共危机管理的危机恢复与总结阶段相融合，可以从危机中进行学习，避免在以后的公共危机管理过程中犯类似的错误，从而避免不必要的损失。战略管理的总结阶段和公共危机管理的融合需要做到以下几点：①进行及时反馈和补救。危机结束后，公共部门要及时收集反馈信息，将预期目标和实际结果进行比较，采取救治措施，保证行动和战略目标的一致性。②倡导组织学习，强化危机管理的能力。进行组织学习，总结危机管理的经验和教训，为新的战略制定提供教材和借鉴。对危机战略管理进行学习，是完善下一个阶段或下一次危机管理的开始，是一个动态、持续的行为。

二、城市群公共危机战略层的识别内容

城市群公共危机战略层的诊断是在危机战略管理的框架下对制度因素、经济因素、政治因素、社会因素、文化因素五大诱发因素的全面扫描，以识别城市群系统战略层面的平稳性。具体从以下几个方面入手：

（一）城市群公共危机的管理体制分析

城市群公共危机管理体制是指在危机管理过程中，政府、企业、军队、个人等各个主体的权利和义务如何分配，是一个静态的权利义务分配过程。该体制是危机管理体系中的一个重要组成部分，具有明确职责、整合资源、及时响应、紧急救援、评估恢复等关键作用。借鉴陈安等（2009）的应急管理体制框架，城市群公共危机管理体制分析可以从行政责任与社会责任系统、事件响应与评估恢复系统、资源支持与技术保障系统、防御避难与救护援助系统 4 个方面来进行分析。行政责任与社会责任系统指与城市群公共危机管理相关的政府机构以及非政府组织、各类企业及普通公民等责任主体；事件响应与评估恢复系统危机信息收集中心、预警系统、应急响应系统和危机后的灾害损失评估及恢复重建系统；资源支持与技术保障系统既包括对应急资源的存储调度，还包括诸如保证业务连续性发展的技术支持手段；防御避难与救护援助系统包括应急避难所的构建、现场救助和灾后心理辅导。

（二）城市群公共危机的法制分析

城市群公共危机管理法制属于非常态法制，是针对突发事件引起的公共紧急情况制定或认可的处理国家权力之间、国家权力与公民权利之间、公民权利之间

的各种社会关系的法律规范和原则的总和。依法行政是有效应对城市群公共危机的前提和保障。城市群公共危机管理法制最基本的功能是当公共危机发生时，能够迅速有效地保障全社会恢复正常的社会生活秩序和法律秩序，维护和平衡社会公共利益与公民合法权益。当前我国已出台不少相应的法律和法规，如《地震法》、《防汛法》、《森林防火法》、《食品卫生法》、《药品管理法》、《安全生产法》、《产品质量法》、《建筑法》、《消防法》、《道路交通法》、《泛珠三角区域内地9省（区）应急管理合作协议》和《长江三角洲地区区域规划》等。虽然，这些法律为有效预防各类城市群公共危机的发生提供了坚实的法律基础和执法依据。但公共危机类型和发生都是动态的，随着社会经济的发展，不断会出现新问题，也蕴含了各类新的危机，笔者认为应当定期总结各类公共危机的发生条件、处理中遇到的问题等，循环对照已有的法律法规基础，及时发现法律法规中出现的漏洞，及时完善补充，从而实现城市群公共危机管理“有法可依”。

（三）城市群公共危机的预警机制分析

危机预警指在已经发现有可能会引发公共危机的某些前兆信号之后，但是危机还没有爆发之前采取的危机应对措施，如信息收集、信息整理、信息确认和信息发布等。危机预警能够引起社会公众和相关机构的注意，对将要发生的危机进行预防，从而减少危机发生的概率，或者将危机对社会造成的伤害降到最低。由于危机的潜伏性和难预测性，在第一时间（往往也是系统障碍最小且还未大幅度恶化的阶段）进行预警，能遏制事态演变恶化。因此，危机预警是危机管理中关键内容。

危机预警系统包含三个子系统：危机监测系统、危机评估系统和危机预报系统，如图4-3所示。

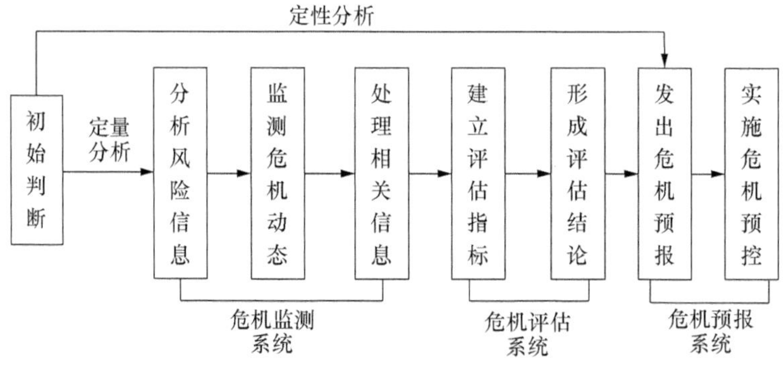

图4-3 危机预警系统的构成

危机监测系统的主要作用包括三个方面：分析系统收集的风险信息、监测风险信息动态和处理风险相关信息。分析系统收集的风险信息体现了危机预警和风险管理在战略上的相关性；监测风险信息动态是对风险转化成危机的演变发展过程中透露的信息进行跟进与了解；处理风险相关信息则体现了危机信息检测的有用性。危机评估系统是对获取的风险信息进行处理和评价，此系统包括两个主要步骤：设置评估指标和形成评估结论。评估指标设置目的是确定危机评估的标准；形成评估结论是规划危机管理计划的基本依据。危机预报系统是根据危机评估的结论，对危机发生、恶化及其带来的潜在伤害向社会成员和社会组织等有可能受到危机影响的群体发出预报，使他们能够及时采取行动，减少自身的损失。因此，在城市群公共危机战略层面的诊断中，应关注危机监测系统、危机评估系统和危机预报系统，识别其是否具备合理性、全面性、科学性和可操作性。

此外，在预警机制分析中还要重视预案的分析，因为城市群公共危机预案是公共危机管理中的重要抓手，是应对各种突发公共危机事件的第一依凭，是“一案三制”的起点。公共危机预案具有危机规划、纲领和指南的作用，是危机理念的载体，是危机行动的宣传书、动员令、冲锋号。我国到2006年为止已初步建成了一套应急预案体系，对有效应对各种灾害和突发事件具有重要作用。制定城市群公共危机预案，实质上是把非常态事件中的隐性的常态因素显性化。长三角城市群公共危机预案应根据不同类型的危机进行科学、系统分类，做到“纵向到底、横向到边”，纵向贯通行政和各类组织层级，横向覆盖行政和社会层面，并且各类预案应该具备可操作性，各类预案间应该无缝隙，也即它们能有效衔接。因此，在长三角城市群公共危机战略层面的诊断中，还应重视预案是否完备、预案是否可操作、预案是否可衔接。

（四）城市群公共危机的战略管理能力分析

平衡计分卡（Balanced Score Card，BSC）是一种绩效评价体系，其作用在于找出超越传统以财务量度为主的绩效评价模式，以使组织的“战略”能够转变为“行动”。经过20多年的发展，BSC已经发展为组织战略管理的工具，在组织战略规划与执行管理方面发挥了非常重要的作用。BSC可用于评价组织的战略管理绩效，体现组织的战略管理能力，因此本书认为可将城市群公共危机战略管理理论和BSC理论结合，对BSC做一些必要的改进（见图4－4），用来评价城市群公共危机战略管理能力。由于受危机影响最大的是社会公众，因此社会公众既是危机的受害者也是危机管理的受益者，因此用公众维度作为顾客维度；在城市群公共危机战略管理中，上级主管部门、捐赠资金物资等危机处理资源的非政府部门与公众是城市群公共危机战略管理的主要资源供应者，也是资源维度主要的关注者，他们主要关注资源的保障能力如何、资源的调度是否合理、资源的使用效率如何、战略性资源的储备情况等，因此用资源维度作为财务维度；内部业务流程维度主要关注公共危机战略管理的各个环节是否合理；创新和学习维度主要关注系统的学习能力。另外，在公共危机战略管理中，需要相关法律法规、相关基础设施等各方面的支持，因此将危机管理支持维度作为第五个维度添加到平衡计分卡中。改进后的 BSC 能适合评价城市群公共危机战略管理能力。

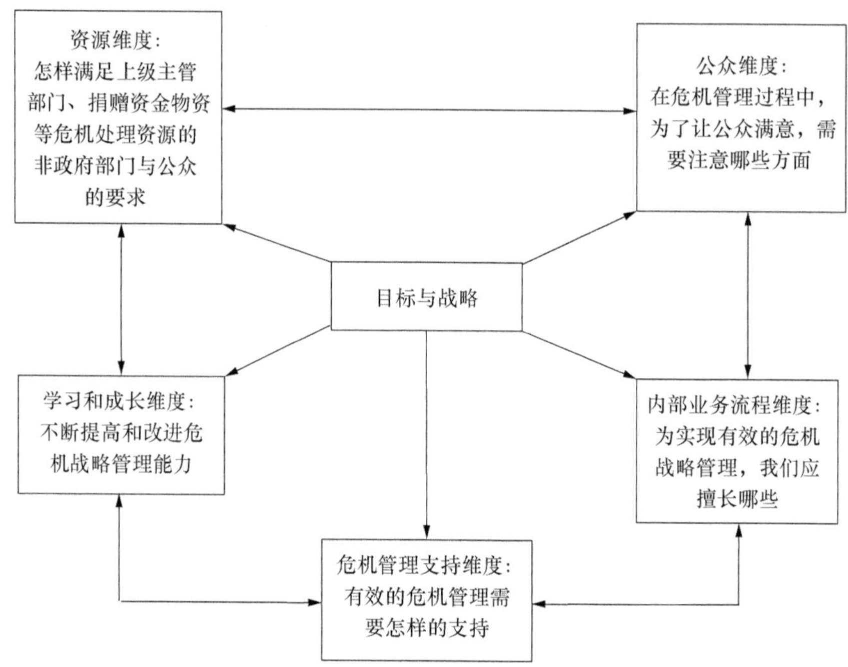

图 4－4　城市群公共危机战略管理能力评价的 BSC 模型

公众维度是对城市群公共危机战略管理效果的评价，体现公众维度的指标是社会公众对公共危机战略管理的满意程度；资源维度是城市群公共危机战略管理在资源方面的表现，体现资源维度的指标是资源管理能力；内部业务流程维度是城市群公共危机战略管理的具体过程，体现内部业务流程维度的指标是危机管理能力；学习与成长维度是系统通过危机或者突发事件改善自身的能力，体现学习与成长维度的具体指标是系统学习能力；危机管理支持维度是城市群公共危机战略管理的基础设施、专业职能型救援队伍、相关法律法规等的支持情况，体现危机管理支持维度的指标是危机管理支持能力。因此，在城市群公共危机战略管理能力评价中，应针对社会满意程度、资源管理能力、危机管理能力、系统学习能力和危机管理支持能力五个方面进行分析，从定量角度掌控城市群公共危机管理战略层面的发展状况。

第四节 基于复杂系统观的城市群公共危机形成机理分析

一、城市群公共危机的复杂特征

从复杂系统的观点看，自然灾害、突发公共卫生事件、事故灾难和社会安全事件导致的物质、信息、技术和能量的非常规释放，是城市群公共危机形成、发展和演化的根本原因。这些非常规释放的物质、能量和信息在与人类社会系统的非线性交互中，对作为主要承灾体的人类社会系统造成巨大的结构和功能破坏，同时对其他许多系统，诸如生态系统等有次生和衍生危害。从系统学的观点看，该系统是典型的开放式复杂巨系统。

（1）城市群公共危机具有复杂性。城市群体系中聚集着不同等级的诸多城市，城市之间存在多种形式、多种层次的交互作用。城市群集聚性、联系性等特征造成了城市群公共危机生成要素的复杂性、危机诱发因素的多样性以及危机演化的不确定性。城市群公共危机的复杂性和不确定性是由系统中的奇怪危机因子表现出来的，由系统内在的随机性所致。

（2）城市群公共危机具有开放性。城市群公共危机系统是一个开放的、演化的系统，而非封闭孤立的系统。城市群危机系统及其子系统作为一个有机整体，不断与外界进行着诸如物质、能量、技术和信息的交换，在此过程中，有可能会将一些不稳定因素引入，进而扰乱系统的平稳运行，从而可能会导致城市群公共危机的爆发。

（3）城市群公共危机是城市群系统内各组分之间的非线性相互作用在一定条件下产生的结果，是由于系统初始条件改变而形成的“蝴蝶效应”，是城市群系统的混沌现象。在城市群公共危机系统的作用过程之中，非线性效应发挥了极其重要的作用，它不仅是危机系统产生复杂性的内在动因，也是系统由无序走向有序的内部动力。

（4）城市群公共危机的爆发是城市群系统整体涌现性的具体表现，系统内各城市之间由于社会经济发展的不均衡，在信息不对称的条件下，危机诱发因素就会扩大、发展、质变，从而形成单个城市不具有而城市群体系共有的新性质、新特点，诱发系统脆性的显性化，影响危机的形态构成与演化进程。

（5）城市群公共危机在城市群网络结构中的传播速度、扩大效应和连锁效应是难于估量的，城市是城市群复杂系统网络中的各个节点。城市群的网络节点具备整体性、聚集性等特征，加之网络自身的脆弱性，使得牵一发而动全身，一个节点的破坏有可能导致整个网络的崩溃，因此城市群公共危机的管理更难以驾驭。

二、城市群公共危机形成机理分析

机理是事物所遵循的内在逻辑和规律，是指为实现某一特定功能，一定的系统结构中各要素的内在工作方式以及诸要素在一定环境条件下相互联系、相互作用的运行规则和原理。Jacob 等（2000）研究表明，对城市群公共危机形成机理的认知将极大地影响城市群公共危机事件的处理和控制效率。我国学者陈安等（2010）也对突发事件的形成机理进行了深入探讨。通过对城市群公共危机形成机理的探究，可以找到孕育危机的内在动因，发现危机发生、演变的规律，进而对城市群公共危机的预防和应对具有指导借鉴作用。本书分别利用社会燃烧理论、熵与自组织理论以及脆性理论来分析城市群公共危机的形成机理。

（一）基于社会燃烧理论的城市群公共危机形成机理分析

社会燃烧理论是由我国牛文元院士将物理学相关理论应用于社会学研究而产生的。根据社会燃烧理论的相关知识，我们认为城市群公共危机的形成实际上是城市群系统从有序走向无序，从量变到质变，由良性的高秩序向恶性的低秩序退化的过程。同自然界的燃烧现象相类似，城市群公共危机在形成过程中必须要具备“燃烧物质”、“助燃剂”和“点火物质”。

第一，随时发生的人与人关系的不和谐（贫富差距拉大导致的民众心理失衡，腐败现象引起的政府公信力下降等）及人与自然关系的不协调（污染问题、生态破坏、滥用耕地等）是社会无序的基本动因，可以视为提供社会风险和不稳定的“燃烧物质”。城市群公共危机事件爆发的主要原因是“燃烧物质”的长期积聚。

第二，城市群公共危机管理部门的不作为和应对不力（三鹿毒奶粉事件等）、网络谣言的快速传播（水龙头铅超标事件等）、新闻媒体的误导（外国小伙扶摔倒女被讹事件等）相当于社会紊乱中的“助燃剂”。而“助燃剂”则是公共危机事件升级和规模扩大的催化剂。

第三，具有一定规模和影响的自然灾害（台风“海燕”等）、事故灾难（青岛石油管道爆炸等）、公共卫生事件（H7N9 禽流感病毒等）和社会安全事件（瓮安事件等）等突发事件通常可以作为社会动乱的“点火物质”。这些“点火物质”是引起城市群公共危机事件爆发的导火索。

当人与人、人与自然的关系达到平衡与和谐时，整个社会处于稳定状态。相

反，只要发生任何背离上述两大关系的平衡与和谐，都会形成社会动乱的“燃烧物质”，当此类“燃烧物质”的量与质积累到一定程度，并在诸如媒体误导等因素的“助燃剂”推动下，在某一突发事件—社会动乱的“点火物质”的触发下，即可发生社会失衡、失序和失控，乃至整个城市群系统崩溃的公共危机事件。“助燃剂”在城市群公共危机形成过程中，往往具有“煽风点火”的作用。本来是爆发在一个小区域内的突发事件，可能会因为网络谣言的传播或新闻媒体的误导而将其放大、扭曲或变形，从而影响广大民众的思维与导向。例如，2008 年的“蛆橘事件”让全国柑橘严重滞销；2010 年的“地震谣言”令山西数百万人街头避难；2011 年江苏响水县“毒气泄漏爆炸谣言”引发多起事故，并导致 4 人遇难；2011 年日本海啸导致核泄漏事件发生后，部分不法分子在 QQ 群里散布谣言引发全国“抢盐风波”，等等。“燃烧物质”和“助燃剂”是城市群公共危机爆发的充分而非必要条件。只有当具备一定规模和影响的突发公共危机事件发生后，才有可能引发城市群公共危机。如图 4－5 所示，在“燃烧物质”、“助燃剂”和“点火物质”三者共同作用下，突发公共危机事件首先在城市群系统内的某城市 A 爆发。由于城市群区域内城市之间地理位置邻近，经济、社会等要素联系紧密，是一个典型的复杂空间网络，如果公共危机在 A 城市没有得到及时有效的处理，该危机就会像疾病传播一样，迅速传给城市群区域内的其他城市 B、C、D 等，最终引发城市群公共危机的全面爆发。

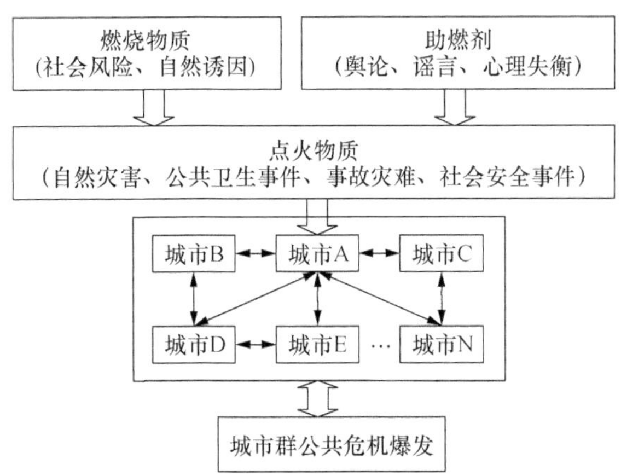

图 4－5　基于社会燃烧理论的城市群公共危机形成机理

社会燃烧理论说明城市群公共危机的发生是一个由量变到质变、由有序走向无序的过程，燃烧物质聚集到一定程度，在社会舆论、社会心理失衡等助燃剂的驱动下，在突发事件的激发下，公共危机首先在城市群系统内某个子系统爆发，由于城市群一体化的网络性特征，子系统的危机会扩大到整个城市群系统，并造成一系列的连锁反应，进而导致大规模公共危机的爆发，甚至引起全局性的动荡。虽然与自然界的燃烧现象有一定的类似，但其发展演化更加的变幻莫测。

（二）基于熵与自组织理论的城市群公共危机形成机理分析

熵（Entorpy）是德国物理学家克劳修斯最先提出的，是自然科学领域内的一个重要物理学概念，它是对系统无序程度的一个度量。系统越无序，熵值越大；系统越有序，熵值越小；系统获得的信息量越大，熵就越小，即系统和信息量的大小，与熵的增减成反效应。根据克劳修斯的熵增加原理：在一个孤立系统内实际发生的宏观过程总是使这个系统的熵值增加。随后，普利高津提出了负熵的概念，他认为熵增理论描述的只是孤立的系统，对于开放系统必须考虑系统与外界交换能量和物质所引起的熵流，系统通过从外界获得的负熵流可以减少总熵值，并且给出了熵的平衡方程 $ds = ds^{+} + ds^{-}$，式中 ds 表示系统熵的增量；ds^{+} 为系统内不可逆过程导致的产生熵的增量；ds^{-} 为负熵。伴随着系统与外界进行物质、能力、信息交换的同时，一些负熵因素可能会被引入，进而使得系统无序性的增加小于有序性的增加，新的结构有可能形成。

自组织理论发端于自然科学领域，代表人物有普利高津、哈肯、艾根等，它的研究对象是非平衡态自发产生的组织性和相干性，由耗散结构理论、协同学理论和突变论等组成。从社会科学和系统科学的角度看，基于物理学中微观粒子的无规律运动和城市群公共危机的混沌运动有着相似的运动机理，都经历了从有序到无序，再从无序到有序的过程，最终达到平衡状态。城市群公共危机事件的发生是各种社会能量因子无序涨落而导致系统发生紊乱的结果，自组织性以及动态性能够很好地解释该类公共危机事件的形成演化过程。

我们将借鉴熵理论及自组织理论来说明城市群公共危机在发生、发展、演化和消亡过程中的变化态势，并揭示熵增因子和负熵因子的运动规律，如图 4 - 6 所示。

城市群公共危机发生前，系统在各种负熵因子和增熵因子的作用下，处于一种有序稳定的平衡态，伴随着诸如自然环境恶化、管理不善、贪污腐败、事故安全事件频发等熵增因子的不断叠加，破坏性能量急剧聚集并扩大，而保持系统稳定、化解熵增能量的负熵因子（人力财力、信息畅通、组织协同等）动力不足，造成系统内部秩序发生紊乱，社会自组织功能弱化，城市群系统失衡；当负熵因子受熵增因子胁迫达到临界点时，一个很小的随机扰动因素就能引起城市群公共危机的全面爆发，社会系统发生脆性断裂；在危机发生的同时，社会组织系统努力对系统进行修复，各种处理危机的应急管理措施，也即负熵因子在城市群公共危机的激发下出现新的人力、物力、技术和组织的重组协同，形成强势合力，不断削弱熵增能力的影响，最终使得系统恢复到新的平衡态。从上述城市群公共危机系统状态的变化看，要维持城市群系统处于一个平稳有序状态，应在危机管理中强化负熵因子，尽可能地控制熵增因子。

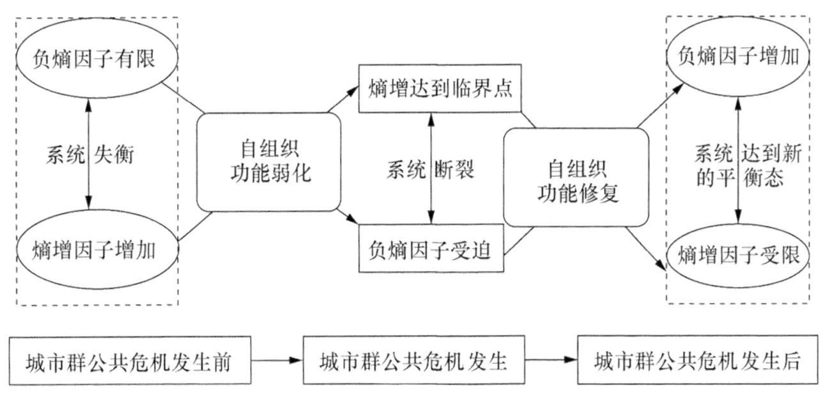

图4-6 基于熵与自组织理论的城市群公共危机系统状态变化模型

（三）基于复杂系统脆性理论的城市群公共危机形成机理分析

复杂系统的脆性描述的是一种状态，也即“一个开放的复杂系统，当它的某个子系统受到人流、物流、信息流等内外部因素干扰而崩溃时，由于连锁效应使得其他子系统也产生崩溃，依次递推，随着崩溃子系统数量的增多，层次的扩大，最终将导致整个复杂系统崩溃”。脆性源指最先崩溃的部分（子系统）。受到脆性源影响而崩溃的部分（子系统）称为脆性接收者。当然，脆性源及脆性接收者不是唯一的。在城市群系统形成初期，由于层次不多，结构也不是太复杂，自组织性一般强于系统的脆性，因此即使受到干扰也能在非平衡状态运行发展。随着现代科技的迅猛发展，城市群系统的层次增多，结构更加复杂，各子系统的联系也日益密切，导致系统的自组织性越来越小，脆性增加。如果系统受到内外的干扰而又没有得到及时有效处理，则城市群某一个系统出现故障而导致的连锁效应就会扩大，最终可能会导致整个系统的崩溃。

下面分别利用复杂系统脆性理论中的多米诺骨牌模型和元胞自动机模型来研究城市群系统公共危机的演化传播过程。

在多米诺骨牌模型中，用骨牌表示城市群系统中的城市，用骨牌之间的“距离”代表各城市之间联系的强弱。其中“距离”不仅仅是指两个城市地理位置之间的距离，更多的指在城市群网络结构中两个城市之间在人员、物资、信息等方面的密切联系程度，例如长三角城市群中的上海和南京以及上海和嘉兴，虽然前者地理位置距离是后者的3倍还多，但是前者无论是在人员方面还是物资等其他方面之间的交流更为频繁，因此本书认为上海和南京之间的“距离”比上海和嘉兴之间的“距离”更小。距离越小，表示两城市之间的联系和交流越密切；相反，若距离比较大，就说明二者之间的联系比较弱。如图4－7所示，图中有n个城市，各城市之间的距离分别用X_{12}，X_{23}，X_{34}，…，$X_{n-1,n}$表示，各城市之间由弱到强的联系可表示为：$X_{12} < X_{23} < X_{34} < \cdots < X_{n-1,n}$。假设城市1受到不稳定因素的干扰造成危机聚集，当其脆性超过自组织性时，就会爆发公共危机，如果没有得到及时有效遏制，由于危机具有连锁效应和扩大效应，就有可能将危机传染给其他城市，首先会传染给离城市1“距离”最近的城市2，而城市2是否会爆发危机，不仅取决于城市1“倒下”之后所传递给它的能量，还受自组织性的影响。若其自组织性大于外界传递给它的能量，则危机不会在城市2爆发；若其自组织性小于外界传递给它的能量，则该城市爆发危机。当然，如果城市群公共危机的管理部门没有妥善处理好该危机，那么，城市2不仅成为城市1“倒下”的脆性接收者，还成为将危机传染给城市3的脆性源。以此类推，最终会在城市群整个系统爆发公共危机。

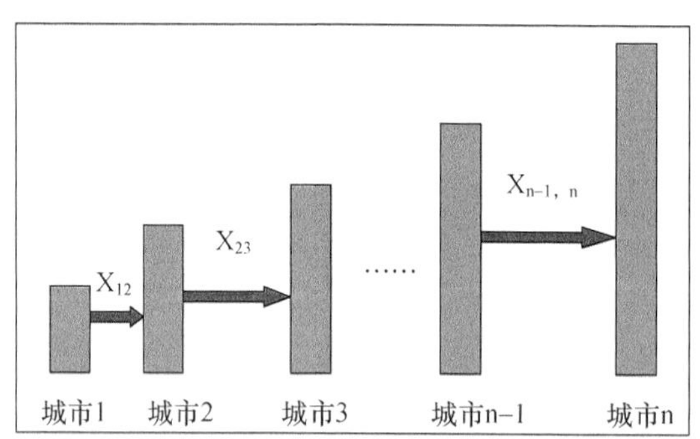

图4－7　城市群公共危机传播的多米诺骨牌模型

多米诺骨牌模型将危机传播过程进行了简化，认为危机传播为一对一传播，然而在现实世界中，危机传播过程复杂多变，不仅存在一对一传播，还有可能是一对多传播。为进一步说明城市群系统中危机传播过程，下面利用元胞自动机模型对其进行研究。一个元胞自动机通常可用一个四元组表示为：$C=(L_d, S, N, f)$，式中，C表示一个元胞自动机，L_d表示元胞空间，S表示元胞，N表示中心元胞的邻居个数，f表示局部状态转移规则。图4－8为城市群公共危机传播的元胞自动机模型。假设在该系统中，城市A作为脆性源受到诱发因素的干扰，造成危机在该城市聚集，导致公共危机的爆发。由于危机的扩散性和连锁性以及城市

群网络结构的特点，公共危机会传染给“距离”最近的周围城市 B、C、D 或者 E。而周围城市作为脆性接收者是否爆发危机，则取决于局部状态转移规则 f。若自身的自组织性大于城市 A 传递给它的“能量”，则危机不会爆发；若其自组织性小于城市 A 传递给它的“能量”，则该城市是否爆发危机就会受到周围城市给予“帮助”的影响，如果周围城市给予的“帮助”与自身的自组织性大于城市 A 传递给它的“能量”，危机就不会发生；反之，危机则会爆发。以城市 D 为例，作为脆性接收者，接受城市 A 转移给它的危机，而该城市是否爆发危机不仅受脆性源传递给它的“能量”和自身自组织性的影响，同时也取决于城市 E、F、J 给予的“帮助”。公共危机按照状态转移规则在城市群网络结构中进行传播。

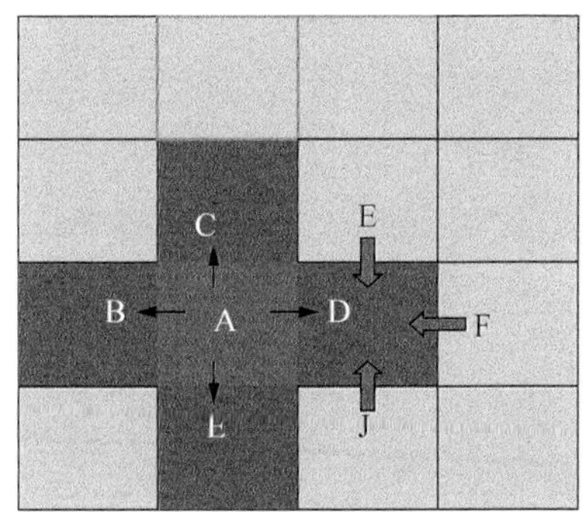

图 4－8 城市群公共危机传播的元胞自动机模型

复杂系统脆性原理解释了城市群系统内危机的聚集和转移。当城市群系统内的某个城市受到上述公共危机诱发因素的攻击造成危机聚集，而又没能得到及时处理导致系统崩溃时，在城市群网络结构非对称性和非线性的作用下，崩溃城市的脆性就会传递到周围的城市。随着时间的推移，脆性成为支配各个节点特征变化的主要矛盾。最终，整个城市群网络结构都呈现出以脆性为主要矛盾的运行状态，即城市群公共危机爆发。

通过不同的理论模型阐述和解释城市群公共危机的形成机理，一方面可以深入理解城市群公共危机是如何生成的，另一方面也为城市群公共危机应急决策理论和应对机制的构建奠定了坚实的基础。

本章小结

由于城市群公共危机爆发与演化涉及众多的信息、过程和体制的不确定性和复杂性，决定了系统的可能状态和可能演变方向的复杂性，传统的管理理论还不能对其做出圆满解释和有效预测。本章首先界定了城市群公共危机的内涵，分析了城市群公共危机的复杂性特征，并从战略层面（制度、经济、政治、社会、文化）、运行层面（环境、组织、管理）和突发层面（自然灾害）探究了城市群公共危机的诱因，从战略层面构建了公共危机的识别体系，然后利用社会燃烧理论、熵与自组织理论和复杂系统脆性理论分析了我国城市群公共危机的形成机理。本研究不仅有助于理解和把握城市群公共危机从发生、发展到演化的整个运动过程，而且对于提高应急决策的效率和开展危机管理工作具有一定的参考意义。

第五章　城市群公共危机管理应急决策模型研究

应急决策对危机事件应对的效果往往具有决定性作用，如何在城市群公共危机发生时迅速准确地进行应急决策一直是世界各国政府迫切需要解决的重要问题。城市群公共危机应急决策与一般决策问题不同的是，城市群公共危机必须满足决策过程中时间紧、压力大和时效性等特征，适应决策环境复杂多变、决策信息缺失模糊不确定、决策专家分布广泛等要求。另外，还要考虑到随着时间的推移，应急决策方案应随着危机事件的情景演变而不断调整的问题。本章首先从静态的角度构建了基于区间直觉模糊多属性群决策的城市群公共危机应急决策模型，其次从动态的视角建立了基于不完全信息动态博弈的应急决策模型。

第一节　基于区间直觉模糊多属性群决策的城市群公共危机应急决策方法研究

城市群公共危机管理的本质是一个复杂的多属性决策问题。群决策是现代突发事件公共危机管理的重要决策方式。当城市群公共危机发生时，如何从众多应急方案或预案中选择最优方案，如何科学有效地集结各行专家的建议，以最大限度地降低城市群公共危机事件引起的损失，是一个非常具有实际意义的重要研究课题。由于在实际的应急决策中，往往涉及信息、灾害救援等多方面知识，并且内外部环境也是非常复杂和不确定的，因此专家在决策时会存在着一定的犹豫度，通常不能够给出应急方案的确切偏好信息。1986 年，保加利亚学者阿塔诺索吾（K. T. Atanassov）教授提出了直觉模糊集的概念，同时考虑了隶属度、非隶属度和犹豫度三方面的信息，能够较为准确地表达决策者对一个问题的赞同、反对和犹豫的态度，在考虑主观因素方面更加细腻，比模糊集在处理模糊性和不确定方面更具灵活性、实用性。然而，由于实际管理决策问题的复杂性、多样性，使得决策者很难准确地确定隶属度与非隶属度的精确值，往往比较方便地给出其大概范围，也即隶属度与非隶属度的某个区间。因此，1989 年，阿塔诺索吾和伽尔格武（G. Gargov）对直觉模糊集进行扩展，提出了区间直觉模糊集的概念，更能描述和反映客观世界的本质特征，其研究成果已经被广泛地应用到医疗诊断、机器学习、图像处理、模式识别、投资决策和市场预测等诸多领域中。目前对应急决策的研究没有考虑到决策者在选择中的犹豫度，从而用区间直觉模糊集理论处理应急决策这个不确定问题具有很大的灵活性和实际操作性。考虑在实际中，专家的权重及属性的权重往往是未知的，因此，本节主要是在专家权重及属性权重未知的情形下研究多属性应急群决策问题。

一、区间直觉模糊集基本理论

Zadeh 所提出的模糊集理论是对康托尔（Contor）集的一个推广，也即一个元素 x 某一集合的隶属度为［0，1］区间上的任意一个值，同时该隶属度既含有支持 x 的信息，同时又包含不支持 x 的信息。然而，在实际生活中，由于时间紧、压力大，以及信息的不完全性，专家很难给出一个元素对某一集合的隶属度，也即存在一定的犹豫度。1986 年，Atanassov 首先提出了直觉模糊集的概念，并于 1989 年进行推广，提出区间直觉模糊集的概念，即在模糊集理论的基础上增加一个犹豫度指标，进而能够更好地体现专家在决策时所存在的犹豫度。

定义 5.1（直觉模糊集）Atanassov 首先给出了直觉模糊集的定义：设 X 为非空论域，即：

$$B=\{\langle x,\ \mu_B(x),\ v_B(x)\rangle \mid x\in X\} \tag{5-1}$$

B 为 X 上的一个直觉模糊集。在这里，μ_B：$X\to[0,1]$，表示 X 中元素 x 属于 B 的隶属度；v_B：$X\to[0,1]$，表示 X 中元素 x 不属于 B 的隶属度。而且，对于任意的元素 $x\in X$，$0\leqslant\mu_B(x)+v_B(x)\leqslant 1$。

此外，称$\pi_B(x)=1-\mu_B(x)-v_B(x)$为元素 x 隶属于集合 B 的直觉指标或犹豫度，它是对 x 是否隶属于直觉模糊集 B 的一种度量。显然，$0\leqslant\pi_B(x)\leqslant 1$，特别地，当$\pi_B(x)=0$ 时，直觉模糊集等同于经典模糊集。

对于直觉模糊集，其并、交、补运算及基本关系定义如下：

设 A、B 为论域 X 上的直觉模糊集，则：$\forall x\in X$，

(1) $A\subseteq B$ 当且仅当 $\mu_A(x)\leqslant\mu_B(x)$，$v_A(x)\geqslant v_B(x)$；

(2) $A=B$ 当且仅当 $\mu_A(x)=\mu_B(x)$，$v_A(x)=v_B(x)$；

(3) $A\cap B=\{(\mu_A(x)\wedge\mu_B(x),\ v_A(x)\vee v_B(x))\mid x\in X\}$；

(4) $A\cup B=\{(\mu_A(x)\vee\mu_B(x),\ v_A(x)\wedge v_B(x))\mid x\in X\}$；

(5) $A+B=\{(\mu_A(x)+\mu_B(x)-\mu_A(x)\times\mu_B(x),\ v_A(x)\times v_B(x))\mid x\in X\}$；

(6) $A\times B=\{(\mu_A(x)\times\mu_B(x),\ v_A(x)+v_B(x)-v_A(x)\times v_B(x))\mid x\in X\}$；

(7) $A^C=\{(x,\ v_A(x),\ \mu_A(x))\mid x\in X\}$。

另外，区间模糊集（interval - valued fuzzy set）也是对经典模糊集理论的扩展。

定义 5.2（区间模糊集）设 X 为非空论域，则区间模糊集 C 可定义为：

$C=[\mu_{CL}(x),\ \mu_{CU}(x)]$，式中，$0\leqslant\mu_{CL}(x)\leqslant\mu_{CU}(x)\leqslant1$。

区间$[\mu_{CL}(x),\ \mu_{CU}(x)]$表示元素 x 对 C 的隶属度。

对于区间模糊集 $C=[\mu_{CL}(x),\ \mu_{CU}(x)]$、$D=[\mu_{DL}(x),\ \mu_{DU}(x)]$，两者有如下关系式，对于 $\forall x\in X$：

(1) $C\leqslant D$ 当且仅当 $\mu_{CL}(x)\leqslant\mu_{DL}(x)$，$\mu_{CU}(x)\leqslant\mu_{DU}(x)$；

(2) $C=D$ 当且仅当 $C\leqslant D$，$C\geqslant D$；

(3) $D^C=[1-\mu_{DU}(x),\ 1-\mu_{DL}(x)]$。

后来，Atanassov 和 Gargov 又进一步论证了区间模糊集和直觉模糊集之间存在一定的等价关系，进而提出下面的映射关系：

（1）映射 f：直觉模糊集 C→区间模糊集 D，即：

$\mu_C(x)=\mu_{DL}(x)$，$v_C(x)=1-\mu_{DU}(x)$；

（2）映射 g：区间模糊集 D→直觉模糊集 C，即：

$\mu_{DL}(x)=\mu_C(x)$，$\mu_{DU}(x)=1-v_C(x)$。

1989 年，Atanassov 和 Gargov 直觉模糊集理论进行推广，并结合区间模糊数提出了区间直觉模糊集（Interval - valued intuitionistic fuzzy set）的概念。该概念最主要的思想是把一个元素对某一集合的隶属度、非隶属度均由闭区间［0，1］表示。

定义 5.3（区间直觉模糊集）设 X 是一个论域即非空集合，即：

$B=\{\langle x,\ \mu_B(x),\ v_B(x)\rangle\mid x\in X\}$为区间直觉模糊集，式中，$\mu_B(x)\subseteq[0,\ 1]$，$v_B(x)\subseteq[0,\ 1]$，且对于任意的元素 $x\in X$，满足 $0\leqslant\sup(\mu_B(x))+\sup(v_B(x))\leqslant1$。

方便起见，区间值隶属度 $\mu_B(x)$和区间值非隶属度 $v_B(x)$的上下端点值分别记为 $\underline{\mu}_B(x)$、$\overline{\mu}_B(x)$和$\underline{v}_B(x)$、$\overline{v}_B(x)$。从而，区间直觉模糊集 B 可用区间值形式表示为：

$$B=\{\langle x,\ [\underline{\mu}_B(x),\ \overline{\mu}_B(x)],\ [\underline{v}_B(x),\ \overline{v}_B(x)]\rangle\mid x\in X\} \tag{5-2}$$

式中，$\underline{\mu}_B(x)\in[0,\ 1]$；$\overline{\mu}_B(x)\in[0,\ 1]$；$\underline{v}_B(x)\in[0,\ 1]$；$\overline{v}_B(x)\in[0,\ 1]$；$0\leqslant\underline{\mu}_B(x)+\underline{v}_B(x)\leqslant1$。

记$\pi_B(x)=1-\mu_B(x)-v_B(x)=[1-\overline{\mu}_B(x)-\overline{v}_B(x),\ 1-\underline{\mu}_B(x)-\underline{v}_B(x)]=[\underline{\pi}_B(x),\ \overline{\pi}_B(x)]$，则称$\pi_B(x)$为元素 x 属于区间直觉模糊集 B 的区间值犹豫度。

区间直觉模糊集的补集 B^c 记为：

$$B^c=\{\langle x, v_B(x), \mu_B(x)\rangle\}=\{\langle x, [\underline{v}_B(x), \overline{v}_B(x)], [\underline{\mu}_B(x), \overline{\mu}_B(x)\rangle\} \quad (5-3)$$

特别地，如果 $\mu_B(x)=\underline{\mu}_B(x)=\overline{\mu}_B(x)$，$v_B(x)=\underline{v}_B(x)=\overline{v}_B(x)$，则区间直觉模糊集 B 就等同于一般的直觉模糊集。

对于非空集合 X 上的区间直觉模糊集 $A=\{\langle x, [\underline{\mu}_A(x), \overline{\mu}_A(x)], [\underline{v}_A(x), \overline{v}_A(x)]\rangle \mid x\in X\}$，$B=\{\langle x, [\underline{\mu}_B(x), \overline{\mu}_B(x)], [\underline{v}_B(x), \overline{v}_B(x)]\rangle \mid x\in X\}$，则对于 $\forall x\in X$：

$A\leqslant B$ 当且仅当 $\underline{\mu}_A(x)\leqslant\underline{\mu}_B(x)$，$\overline{\mu}_A(x)\leqslant\overline{\mu}_B(x)$，$\underline{v}_A(x)\leqslant\underline{v}_B(x)$，$\overline{v}_A(x)\leqslant\overline{v}_B(x)$

$A=B$ 当且仅当 $A\leqslant B$，$A\geqslant B$

定义 5.4（区间直觉模糊数） 区间直觉模糊集中的有序区间对 $\tilde{\eta}=(\mu_{\tilde{\eta}}, v_{\tilde{\eta}})$ 称为区间直觉模糊数，其中，$\mu_{\tilde{\eta}}$ 和 $v_{\tilde{\eta}}$ 分别表示 x 属于 X 的隶属度区间和非隶属度区间。方便起见，将区间直觉模糊数的一般形式简记为：$([\underline{a}, \overline{a}], [\underline{b}, \overline{b}])$，式中：$[\underline{a}, \overline{a}]\subseteq[0, 1]$，$[\underline{b}, \overline{b}]\subseteq[0, 1]$，$\overline{a}+\overline{b}\leqslant 1$。

设 $\tilde{\eta}_1=([\underline{a}_1, \underline{a}_1], [\underline{b}_1, \overline{b}_1])$，$\tilde{\eta}_2=([\underline{a}_2, \overline{a}_2], [\underline{b}_2, \overline{b}_2])$ 和 $\tilde{\eta}=([\underline{a}, \overline{a}], [\underline{b}, \overline{b}])$ 为 3 个区间直觉模糊数，则：

$$\tilde{\eta}_1+\tilde{\eta}_2=([\underline{a}_1+\underline{a}_2-\underline{a}_1\underline{a}_2, \overline{a}_1+\overline{a}_2-\overline{a}_1\overline{a}_2], [\underline{b}_1\underline{b}_2, \overline{b}_1\overline{b}_2]) \quad (5-4)$$

$$\lambda\tilde{\eta}=([1-(1-\underline{a})^\lambda, 1-(1-\overline{a})^\lambda], [\underline{b}^\lambda, \overline{b}^\lambda]), \lambda>0 \quad (5-5)$$

$$\tilde{\eta}_1\cap\tilde{\eta}_2=([\min(\underline{a}_1, \underline{a}_2), \min(\overline{a}_1, \overline{a}_2)], [\max(\underline{b}_1, \underline{b}_2), \max(\overline{b}_1, \overline{b}_2)])$$

$$\tilde{\eta}_1\cup\tilde{\eta}_2=([\max(\underline{a}_1, \underline{a}_2), \max(\overline{a}_1, \overline{a}_2)], [\min(\underline{b}_1, \underline{b}_2), \min(\overline{b}_1, \overline{b}_2)]) \quad (5-6)$$

$$\tilde{\eta}_1\cdot\tilde{\eta}_2=([\underline{a}_1\underline{a}_2, \overline{a}_1\overline{a}_2], [(\underline{b}_1+\underline{b}_2-\underline{b}_1\underline{b}_2, \overline{b}_1+\overline{b}_2-\overline{b}_1\overline{b})]) \quad (5-7)$$

$$\tilde{a}_1^\lambda=([a_1^\lambda, b_1^\lambda], [1-(1-c_1)^\lambda, 1-(1-d_1)^\lambda)]), \lambda>0 \quad (5-8)$$

$$\tilde{\eta}_1{}^\lambda=([\underline{a}_1{}^\lambda, \overline{a}_1^\lambda], [1-(1-\underline{b}_1)^\lambda, 1-(1-\overline{b}_1)^\lambda]), \lambda>0 \quad (5-9)$$

定义 5.5（区间直觉模糊加权平均算子）设 $\tilde{\eta}_j=([\underline{a}_j, \overline{a}_j], [\underline{b}_j, \overline{b}_j])$，$(j=1, 2, \cdots, n)$ 为一组区间直觉模糊数，若映射 IVIFWA：$\tilde{\Psi}^n\rightarrow\tilde{\Psi}$ 使得：

$$\begin{aligned}\mathrm{IVIFWA}_w(\tilde{\eta}_1, \tilde{\eta}_2, \cdots, \tilde{\eta}_n)&=w_1\tilde{\eta}_1+w_2\tilde{\eta}_2+\cdots+w_n\tilde{\eta}_n\\&=([1-\prod_{j=1}^n(1-\underline{a}_j)^{w_j}, 1-\prod_{j=1}^n(1-\overline{a}_j)^{w_j}], [\prod_{j=1}^n\underline{b}_j^{w_j}, \prod_{j=1}^n\overline{b}_j^{w_j}])\end{aligned} \quad (5-10)$$

则称 IVIFWA 为区间直觉模糊加权平均算子，式中 $w=\{w_1, w_2, \cdots, w_n\}^T$

为 $\tilde{\eta}_j$(j = 1，2，…，n)的一组权重向量，且满足归一化条件 $w_j \in [0, 1]$ 和 $\sum_{j=1}^{n} w_j = 1$。

定义 5.6(精确度函数)设 $\tilde{\eta} = ([\underline{a}, \overline{a}], [\underline{b}, \overline{b}])$ 为一个区间直觉模糊数，$\tilde{\eta}$ 的精确度函数 l 定义如式(5－11)所示。

$$l(\tilde{\eta}) = \frac{\underline{a} + \overline{a} - \overline{b}(1 - \overline{a}) - \underline{b}(1 - \underline{a})}{2} \tag{5-11}$$

式中，$l(\tilde{\eta}) \in [-1, 1]$，并且 $l(\tilde{\eta})$ 的值越大，$\tilde{\eta}$ 的精确度越高。

定义 5.7(距离公式)设 $\tilde{\eta}_1 = ([\underline{a}_1, \overline{a}_1], [\underline{b}_1, \overline{b}_1])$ 和 $\tilde{\eta}_2 = ([\underline{a}_2, \overline{a}_2], [\overline{b}_2, \underline{b}_2])$ 为两个区间直觉模糊数，则 $\tilde{\eta}_1$ 和 $\tilde{\eta}_2$ 之间的距离定义如下：

$$d(\tilde{\eta}_1, \tilde{\eta}_2) = \frac{1}{4}(|\underline{a}_1 - \underline{a}_2| + |\overline{a}_1 - \overline{a}_2| + |\underline{b}_1 - \underline{b}_2| + |\overline{b}_1 - \overline{b}_2|) \tag{5-12}$$

从而，$0 \leqslant d(\tilde{\eta}_1, \tilde{\eta}_2) \leqslant 1$。

通过式（5－12）可以看出徐泽水关于区间直觉模糊数之间的距离的定义没有考虑区间直觉模糊集的犹豫度，因此，我们对式（5－12）进行改进，如式（5－13)所示，不仅考虑到隶属度、非隶属度，而且考虑到犹豫度，从而使得区间直觉模糊数具有更强的区分能力。

$$d(\tilde{\eta}_1, \tilde{\eta}_2) = \frac{1}{4}(|\underline{a}_1 - \underline{a}_2| + |\overline{a}_1 - \overline{a}_2| + |\underline{b}_1 - \underline{b}_2| + |\overline{b}_1 - \overline{b}_2| + |\underline{\pi}_1 - \underline{\pi}_2| + |\overline{\pi}_1 - \overline{\pi}_2|) \tag{5-13}$$

式中，$\underline{\pi}_1 = 1 - \overline{a}_1 - \overline{b}_1$，$\overline{\pi}_1 = 1 - \underline{a}_1 - \underline{b}_1$，$\underline{\pi}_2 = 1 - \overline{a}_2 - \overline{b}_2$，$\overline{\pi}_2 = 1 - \underline{a}_2 - \underline{b}_2$。

定义 5.8(区间直觉模糊矩阵)如果矩阵 $Y = (\tilde{y}_{ij})_{m \times n}$ 满足以下条件：即所有的 $\tilde{y}_{ij}$ 都是区间直觉模糊数，并且 $\tilde{y}_{ij} = ([\underline{a}_{ij}, \overline{a}_{ij}], [\underline{b}_{ij}, \overline{b}_{ij}])$，$[\underline{a}_{ij}, \overline{a}_{ij}] \subseteq [0, 1]$，$[\underline{b}_{ij}, \overline{b}_{ij}] \subseteq [0, 1]$，$\overline{a}_{ij} + \overline{b}_{ij} \leqslant 1$，i = 1，2，…，m，j = 1，2，…，n，则我们称 Y 为一个区间直觉模糊矩阵。

类似于式（5－9），两个区间直觉模糊矩阵 Y_1 和 Y_2 的距离测度如式（5－14）所示。

$$d(Y_1, Y_2) = \frac{1}{4mn}\sum_{i=1}^{m}\sum_{j=1}^{n}(|\underline{a}_{ij}^{(1)} - \underline{a}_{ij}^{(2)}| + |\overline{a}_{ij}^{(1)} - \overline{a}_{ij}^{(2)}| + |\underline{b}_{ij}^{(1)} - \underline{b}_{ij}^{(2)}| + |\overline{b}_{ij}^{(1)} - \overline{b}_{ij}^{(2)}| + |\underline{\pi}_{ij}^{(1)} - \underline{\pi}_{ij}^{(2)}| + |\overline{\pi}_{ij}^{(1)} - \overline{\pi}_{ij}^{(2)}| \tag{5-14}$$

式中，$Y_1 = (\tilde{y}_{ij}^{(1)})_{m \times n} = (([\underline{a}_{ij}^{(1)}, \overline{a}_{ij}^{(1)}], [\underline{b}_{ij}^{(1)}, \overline{b}_{ij}^{(1)}]))_{m \times n}$，$Y_2 = (\tilde{y}_{ij}^{(2)})_{m \times n} = (([\underline{a}_{ij}^{(2)}, \overline{a}_{ij}^{(2)}], [\underline{b}_{ij}^{(2)}, \overline{b}_{ij}^{(2)}]))_{m \times n}$，$\underline{\pi}_{ij}^{(1)} = 1 - \overline{a}_{ij}^{(1)} - \overline{b}_{ij}^{(1)}$，$\overline{\pi}_{ij}^{(1)} = 1 - \underline{a}_{ij}^{(1)} - \underline{b}_{ij}^{(1)}$，

$\underline{\pi}_{ij}^{(2)}=1-\overline{a}_{ij}^{(2)}-\overline{b}_{ij}^{(2)}$，$\underline{\pi}_{ij}^{(2)}=1-\underline{a}_{ij}^{(2)}-\underline{b}_{ij}^{(2)}$。

显然，$0\leqslant d(Y_1, Y_2)\leqslant 1$。

二、基于区间直觉模糊多属性的应急群决策模型

假设一个多属性群决策问题，方案集为 $A_i(i=1, 2, \cdots, m)$，属性集为 $C_j(j=1, 2, \cdots, n)$，参与决策的专家群体集为 $G=\{DM_1, DM_2, \cdots, DM_r\}$。属性的权重向量记为 $w=\{w_1, w_2, \cdots, w_n\}^T$，满足 $w_j\geqslant 0$，$\sum_{j=1}^{n} w_j=1$。专家的权重向量记为 $\varepsilon=\{\varepsilon_1, \varepsilon_2, \cdots, \varepsilon_r\}^T$，满足 $\sum_{t=1}^{r}\varepsilon_t=1$。方便起见，记 $M=\{1, 2, \cdots, m\}$，$N=\{1, 2, \cdots, n\}$，$R=\{1, 2, \cdots, r\}$。假设第 $t(t\in R)$ 个专家给出的区间直觉模糊多属性决策矩阵记为 Y_t，式中：

$$Y_t=(\tilde{y}_{ij}^t)_{m\times n}=(([\underline{c}_{ij}^t,\overline{c}_{ij}^t],[\underline{d}_{ij}^t,\overline{d}_{ij}^t]))_{m\times n}$$

$$=\begin{bmatrix} ([\underline{c}_{11}^t,\overline{c}_{11}^t],[\underline{d}_{11}^t,\overline{d}_{11}^t]) & ([\underline{c}_{12}^t,\overline{c}_{12}^t],[\underline{d}_{12}^t,\overline{d}_{12}^t]) & \cdots & ([\underline{c}_{1n}^t,\overline{c}_{1n}^t],[\underline{d}_{1n}^t,\overline{d}_{1n}^t]) \\ ([\underline{c}_{21}^t,\overline{c}_{21}^t],[\underline{d}_{21}^t,\overline{d}_{21}^t]) & ([\underline{c}_{22}^t,\overline{c}_{22}^t],[\underline{d}_{22}^t,\overline{d}_{22}^t]) & \cdots & ([\underline{c}_{2n}^t,\overline{c}_{2n}^t],[\underline{d}_{2n}^t,\overline{d}_{2n}^t]) \\ \vdots & \vdots & \vdots & \vdots \\ ([\underline{c}_{m1}^t,\overline{c}_{m1}^t],[\underline{d}_{m1}^t,\overline{d}_{m1}^t]) & ([\underline{c}_{m2}^t,\overline{c}_{m2}^t],[\underline{d}_{m2}^t,\overline{d}_{m2}^t]) & \cdots & ([\underline{c}_{mn}^t,\overline{c}_{mn}^t],[\underline{d}_{mn}^t,\overline{d}_{mn}^t]) \end{bmatrix}$$

$$t\in R \tag{5-15}$$

接下来，我们在属性权重和专家权重未知的情形下，构建一个基于中位数和熵测度的区间直觉模糊多属性群决策模型。具体步骤如下：

（一）确定专家权重

在群决策中，如何客观确定决策者的权重是关系到决策效果好坏的核心因素。本书采用中位数来确定群理想解，以避免极端数据的影响。

首先，根据每个专家的决策矩阵 Y_t，利用中位数方法计算出群理想矩阵 Y^*，具体如下：

$$Y^*=(\tilde{y}_{ij}^*)_{m\times n}=(([\underline{c}_{ij}^*,\overline{c}_{ij}^*],[\underline{d}_{ij}^*,\overline{d}_{ij}^*]))_{m\times n}$$

$$=\begin{bmatrix} ([\underline{c}_{11}^*,\overline{c}_{11}^*],[\underline{d}_{11}^*,\overline{d}_{11}^*]) & ([\underline{c}_{12}^*,\overline{c}_{12}^*],[\underline{d}_{12}^*,\overline{d}_{12}^*]) & \cdots & ([\underline{c}_{1n}^*,\overline{c}_{1n}^*],[\underline{d}_{1n}^*,\overline{d}_{1n}^*]) \\ ([\underline{c}_{21}^*,\overline{c}_{21}^*],[\underline{d}_{21}^*,\overline{d}_{21}^*]) & ([\underline{c}_{22}^*,\overline{c}_{22}^*],[\underline{d}_{22}^*,\overline{d}_{22}^*]) & \cdots & ([\underline{c}_{2n}^*,\overline{c}_{2n}^*],[\underline{d}_{2n}^*,\overline{d}_{2n}^*]) \\ \vdots & \vdots & \vdots & \vdots \\ ([\underline{c}_{m1}^*,\overline{c}_{m1}^*],[\underline{d}_{m1}^*,\overline{d}_{m1}^*]) & ([\underline{c}_{m2}^*,\overline{c}_{m2}^*],[\underline{d}_{m2}^*,\overline{d}_{m2}^*]) & \cdots & ([\underline{c}_{mn}^*,\overline{c}_{mn}^*],[\underline{d}_{mn}^*,\overline{d}_{mn}^*]) \end{bmatrix} \tag{5-16}$$

式中：

$$\underline{c}_{ij}^{*}=\begin{cases}1-\left(1-\underline{c}_{ij_{\sigma\left(\frac{t}{2}\right)}}^{t}\right)^{\frac{1}{2}}\left(1-\underline{c}_{ij_{\sigma\left(\frac{t+1}{2}\right)}}^{t}\right)^{\frac{1}{2}}, & \text{如果 t 为偶数}\\ \underline{c}_{ij_{\sigma\left(\frac{t+1}{2}\right)}}^{t}, & \text{如果 t 为奇数}\end{cases} \tag{5-17}$$

$$\overline{c}_{ij}^{*}=\begin{cases}1-\left(1-\overline{c}_{ij_{\sigma\left(\frac{t}{2}\right)}}^{t}\right)^{\frac{1}{2}}\left(1-\overline{c}_{ij_{\sigma\left(\frac{t+1}{2}\right)}}^{t}\right)^{\frac{1}{2}}, & \text{如果 t 为偶数}\\ \overline{c}_{ij_{\sigma\left(\frac{t+1}{2}\right)}}^{t}, & \text{如果 t 为奇数}\end{cases} \tag{5-18}$$

$$\underline{d}_{ij}^{*}=\begin{cases}\left(\underline{d}_{ij_{\sigma\left(\frac{t}{2}\right)}}^{t}\right)^{\frac{1}{2}}\left(\underline{d}_{ij_{\sigma\left(\frac{t+1}{2}\right)}}^{t}\right)^{\frac{1}{2}}, & \text{如果 t 为偶数}\\ \underline{d}_{ij_{\sigma\left(\frac{t+1}{2}\right)}}^{t}, & \text{如果 t 为奇数}\end{cases} \tag{5-19}$$

$$\overline{d}_{ij}^{*}=\begin{cases}\left(\overline{d}_{ij_{\sigma\left(\frac{t}{2}\right)}}^{t}\right)^{\frac{1}{2}}\left(\overline{d}_{ij_{\sigma\left(\frac{t+1}{2}\right)}}^{t}\right)^{\frac{1}{2}}, & \text{如果 t 为偶数}\\ \overline{d}_{ij_{\sigma\left(\frac{t+1}{2}\right)}}^{t}, & \text{如果 t 为奇数}\end{cases} \tag{5-20}$$

这里，$\underline{c}_{ij_{\sigma(i)}}^{t}$，$\overline{c}_{ij_{\sigma(i)}}^{t}$，$\underline{d}_{ij_{\sigma(i)}}^{t}$ 和 $\overline{d}_{ij_{\sigma(i)}}^{t}$ 分别为 $\underline{c}_{ij}^{t}$，$\overline{c}_{ij}^{t}$，$\underline{d}_{ij}^{t}$，$\overline{d}_{ij}^{t}$ 中的第 i 个大(小)的数。

其次，计算出每个区间直觉模糊决策矩阵 Y_t（$t\in R$）与理想决策矩阵 Y^* 的相似度。显然，Y_t 与理想决策矩阵 Y^* 的相似度越高，决策效果越好，由式（5－21）得到每个决策矩阵与理想矩阵的相似度。

$$sm(Y_t,Y^*)=\frac{\sum_{i=1}^{m}\sum_{j=1}^{n}d(\tilde{y}_{ij}^{t},\tilde{y}_{ij}^{*c})}{\sum_{i=1}^{m}\sum_{j=1}^{n}(d(\tilde{y}_{ij}^{t},\tilde{y}_{ij}^{*})+d(\tilde{y}_{ij}^{t},\tilde{y}_{ij}^{*c}))},t\in R \tag{5-21}$$

式中，$\tilde{y}_{ij}^{*c}=([\underline{d}_{ij}^{*},\ \overline{d}_{ij}^{*}],\ [\underline{c}_{ij}^{*},\ \overline{c}_{ij}^{*}])$，$i\in M$，$j\in N$。

进一步，由式（5－22）计算出每个决策者的权重：

$$\varepsilon_t=\frac{sm(Y_t,Y^*)}{\sum_{t=1}^{r}sm(Y_t,Y^*)},t\in R \tag{5-22}$$

其中，$\varepsilon_t\geqslant 0,\sum_{t=1}^{r}\varepsilon_t=1$。

（二）计算属性的权重

对于多属性决策问题，属性权重的确定在决策过程中起到至关重要的作用。本书利用 Ye（2010）所介绍的熵测度来计算属性的权重，可以克服直接赋权的主观性。

假设每个决策者给出的属性权重记为 $w^t=\{w_1^t,\ w_2^t,\ \cdots,\ w_n^t\}^T$，$t=1,\ 2,\ \cdots,\ r$，式中：

$$w_j^t=\frac{1-H_j^t}{n-\sum_{j=1}^{n}H_j^t},0\leqslant w_j^t\leqslant 1,\sum_{j=1}^{n}w_j^t=1 \tag{5-23}$$

$$H_j^t = \frac{1}{m}\sum_{i=1}^{m}\left\{\left\{\sin\frac{\pi\times[1+\underline{c}_{ij}^t+p(\overline{c}_{ij}^t-\underline{c}_{ij}^t)-\underline{d}_{ij}^t-q(\overline{d}_{ij}^t-\underline{d}_{ij}^t)]}{4}\right.\right.$$
$$\left.\left.+\sin\frac{\pi\times[1-\underline{c}_{ij}^t-p(\overline{c}_{ij}^t-\underline{c}_{ij}^t)+\underline{d}_{ij}^t+q(\overline{d}_{ij}^t-\underline{d}_{ij}^t)]}{4}-1\right\}\times\frac{1}{\sqrt{2}-1}\right\} \tag{5-24}$$

这里，p，q∈R，并且为两个常数。

进一步，通过把 w_j^t 与决策者的权重集结得出属性的权重 $w=\{w_1, w_2, \cdots, w_n\}^T$，如式(5－21)所示。

$$w_j = \sum\nolimits_{t=1}^{r}\varepsilon_t w_j^t, j=1,2,\cdots,n \tag{5-25}$$

式中，ε_t 是第 t 个决策者的权重。

(三) 确定集体矩阵

运用式(5－26)，把决策者权重 $\varepsilon=\{\varepsilon_1, \varepsilon_2, \cdots, \varepsilon_r\}^T$ 与决策者矩阵 $Y_t(t\in R)$ 进行集结，从而得到集体矩阵 Y。

$$Y=\sum_{t=1}^{r}\varepsilon_t Y_t=(\tilde{y}_{ij})_{m\times n}=(([\underline{c}_{ij}, \overline{c}_{ij}], [\underline{d}_{ij}, \overline{d}_{ij}]))_{m\times n}$$
$$=\begin{bmatrix} ([\underline{c}_{11}, \overline{c}_{11}], [\underline{d}_{11}, \overline{d}_{11}]) & ([\underline{c}_{12}, \overline{c}_{12}], [\underline{d}_{12}, \overline{d}_{12}]) & \cdots & ([\underline{c}_{1n}, \overline{c}_{1n}], [\underline{d}_{1n}, \overline{d}_{1n}]) \\ ([\underline{c}_{21}, \overline{c}_{21}], [\underline{d}_{21}, \overline{d}_{21}]) & ([\underline{c}_{22}, \overline{c}_{22}], [\underline{d}_{22}, \overline{d}_{22}]) & \cdots & ([\underline{c}_{2n}, \overline{c}_{2n}], [\underline{d}_{2n}, \overline{d}_{2n}]) \\ \vdots & \vdots & \vdots & \vdots \\ ([\underline{c}_{m1}, \overline{c}_{m1}], [\underline{d}_{m1}, \overline{d}_{m1}]) & ([\underline{c}_{m2}, \overline{c}_{m2}], [\underline{d}_{m2}, \overline{d}_{m2}]) & \cdots & ([\underline{c}_{mn}, \overline{c}_{mn}], [\underline{d}_{mn}, \overline{d}_{mn}]) \end{bmatrix} \tag{5-26}$$

式中，$\tilde{y}_{ij}=\sum\nolimits_{t=1}^{r}\varepsilon_t\tilde{y}_{ij}^t, \underline{c}_{ij}=1-\prod\nolimits_{t=1}^{r}(1-\underline{c}_{ij}^t)^{\varepsilon_t}, \overline{c}_{ij}=1-\prod\nolimits_{t=1}^{r}(1-\overline{c}_{ij}^t)^{\varepsilon_t}$，$\underline{d}_{ij}=\prod\nolimits_{t=1}^{r}(\underline{d}_{ij}^t)^{\varepsilon_t}, \overline{d}_{ij}=\prod\nolimits_{t=1}^{r}(\overline{d}_{ij}^t)^{\varepsilon_t}, i\in M, j\in N$。

进一步，利用区间直觉模糊加权平均算子，将集体矩阵 Y 的第 i 行元素集结得到所有专家对方案 A_i (i∈M) 的群体区间直觉模糊数 β_{A_i}，其中：

$\beta_{A_i}=(([\underline{c}_i, \overline{c}_i], [\underline{d}_i, \overline{d}_i]))=([1-\prod_{j=1}^{n}(1-\underline{c}_{ij})^{w_j}, 1-\prod_{j=1}^{n}(1-\overline{c}_{ij})^{w_j}], [\prod_{j=1}^{n}(\underline{d}_{ij})^{w_j}, \prod_{j=1}^{n}(\overline{d}_{ij})^{w_j}])$，i∈M，$w=\{w_1, w_2, \cdots, w_n\}^T$ 为属性权重。

(四) 通过精确度函数对方案进行排序

运用式 (5－7) 计算 β_{A_i} (i∈M) 的精确度，进而选出最佳方案。

三、算例分析

本书以 2010 年 11 月 15 日上海静安区高层住宅火灾为例，探讨前文所构建

的基于区间直觉模糊多属性的群决策方法在应急决策中的潜在应用。经过预评估，得出 4 个候选方案，即：高层居民往楼顶撤离，等待直升机救援（A_1），高层居民沿楼外脚手架逃避或躲避等待救援（A_2），高层居民待在原地，适当自救，等待消防队救援（A_3），高层居民往楼顶撤离，边撤离边等待楼外云梯救助（A_4）。为了选出最佳应急方案，由来自消防部门、政府部门和危机研究所的三位专家 DM_i（$i=1, 2, 3$）组成评估小组，运用专家小组法，分别对各方案的 3 个指标：处置时间（C_1），费用（C_2）和可行性（C_3）进行评估，并且课题组成员对打分标准和规则给予必要的解释。三位专家给出的各方案的评价值如表 5－1 所示。

表 5－1　区间直觉模糊决策矩阵

DM_s	方案	处置时间（C_1）	费用（C_2）	可行性（C_3）
DM_1	A_1	([0.70, 0.80], [0.15, 0.20])	([0.65, 0.80], [0.10, 0.15])	([0.80, 0.85], [0.12, 0.15])
	A_2	([0.65, 0.70], [0.25, 0.30])	([0.56, 0.60], [0.22, 0.25])	([0.80, 0.83], [0.10, 0.14])
	A_3	([0.80, 0.82], [0.10, 0.16])	([0.85, 0.90], [0.05, 0.10])	([0.70, 0.75], [0.20, 0.25])
	A_4	([0.75, 0.80], [0.15, 0.20])	([0.70, 0.75], [0.15, 0.20])	([0.70, 0.70], [0.20, 0.25])
DM_2	A_1	([0.55, 0.65], [0.20, 0.25])	([0.78, 0.80], [0.10, 0.15])	([0.65, 0.70], [0.22, 0.24])
	A_2	([0.62, 0.65], [0.28, 0.35])	([0.69, 0.75], [0.15, 0.20])	([0.66, 0.70], [0.22, 0.25])
	A_3	([0.56, 0.60], [0.22, 0.25])	([0.80, 0.85], [0.12, 0.15])	([0.67, 0.75], [0.20, 0.25])
	A_4	([0.60, 0.65], [0.30, 0.35])	([0.73, 0.75], [0.15, 0.20])	([0.85, 0.90], [0.05, 0.10])
DM_3	A_1	([0.80, 0.85], [0.10, 0.15])	([0.85, 0.90], [0.05, 0.10])	([0.70, 0.75], [0.15, 0.20])
	A_2	([0.20, 0.30], [0.30, 0.40])	([0.23, 0.45], [0.22, 0.35])	([0.15, 0.35], [0.30, 0.40])
	A_3	([0.50, 0.60], [0.30, 0.40])	([0.55, 0.65], [0.25, 0.30])	([0.60, 0.65], [0.10, 0.20])
	A_4	([0.30, 0.43], [0.20, 0.35])	([0.10, 0.30], [0.25, 0.45])	([0.26, 0.35], [0.05, 0.10])

接下来，我们利用前面所给出的决策模型选出最佳应急方案。

(一) 确定决策者权重

运用式(5 -17)至式(5 -20)，得出理想决策矩阵 Y^*，结果如表 5 -2 所示。

表 5 -2　区间直觉模糊理想矩阵

方案	处置时间（C_1）	费用（C_2）	可行性（C_3）
A_1	([0.70, 0.80], [0.15, 0.20])	([0.78, 0.80], [0.10, 0.15])	([0.70, 0.75], [0.15, 0.20])
A_2	([0.62, 0.65], [0.28, 0.30])	([0.56, 0.60], [0.22, 0.25])	([0.66, 0.70], [0.22, 0.25])
A_3	([0.56, 0.60], [0.22, 0.25])	([0.80, 0.85], [0.12, 0.15])	([0.67, 0.75], [0.20, 0.25])
A_4	([0.60, 0.65], [0.20, 0.35])	([0.70, 0.75], [0.15, 0.20])	([0.70, 0.70], [0.05, 0.10])

运用式（5 -21）和式（5 -22），计算出决策者的权重 $\varepsilon = \{0.36, 0.38, 0.26\}^T$。具体计算过程如下：

$d(Y_1, Y^*) = 0.13 + 0.13 + 0.1 + 0.1 + 0.03 + 0.05 + 0.05 + 0.07 + 0.03 + 0.05 + 0.14 + 0.13 + 0.12 + 0.11 + 0.02 + 0.02 + 0.24 + 0.22 + 0.12 + 0.09 + 0.05 + 0.05 + 0.07 + 0.04 + 0.02 + 0.03 + 0.03 + 0.15 + 0.15 + 0.05 + 0.15 + 0.10 + 0.15 + 0.15 + 0.2 + 0.12 = 3.54$

$d(Y_1, Y^{*C}) = |0.7 - 0.2| + |0.8 - 0.2| + |0.15 - 0.7| + |0.8 - 0.2| + |0.65 - 0.1| + |0.8 - 0.15| + |0.78 - 0.1| + |0.8 - 0.15| + |0.8 - 0.15| + |0.85 - 0.2| + |0.7 - 0.12| + |0.75 - 0.15| + |0.65 - 0.25| + |0.7 - 0.25| + |0.65 - 0.25| + |0.7 - 0.3| + |0.56 - 0.15| + |0.6 - 0.2| + |0.69 - 0.22| + |0.75 - 0.25| + |0.8 - 0.2| + |0.85 - 0.25| + |0.61 - 0.1| + |0.7 - 0.14| + |0.8 - 0.15| + |0.82 - 0.2| + |0.65 - 0.1| + |0.7 - 0.16| + |0.85 - 0.1| + |0.9 - 0.15| + |0.8 - 0.05| + |0.85 - 0.1| + |0.7 - 0.2| + |0.75 - 0.25| + |0.67 - 0.2| + |0.75 - 0.25| + |0.67 - 0.2| + |0.75 - 0.25| + |0.75 - 0.15| + |0.8 - 0.2| + |0.7 - 0.15| + |0.8 - 0.2| + |0.7 - 0.15| + |0.75 - 0.2| + |0.7 - 0.15| + |0.75 - 0.2| + |0.7 - 0.1| + |0.7 - 0.2| + |0.75 - 0.2| + |0.8 - 0.25| = 28.44$

所以：

$$sm(Y_1, Y^*) = \frac{28.44}{3.54 + 28.91} \approx 0.89$$

$d(Y_2, Y^*) = 0.15+0.15+0.05+0.05+0.1+0.1+0.05+0.05+0.07+0.04+0.01+0.02+0.03+0.05+0.05+0.05+0.02+0.09+0.10+0.07+0.05+0.05+0.02+0.02+0.1+0.15+0.15+0.15+0.05+0.03+0.10+0.10+0.05+0.1+0.05=2.36$

$d(Y_2, Y^{*C}) = 0.4+0.45+0.5+0.55+0.1+0.1+0.68+0.65+0.5+0.5+0.48+0.51+0.01+0.02+0.37+0.4+0.37+0.35+0.05+0.05+0.54+0.55+0.54+0.55+0.46+0.45+0.44+0.45+0.02+0.41+0.4+0.43+0.45+0.05+0.58+0.55+0.55+0.55+0.03+0.75+0.7+0.7+0.68+0.7+0.02+0.47+0.5+0.47+0.5+0.45+0.5+0.45+0.45+0.4+0.45+0.05+0.58+0.55+0.55+0.55+0.03+0.75+0.7+0.7+0.7+0.05=26.24$

所以：

$$sm(Y_2, Y^*) = \frac{26.24}{2.36+26.24} = \frac{26.24}{258.6} = 0.92$$

$d(Y_3, Y^*) = 0.1+0.05+0.05+0.05+0.05+0.07+0.1+0.05+0.05+0.05+0.02+0.18+0.15+0.15+0.1+0.05+0.1+0.01+0.05+0.04+0.01+0.01+0.05+0.06+0.06+0.05+0.02+0.03+0.03+0.02+0.15+0.10+0.1+0.1+0.05+0.1+0.1+0.05+0.04+0.06+0.05=12.12$

$d(Y_3, Y^{*C}) = 0.65+0.65+0.6+0.65+0.05+0.75+0.75+0.73+0.7+0.05+0.08+0.55+0.55+0.55+0.55+0.6+0.6+0.57+0.55+0.05+0.1+0.55+0.55+0.59+0.55+0.04+0.47+0.45+0.46+0.45+0.01+0.5+0.5+0.5+0.5+0.65+0.64+0.7+0.7+0.06+0.05+0.45+0.47+0.47+0.5+0.03+0.02+0.7+0.7+0.65+0.7+0.05+0.45+0.45+0.5+0.51+0.06+0.05+0.65+0.65+0.6=22$

所以：

$$sm(Y_3, Y^*) = \frac{22}{12.12+22} = \frac{22}{34.12} = 0.64$$

从而：

$$\varepsilon_1 = \frac{0.89}{0.89+0.92+0.64} = 0.46$$

$$\varepsilon_2 = \frac{0.92}{0.89+0.92+0.64} = 0.36$$

$$\varepsilon_1 = \frac{0.64}{0.89+0.92+0.64} = 0.26$$

（二）计算属性权重

假设 $p=q=0.5$，根据式（5－23）和式（5－24），分别计算出每个专家对属性的权重，具体计算过程如下。

由公式 $w_j^t = \frac{1 - H_j^t}{3 - \sum_{j=1}^{n} H_j^t}, 0 \leqslant w_j^t \leqslant 1$，$\sum_{j=1}^{n} w_j^t = 1$ 和 $H_j^t = \frac{1}{4}\sum_{i=1}^{m}\left\{\left\{\sin\frac{\pi \times [1 + \underline{c}_{ij}^t + p(\overline{c}_{ij}^t - \underline{c}_{ij}^t) - \overline{d}_{ij}^t - q(\overline{d}_{ij}^t - \underline{d}_{ij}^t)]}{4} + \sin\frac{\pi \times [1 - \underline{c}_{ij}^t - p(\overline{c}_{ij}^t - \underline{c}_{ij}^t) + \overline{d}_{ij}^t + q(\overline{d}_{ij}^t - \underline{d}_{ij}^t)]}{4} - 1\right\} \times \frac{1}{\sqrt{2}-1}\right\}$

计算专家对属性的权重。

(1) 专家1对属性的权重。

$$H_1^1 = \frac{1}{4(\sqrt{2}-1)}\left\{\left[\sin\frac{\pi \times [1 + 0.7 + 0.5(0.8 - 0.7) - 0.15 - 0.5(0.2 - 0.15)]}{4}\right.\right.$$
$$\left. + \sin\frac{\pi \times [1 - 0.7 - 0.5(0.8 - 0.7) + 0.15 + 0.5(0.2 - 0.15)]}{4} - 1\right]$$
$$+ \left[\sin\frac{\pi \times [1 + 0.65 + 0.5 \times 0.05 - 0.25 - 0.5(0.2 - 0.15)]}{4}\right.$$
$$\left. + \sin\frac{\pi \times [1 - 0.65 - 0.5 \times 0.05 + 0.25 + 0.5(0.2 - 0.15)]}{4} - 1\right]$$
$$+ \left[\sin\frac{\pi \times [1 + 0.8 + 0.5 \times 0.02 - 0.1 - 0.5 \times 0.06]}{4}\right.$$
$$\left. + \sin\frac{\pi \times [1 - 0.8 - 0.5 \times 0.02 + 0.1 + 0.5 \times 0.06]}{4} - 1\right]$$
$$\left[\sin\frac{\pi \times [1 + 0.75 + 0.5 \times 0.05 - 0.15 - 0.5 \times 0.05]}{4}\right.$$
$$\left.\left. + \sin\frac{\pi \times [1 - 0.75 - 0.5 \times 0.05 + 0.15 + 0.5 \times 0.05]}{4} - 1\right]\right\}$$
$$= \frac{1}{4(\sqrt{2}-1)}(\sin 0.39375\pi + \sin 0.10625\pi + \sin 0.35\pi + \sin 0.15\pi + \sin 0.42\pi$$
$$+ \sin 0.8\pi + \sin 0.4\pi + \sin 0.1\pi - 4) = 0.8618$$

$$H_2^1 = \frac{1}{4(\sqrt{2}-1)}\left\{\left[\sin\frac{\pi \times [1 + 0.65 + 0.5 \times 0.15 - 0.1 - 0.5(0.2 - 0.15)]}{4}\right.\right.$$
$$\left. + \sin\frac{\pi \times [1 - 0.65 - 0.5 \times 0.15 + 0.1 + 0.5(0.2 - 0.15)]}{4} - 1\right]$$
$$+ \left[\sin\frac{\pi \times [1 + 0.56 + 0.5 \times 0.04 - 0.22 - 0.5 \times 0.03]}{4}\right.$$
$$\left. + \sin\frac{\pi \times [1 - 0.56 - 0.5 \times 0.04 + 0.22 + 0.5 \times 0.03]}{4} - 1\right]$$

$$+\left[\sin\frac{\pi\times[1+0.85+0.5\times0.05-0.05-0.5\times0.05]}{4}\right.$$

$$\left.+\sin\frac{\pi\times[1-0.85-0.5\times0.05+0.05+0.5\times0.05]}{4}-1\right]$$

$$+\left[\sin\frac{\pi\times[1+0.7+0.5\times0.05-0.15-0.5\times0.05]}{4}\right.$$

$$\left.\left.+\sin\frac{\pi\times[1-0.7-0.5\times0.05+0.15+0.5\times0.05]}{4}-1\right]\right\}$$

$$=\frac{1}{4(\sqrt{2}-1)}(\sin0.4\pi+\sin0.1\pi+\sin0.33625\pi+\sin0.16375\pi+\sin0.45\pi$$

$$+\sin0.05\pi+\sin0.3875\pi+\sin0.1125\pi-4)=0.6344$$

$$H_3^1=\frac{1}{4(\sqrt{2}-1)}\left\{\left[\sin\frac{\pi\times[1+0.8+0.5\times0.05-0.12-0.5\times0.03]}{4}\right.\right.$$

$$\left.+\sin\frac{\pi\times[1-0.8-0.5\times0.05+0.12+0.5\times0.03]}{4}-1\right]$$

$$+\left[\sin\frac{\pi\times[1+0.8+0.5\times0.03-0.1-0.5\times0.04]}{4}\right.$$

$$\left.+\sin\frac{\pi\times[1-0.8-0.5\times0.03+0.1+0.5\times0.04]}{4}-1\right]$$

$$+\left[\sin\frac{\pi\times[1+0.7+0.5\times0.05-0.2-0.5\times0.05]}{4}\right.$$

$$\left.+\sin\frac{\pi\times[1-0.7-0.5\times0.05+0.2+0.5\times0.05]}{4}-1\right]$$

$$+\left[\sin\frac{\pi\times[1+0.7+0.5\times0-0.2-0.5\times0.05]}{4}\right.$$

$$\left.\left.+\sin\frac{\pi\times[1-0.7-0.5\times0+0.2+0.5\times0.05]}{4}-1\right]\right\}$$

$$=\frac{1}{4(\sqrt{2}-1)}(\sin0.4225\pi+\sin0.0775\pi+\sin0.1738\pi+\sin0.7625\pi+\sin0.375\pi$$

$$+\sin0.125\pi+\sin0.3688\pi+\sin0.1313\pi-4)=0.3574$$

$$w_1^1=\frac{1-0.8618}{3-(0.8618+0.6344+0.3573)}=\frac{0.1382}{1.1465}\approx0.12$$

$$w^2=\frac{1-0.6344}{3-(0.8618+0.6344+0.3573}\approx0.32$$

$$w_3^1=\frac{1-0.3573}{3-(0.8618+0.6344+0.3573)}\approx0.56$$

从而，$w^1=\{0.12,\ 0.32,\ 0.56\}^T$。

（2）专家 2 对属性的权重。

$$H_1^2=\frac{1}{4(\sqrt{2}-1)}\left\{\left[\sin\frac{\pi\times[1+0.55+0.5(0.8-0.7)-0.2-0.5(0.2-0.15)]}{4}\right.\right.$$

$$\left.+\sin\frac{\pi\times[1-0.55-0.5(0.8-0.7)+0.2+0.5(0.2-0.15)]}{4}-1\right]$$

$$+\left[\sin\frac{\pi\times[1+0.62+0.5\times0.03-0.28-0.5\times0.07]}{4}\right.$$

$$\left.+\sin\frac{\pi\times[1-0.62-0.5\times0.03+0.28+0.5\times0.07]}{4}-1\right]$$

$$+\left[\sin\frac{\pi\times[1+0.56+0.5\times0.04-0.22-0.5\times0.03]}{4}\right.$$

$$\left.+\sin\frac{\pi\times[1-0.56-0.5\times0.04+0.22+0.5\times0.03]}{4}-1\right]$$

$$\left[\sin\frac{\pi\times[1+0.6+0.5\times0.04-0.3-0.5\times0.05]}{4}\right.$$

$$\left.\left.+\sin\frac{\pi\times[1-0.6-0.5\times0.05+0.3+0.5\times0.05]}{4}-1\right]\right\}$$

$$=\frac{1}{4(\sqrt{2}-1)}(\sin0.34375\pi+\sin0.15625\pi+\sin0.33\pi+\sin0.17\pi+$$

$$\sin0.33625\pi+\sin0.16375\pi+\sin0.325\pi+\sin0.175\pi-4)$$

$$=0.8917$$

$$H_2^2=\frac{1}{4(\sqrt{2}-1)}\left\{\left[\sin\frac{\pi\times[1+0.78+0.5\times0.02-0.1-0.5(0.2-0.15)]}{4}\right.\right.$$

$$\left.+\sin\frac{\pi\times[1-0.78-0.5\times0.02+0.1+0.5(0.2-0.15)]}{4}-1\right]$$

$$+\left[\sin\frac{\pi\times[1+0.69+0.5\times0.06-0.15-0.5\times0.05]}{4}\right.$$

$$\left.+\sin\frac{\pi\times[1-0.69-0.5\times0.06+0.15+0.5\times0.025]}{4}-1\right]$$

$$+\left[\sin\frac{\pi\times[1+0.8+0.5\times0.05-0.12-0.5\times0.03]}{4}\right.$$

$$\left.+\sin\frac{\pi\times[1-0.8-0.5\times0.05+0.12+0.5\times0.03]}{4}-1\right]$$

$$+\left[\sin\frac{\pi\times[1+0.73+0.5\times0.02-0.15-0.5\times0.05]}{4}\right.$$

$$\left.\left.+\sin\frac{\pi\times[1-0.73-0.5\times0.02+0.15+0.5\times0.05]}{4}-1\right]\right\}$$

$$=\frac{1}{4(\sqrt{2}-1)}(\sin 0.41625\pi+\sin 0.08375\pi+\sin 0.38625\pi+\sin 0.11375\pi+\sin 0.4225\pi+\sin 0.0775\pi+\sin 0.39125\pi+\sin 0.10875\pi-4)$$

$$=0.6006$$

$$H_3^2=\frac{1}{4(\sqrt{2}-1)}\Bigg\{\Bigg[\sin\frac{\pi\times[1+0.65+0.5\times0.05-0.22-0.5\times0.05]}{4}$$

$$+\sin\frac{\pi\times[1-0.65-0.5\times0.05+0.22+0.5\times0.05]}{4}-1\Bigg]$$

$$+\Bigg[\sin\frac{\pi\times[1+0.66+0.5\times0.04-0.22-0.5\times0.03]}{4}$$

$$+\sin\frac{\pi\times[1-0.66-0.5\times0.04+0.22+0.5\times0.03]}{4}-1\Bigg]$$

$$+\Bigg[\sin\frac{\pi\times[1+0.67+0.5\times0.08-0.2-0.5\times0.05]}{4}$$

$$+\sin\frac{\pi\times[1-0.67-0.5\times0.08+0.2+0.5\times0.05]}{4}-1\Bigg]$$

$$+\Bigg[\sin\frac{\pi\times[1+0.85+0.5\times0.05-0.05-0.5\times0.05]}{4}$$

$$+\sin\frac{\pi\times[1-0.85-0.5\times0+0.05+0.5\times0.05]}{4}-1\Bigg]\Bigg\}$$

$$=\frac{1}{4(\sqrt{2}-1)}(\sin 0.3575\pi+\sin 0.1425\pi+\sin 0.36125\pi+\sin 0.13875\pi+\sin 0.37125\pi+\sin 0.128755\pi+\sin 0.45\pi+\sin 0.05\pi-4)$$

$$=0.676$$

$$w_1^2=\frac{1-0.8917}{3-(0.8917+0.6006+0.676)}=\frac{0.1083}{0.8317}\approx0.13$$

$$w_2^2=\frac{1-0.6006}{0.8317}\approx0.48$$

$$w_3^2=1-0.13-0.48\approx0.39$$

从而：

$$w^2=\{0.13,\ 0.48,\ 0.39\}^T$$

（3）专家3对属性的权重。

$$H_1^3=\frac{1}{4(\sqrt{2}-1)}\Bigg\{\Bigg[\sin\frac{\pi\times[1+0.8+0.5\times0.05-0.1-0.5(0.2-0.15)]}{4}$$

$$+\sin\frac{\pi\times[1-0.8-0.5\times0.05+0.1+0.5(0.2-0.15)]}{4}-1\Bigg]$$

$$+\left[\sin\frac{\pi\times[1+0.65+0.5\times0.05-0.15-0.5\times0.05]}{4}\right.$$

$$\left.+\sin\frac{\pi\times[1-0.65-0.5\times0.05+0.15+0.5\times0.05]}{4}-1\right]$$

$$+\left[\sin\frac{\pi\times[1+0.85+0.5\times0.05-0.05-0.5\times0.05]}{4}\right.$$

$$\left.+\sin\frac{\pi\times[1-0.85-0.5\times0.05+0.05+0.5\times0.05]}{4}-1\right]$$

$$\left[\sin\frac{\pi\times[1+0.85+0.5\times0-0.1-0.5\times0.05]}{4}\right.$$

$$\left.+\sin\frac{\pi\times[1-0.85-0.5\times0.05+0.1+0.5\times0.05]}{4}-1\right]\Bigg\}$$

$$=\frac{1}{4(\sqrt{2}-1)}(\sin0.475\pi+\sin0.075\pi+\sin0.43125\pi+\sin0.6875\pi+\sin0.375\pi+\sin0.125\pi+\sin0.425\pi+\sin0.05\pi-4)$$

$$=0.5085$$

$$H_2^3=\frac{1}{4(\sqrt{2}-1)}\left\{\left[\sin\frac{\pi\times[1+0.85+0.5\times0.05-0.05-0.5(0.2-0.15)]}{4}\right.\right.$$

$$\left.+\sin\frac{\pi\times[1-0.85-0.5\times0.05+0.05+0.5(0.2-0.15)]}{4}-1\right]$$

$$+\left[\sin\frac{\pi\times[1+0.7+0.5\times0.05-0.1-0.5\times0.1]}{4}\right.$$

$$\left.+\sin\frac{\pi\times[1-0.7-0.5\times0.05+0.1+0.5\times0.1]}{4}-1\right]$$

$$+\left[\sin\frac{\pi\times[1+0.75+0.5\times0.04-0.1-0.5\times0.05]}{4}\right.$$

$$\left.+\sin\frac{\pi\times[1-0.75-0.5\times0.04+0.1+0.5\times0.05]}{4}-1\right]$$

$$+\left[\sin\frac{\pi\times[1+0.6+0.5\times0.05-0.2-0.5\times0.04]}{4}\right.$$

$$\left.\left.+\sin\frac{\pi\times[1-0.6-0.025+0.2+0.02]}{4}-1\right]\right\}$$

$$=\frac{1}{4(\sqrt{2}-1)}(\sin0.45\pi+\sin0.05\pi+\sin0.2638\pi+\sin0.2363\pi+\sin0.3313\pi+\sin0.2125\pi+\sin0.28755\pi+\sin0.10875\pi-4)$$

$$=0.49$$

$$H_3^3=\frac{1}{4(\sqrt{2}-1)}\left\{\left[\sin\frac{\pi\times[1+0.7+0.5\times0.05-0.15-0.5\times0.05]}{4}\right.\right.$$

$$+\sin\frac{\pi\times\left[1-0.7-0.5\times0.05+0.15+0.5\times0.05\right]}{4}-1\Big]$$

$$+\Big[\sin\frac{\pi\times\left[1+0.65+0.5\times0.05-0.2-0.5\times0.05\right]}{4}$$

$$+\sin\frac{\pi\times\left[1-0.65-0.5\times0.05+0.2+0.5\times0.05\right]}{4}-1\Big]$$

$$+\Big[\sin\frac{\pi\times\left[1+0.65+0.5\times0.07-0.2-0.5\times0.05\right]}{4}$$

$$+\sin\frac{\pi\times\left[1-0.65-0.5\times0.07+0.2+0.5\times0.05\right]}{4}-1\Big]$$

$$+\Big[\sin\frac{\pi\times\left[1+0.75+0.5\times0.05-0.1-0.5\times0.1\right]}{4}$$

$$+\sin\frac{\pi\times\left[1-0.75-0.5\times0.05+0.1+0.5\times0.1\right]}{4}-1\Big]\Big\}$$

$$=\frac{1}{4(\sqrt{2}-1)}(\sin0.3875\pi+\sin0.1125\pi+\sin0.3125\pi+\sin0.275\pi+\sin0.3688\pi+\sin0.1313\pi+\sin0.3075\pi+\sin0.1925\pi-4)$$

-0.94

$$w_1^3=\frac{0.85}{2.28}=\frac{0.1083}{0.8317}\approx0.37$$

$$w_2^3=\frac{0.49}{2.28}\approx0.21$$

$$w_3^3=\frac{0.94}{2.28}\approx0.41$$

从而：

$w^3=\{0.37, 0.22, 0.41\}^T$

进而根据式（5-25），得出属性的综合权重，也即：

$w_1=0.36\times0.12+0.38\times0.13+0.26\times0.37=0.19$

$w_2=0.36\times0.32+0.38\times0.48+0.26\times0.22=0.35$

$w_3=0.36\times0.56+0.38\times0.39+0.26\times0.4=0.46$

所以：

$w=\{0.19, 0.35, 0.46\}^T$

（三）确定集体矩阵

运用式（5-26），计算出集体决策矩阵 Y，结果如表 5-3 所示。

表 5-3　区间直觉模糊集体矩阵

方案	处置时间（C_1）	费用（C_2）	可行性（C_3）
A_1	([0.69, 0.77], [0.16, 0.20])	([0.75, 0.81], [0.08, 0.13])	([0.73, 0.78], [0.16, 0.19])
A_2	([0.55, 0.60], [0.27, 0.34])	([0.55, 0.64], [0.19, 0.25])	([0.64, 0.70], [0.18, 0.23])
A_3	([0.66, 0.70], [0.18, 0.24])	([0.78, 0.84], [0.11, 0.16])	([0.66, 0.73], [0.17, 0.24])
A_4	([0.61, 0.68], [0.21, 0.29])	([0.62, 0.67], [0.17, 0.25])	([0.67, 0.76], [0.08, 0.14])

其中：

$\underline{c}_{11} = 1 - 0.3^{0.36} \times 0.45^{0.38} \times 0.2^{0.26} = 0.69$

$\underline{c}_{21} = 1 - 0.35^{0.36} \times 0.38^{0.38} \times 0.8^{0.26} = 0.55$

$\underline{c}_{31} = 1 - 0.2^{0.36} \times 0.44^{0.38} \times 0.5^{0.26} = 0.66$

$\underline{c}_{41} = 1 - 0.25^{0.36} \times 0.4^{0.38} \times 0.7^{0.26} = 0.61$

$\overline{c}_{11} = 1 - 0.2^{0.36} \times 0.35^{0.38} \times 0.15^{0.26} = 0.77$

$\overline{c}_{21} = 1 - 0.3^{0.36} \times 0.35^{0.38} \times 0.7^{0.26} = 0.60$

$\overline{c}_{31} = 1 - 0.18^{0.36} \times 0.4^{0.38} \times 0.4^{0.26} = 0.70$

$\overline{c}_{41} = 1 - 0.2^{0.36} \times 0.35^{0.38} \times 0.57^{0.26} = 0.68$

$\underline{d}_{11} = 0.15^{0.36} \times 0.2^{0.38} \times 0.1^{0.26} = 0.16$

$\underline{d}_{21} = 0.25^{0.36} \times 0.28^{0.38} \times 0.3^{0.26} = 0.27$

$\underline{d}_{31} = 0.1^{0.36} \times 0.22^{0.38} \times 0.3^{0.26} = 0.18$

$\underline{d}_{41} = 0.15^{0.36} \times 0.3^{0.38} \times 0.2^{0.26} = 0.21$

$\overline{d}_{11} = 0.2^{0.36} \times 0.25^{0.38} \times 0.15^{0.26} = 0.20$

$\overline{d}_{21} = 0.3^{0.36} \times 0.35^{0.38} \times 0.4^{0.26} = 0.34$

$\overline{d}_{31} = 0.16^{0.36} \times 0.25^{0.38} \times 0.4^{0.26} = 0.24$

$\overline{d}_{41} = 0.2^{0.36} \times 0.35^{0.38} \times 0.35^{0.26} = 0.29$

$\underline{c}_{12} = 1 - 0.35^{0.36} \times 0.22^{0.38} \times 0.15^{0.26} = 0.75$

$\underline{c}_{22} = 1 - 0.44^{0.36} \times 0.31^{0.38} \times 0.77^{0.26} = 0.55$

$\underline{c}_{32} = 1 - 0.15^{0.36} \times 0.2^{0.38} \times 0.45^{0.26} = 0.78$

$\underline{c}_{42}=1-0.3^{0.36}\times0.27^{0.38}\times0.9^{0.26}=0.62$

$\overline{c}_{12}=1-0.2^{0.36}\times0.2^{0.38}\times0.1^{0.26}=0.81$

$\overline{c}_{22}=1-0.4^{0.36}\times0.25^{0.38}\times0.55^{0.26}=0.64$

$\overline{c}_{32}=1-0.1^{0.36}\times0.15^{0.38}\times0.35^{0.26}=0.84$

$\overline{c}_{42}=1-0.25^{0.36}\times0.25^{0.38}\times0.7^{0.26}=0.67$

$\underline{d}_{12}=0.1^{0.36}\times0.1^{0.38}\times0.05^{0.26}=0.08$

$\underline{d}_{22}=0.22^{0.36}\times0.15^{0.38}\times0.22^{0.26}=0.19$

$\underline{d}_{32}=0.05^{0.36}\times0.12^{0.38}\times0.25^{0.26}=0.11$

$\underline{d}_{42}=0.15^{0.36}\times0.15^{0.38}\times0.25^{0.26}=0.17$

$\overline{d}_{12}=0.15^{0.36}\times0.15^{0.38}\times0.1^{0.26}=0.13$

$\overline{d}_{22}=0.25^{0.36}\times0.2^{0.38}\times0.35^{0.26}=0.25$

$\overline{d}_{32}=0.1^{0.36}\times0.15^{0.38}\times0.3^{0.26}=0.16$

$\overline{d}_{42}=0.2^{0.36}\times0.2^{0.38}\times0.45^{0.26}=0.25$

$\underline{c}_{13}=1-0.2^{0.36}\times0.35^{0.38}\times0.3^{0.26}=0.73$

$\underline{c}_{23}=1-0.2^{0.36}\times0.34^{0.38}\times0.85^{0.26}=0.64$

$\underline{c}_{33}=1-0.3^{0.36}\times0.33^{0.38}\times0.4^{0.26}=0.66$

$\underline{c}_{43}=1-0.3^{0.36}\times0.2^{0.38}\times0.74^{0.26}=0.62$

$\overline{c}_{13}=1-0.15^{0.36}\times0.3^{0.38}\times0.25^{0.26}=0.78$

$\overline{c}_{23}=1-0.17^{0.36}\times0.3^{0.38}\times0.65^{0.26}=0.70$

$\overline{c}_{33}=1-0.25^{0.36}\times0.25^{0.38}\times0.35^{0.26}=0.73$

$\overline{c}_{43}=1-0.13^{0.36}\times0.1^{0.38}\times0.65^{0.26}=0.76$

$\underline{d}_{13}=0.12^{0.36}\times0.22^{0.38}\times0.15^{0.26}=0.16$

$\underline{d}_{23}=0.1^{0.36}\times0.22^{0.38}\times0.3^{0.26}=0.18$

$\underline{d}_{33}=0.2^{0.36}\times0.2^{0.38}\times0.1^{0.26}=0.17$

$\underline{d}_{43}=0.2^{0.36}\times0.05^{0.38}\times0.05^{0.26}=0.08$

$\overline{d}_{13}=0.15^{0.36}\times0.24^{0.38}\times0.2^{0.26}=0.19$

$\overline{d}_{23}=0.14^{0.36}\times0.25^{0.38}\times0.4^{0.26}=0.23$

$\overline{d}_{33}=0.25^{0.36}\times0.25^{0.38}\times0.2^{0.26}=0.24$

$\overline{d}_{43}=0.25^{0.36}\times0.1^{0.38}\times0.1^{0.26}=0.14$

（四）运用精确度函数对方案进行排序

基于式（5-10）和式（5-11）以及属性权重 $w=\{0.19,0.35,0.46\}^T$，对

表 5－3 中各行元素进行集结，进而得到每个方案最终的评估值和精确度。最后，根据精确度的大小进行排序。具体结果如表 5－4 所示。

表 5－4　评估值、精确度和排序

方案	综合评估值	精确度	排序
A_1	（[0.73，0.79]，[0.13，0.17]）	0.72	1
A_2	（[0.59，0.66]，[0.20，0.26]）	0.54	4
A_3	（[0.71，0.74]，[0.15，0.21]）	0.68	2
A_4	（[0.64，0.72]，[0.13，0.20]）	0.63	3

其中，方案 A_1 的综合评估值计算如下：

$1-0.31^{0.19}\times 0.25^{0.35}\times 0.27^{0.46}=0.73$

$1-0.23^{0.19}\times 0.19^{0.35}\times 0.22^{0.46}=0.79$

$0.16^{0.19}\times 0.08^{0.35}\times 0.16^{0.46}=0.13$

$0.2^{0.19}\times 0.13^{0.35}\times 0.19^{0.46}=0.17$

方案 A_2 的综合评估值计算如下：

$1-0.45^{0.19}\times 0.45^{0.35}\times 0.36^{0.46}=0.59$

$1-0.4^{0.19}\times 0.36^{0.35}\times 0.3^{0.46}=0.66$

$0.27^{0.19}\times 0.19^{0.35}\times 0.18^{0.46}=0.20$

$0.34^{0.19}\times 0.25^{0.35}\times 0.23^{0.46}=0.26$

方案 A_3 的综合评估值计算如下：

$1-0.34^{0.19}\times 0.22^{0.35}\times 0.34^{0.46}=0.71$

$1-0.3^{0.19}\times 0.16^{0.35}\times 0.34^{0.46}=0.74$

$0.18^{0.19}\times 0.11^{0.35}\times 0.17^{0.46}=0.15$

$0.24^{0.19}\times 0.16^{0.35}\times 0.24^{0.46}=0.21$

方案 A_4 的综合评估值计算如下：

$1-0.39^{0.19}\times 0.38^{0.35}\times 0.33^{0.46}=0.72$

$1-0.32^{0.19}\times 0.33^{0.35}\times 0.24^{0.46}=0.72$

$0.21^{0.19}\times 0.17^{0.35}\times 0.08^{0.46}=0.13$

$0.29^{0.19}\times 0.25^{0.35}\times 0.14^{0.46}=0.2$

四个方案精确度值的计算如下：

$$\frac{0.73+0.79-0.17\,(1-0.79)\;-0.13\,(1-0.73)}{2}=0.72$$

$$\frac{0.59+0.66-0.26\,(1-0.66)\;-0.2\,(1-0.59)}{2}=0.54$$

$$\frac{0.71+0.74-0.21\ (1-0.74)\ -0.15\ (1-0.71)}{2}=0.68$$

$$\frac{0.64+0.72-0.2\ (1-0.72)\ -0.13\ (1-0.64)}{2}=0.63$$

由表5-4可以看出，4个应急方案的最终排序结果为：$A_1>A_3>A_4>A_2$，也即最佳方案为A_1：高层居民往楼顶撤离，等待直升机救援。

由于研究条件的限制，在应用分析中，本书针对高层住宅火灾应急决策方案的选择进行研究，在此类火灾中，专家们认为高层居民往楼顶撤离，等待直升机救援的方案是最优的。而在实际的火灾危机中，由于起火点、火灾等级的不同，相应的应急决策方案也会发生变化，本算例只是对所提出的应急决策模型的可行性进行验证，在遇到具体火灾时，还要灵活运用。另外，由于城市群公共危机应急决策的时效性、信息缺失、专家的犹豫性等共同特征，使得我们所提出的基于区间直觉模糊多属性的应急群决策模型也非常适合其他类型公共危机应急决策方案的形成。

第二节　基于不完全信息动态博弈的应急决策动态调整研究

在前文，我们探讨了应急决策方案的选择问题，需要指出的是，在应急响应过程中，决策方案要随着危机事件的情景演变而不断调整。在危机发生的最初阶段，由于事件发生的突然性、趋势的不确定性、信息的不完整性和时间的紧迫性等，这时就需要危机管理者依据主观经验和部分客观信息估计危机事件所处的状态，并立即采取相应的决策方案。当某一应急决策方案实施后，随着时间的进展，危机事件的发展态势逐渐变得清晰，管理者掌握的信息不断完善，由模糊到清晰，危机管理者根据危机所处状态和阶段性的救灾成果对应急方案进行调整，才能保证取得最佳的处置效果，从而更好地应对危机。该过程实际上是危机的阶段性处置结果与危机演化趋势不断博弈的动态过程。

目前关于危机决策方案的博弈分析大多建立在完全信息基础上或者是围绕某一特定领域的危机管理展开，而在现实世界中由于危机事件的突发性、信息的不完整性和趋势的不确定性等特征，利用不完全信息的动态博弈模型分析更加适宜。基于此，本节重点运用博弈论中的不完全信息动态博弈理论进行危机动态决策建模。首先，建立应急决策方案的动态博弈模型；其次，分析危机管理者与危机事件之间的不完全信息动态博弈过程，为危机管理者应急方案的形成提供决策支持；最后，通过案例分析，验证该模型的有效性和可行性。

一、基于不完全信息动态博弈的应急决策模型

在危机事件处置过程中，由于情况的复杂性，危机管理者难以估算出危机事件所造成的损失，从而对自己的损益并不完全清楚，另外危机管理在某个时刻后的后续决策是随着前一阶段措施的效果和所处环境的变化而变化的。因此，这个博弈过程是一个不完全信息动态博弈过程。

危机管理过程中，基于不完全信息动态博弈可描述如下：

参与人：在危机事件管理中，参与双方为危机事件和危机管理者。危机事件可能是自然灾害、公共卫生事件、事故灾难或社会安全事件；危机管理者是面对危机事件时必须快速做出相应决策的领导或组织。

行动：参与人在博弈的某个时点的决策变量。假设危机事件有 M 种可能的危机状态，危机事件从 M 种状态中选择一种作为行动方案，危机管理者可根据对不同危机事件状态的判断，从相应的 K 个预选方案中选择并实施相应的应对方案。

信息：参与人有关博弈的知识。在危机管理动态博弈过程中，管理者能够观察到危机事件的行动，但不能观察到其类型，通过观察危机事件所选择的行动而推断其类型或修正对其类型的先验概率分布，然后选择最优行动。

支付函数：指在一个特定的战略组合下参与人的期望效用水平。在危机管理博弈过程中，假定危机事件与管理者之间进行的是一场动态零和博弈，即一方的所得为另一方的所失。因此，只需给出一方的支付函数即可确定不同博弈结局下双方的情形。下面重点考虑危机管理者的效用函数。

收益函数：假设在 t 阶段危机决策者的收益函数是由事件的危机度 l_{tm}、决策方案 a_{tk}、决策方案成本 c_{tk} 及响应时间 r_{tk} 决定的，则收益函数记为 $y_t = f(l_{tm}, a_{tk}, c_{tk}, r_{tk})$，$t=1, 2, \cdots, T$，$m=1, 2, \cdots, M$，$k=1, 2, \cdots, K$，其中危机度反映了事件的严重程度或级别，T 表示博弈的总阶段数，M 表示危机事件可能状态的总数目，K 表示决策者行动方案的总数。

由于危机发生过程中信息的不完全性，危机管理者需要借助于救灾专家的判断来确定最优响应方案，考虑到不同专家对不同方案的影响度不同，假设影响度记为：

$$E_t = (e_{1,tk}, e_{2,tk}, \cdots, e_{j,tk}, \cdots, e_{h,tk})$$

$$\sum_{j=1}^{H} e_{j,tk} = 1, j = 1, 2, \cdots H$$

式中，$e_{j,tk}$表示第 j 个专家对 t 阶段的第 k 个方案选择的主观偏好影响，H 为专家的总数目。

则在 t 阶段关于专家 j 的收益函数为：

$$y_j(l_{tm}, a_{tk}, c_{tk}, r_{tk}) = e_{j,tk} f(l_{tm}, a_{tk}, c_{tk}, r_{tk})$$

又因为在危机响应过程中，响应时间至关重要，响应时间越短越好，假设在 t 阶段所采取方案 k 的效用与响应时间 r_{tk} 成反比，与所采取方案的成本 c_{tk} 成反比，与提供给危机区域的资源量 q_{tmk} 成正比，则改进的收益函数可记为：

$u_j = \varepsilon_t . q_{tmk} . e_{j,tk} / c_{tk} . r_{tk}$，j = 1，2，…，H

式中，ε_t 为有效资源系数，$0 < \varepsilon_t \leq 1$，反映了 t 阶段救灾资源中心向危机区域所提供的资源数 a_{qt} 与危机区域所需资源数 r_{qt} 之间的关系，假设 ε_t 可由式（5－27）得到：

$$\varepsilon_t = \begin{cases} \dfrac{a_{qt}}{r_{qt}} & 如果\ a_{qt} < r_{qt} \\ 1 & 如果\ a_{qt} = r_{qt} \\ \dfrac{r_{qt}}{a_{qt}} & 如果\ a_{qt} > r_{qt} \end{cases} \tag{5-27}$$

即当救灾资源中心向危机区域所提供的资源数 a_{qt} 与危机区域所需资源数 r_{qt} 相等时，说明灾情得到了有效控制，此时有效资源系数为最大值 1；若供不应求可能会使得危机不能有效控制，造成更多的人员伤亡或财产损失并有可能会引起次生灾害和衍生灾害的发生，从而有效资源系数小于 1；若供大于求，则会造成资源浪费，从而有效资源系数 ε_t 也小于 1。

根据以上原则得出 H 个专家在 t 阶段的总收益构成危机管理者的效用，由式（5－28）得到：

$$U_t = \sum_{j=1}^{H} u_j P(z_j \mid X_j) = \sum_{j=1}^{H} (\varepsilon_t . q_{tmk} . e_{j,tk} / c_{tk} . r_{tk}) P(z_j \mid X_j) \tag{5-28}$$

式（5－28）中 X_j 为出现的新信息，P（z_j | X_j）为危机管理者根据上一阶段的应急处置情况和所收集到的新信息进行修正的后验概率，可以通过贝叶斯法则得出，如式（5－29）所示：

$$P(z_j \mid X_j) = \frac{P(X_j \mid z_j) P(z_j)}{\sum_{j=1}^{H} P(X_j \mid z_j) P(z_j)},\ j = 1,\ 2,\ \cdots,\ H \tag{5-29}$$

式中，P（z_j）为危机事件 z_j 出现的概率，P（X_j | z_j）为已知的条件概率，它们均为先验概率。

危机管理者的目标是在满足危机区域对救援物资需求的情况下，使整个救灾过程的效用函数最大化，从而目标函数定义如式（5－30）所示：

$$U = \max \sum_{t=1}^{T} U_t,\ t = 1,2,\cdots,T \tag{5-30}$$

二、危机管理中动态决策过程调整

首先，在危机事件刚发生时，由于此时信息不完全，危机管理者只能根据报警信息及以往经验对事件进行初步估计和判断其可能的状态及所处级别，即先验概率。另外，由于信息极度缺失，因此危机管理者借助于危机专家和历史数据库修正危机事件所处状态的概率，即后验概率，并根据期望效用最大化原则从预案库中选择最佳实施方案。

其次，随着危机方案的实施以及危机事件的演化结果，危机演化到一个新的状态，管理者根据阶段评估和新信息的收集，对事件转移的概率进行修正或推断，通过贝叶斯公式得到后验概率，根据期望效用最大化原则选择新的应急方案。

最后，随着危机事件与危机管理者不断的动态博弈，上述过程重复进行，直到危机被有效控制。具体决策过程如图 5 -1 所示。

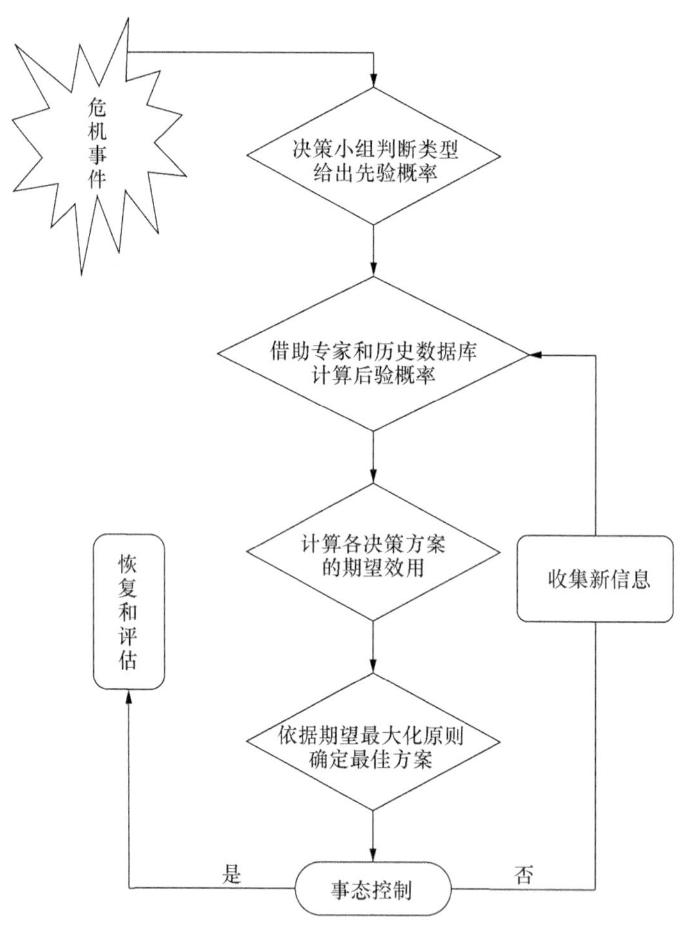

图 5 -1　危机管理中的动态决策过程

三、算例分析

假设某市A区一综合楼发生了火灾事件，有三种可能的状态：$Z=\{z_1, z_2, z_3\}$，式中，z_1 表示一般火灾，z_2 表示重大火灾，z_3 表示特大火灾。事件处理最多分两个阶段，第一阶段借助于本区救援中心就可以处理火灾，第二阶段需借助于邻近区域的力量。对于第一阶段火灾的三种可能状态，危机管理小组有三种应对方案：α_{11}为出动两辆中低压消防车，α_{12}为出动两辆中低压消防车和两辆登高消防车，α_{13}为出动四辆登高消防车和一架消防直升机。对应第二阶段的状态，救援方案有三种：α_{21}为与A区相邻的B区救援中心加入救灾行动，α_{22}为与A市相邻的B区和C区救援中心加入救灾行动，α_{23}为与A区相邻的B区及市级救援中心加入救灾行动。火灾决策小组有2名专家提供决策支持，假设他们对方案选择的影响度分别为 $e_1=e_2=0.5$，则该危机决策方案的形成过程如下。

（一）第一阶段决策方案的形成

管理小组判断火灾处于状态 z_1、z_2、z_3 的概率分别为 $P(z_1)=0.5$，$P(z_2)=0.3$，$P(z_3)=0.2$。由于信息的不完备性，管理小组可以利用以往经验和专家判断修正。假设专家1判断的准确度为0.6，也即专家1判断危机事件处于j状态（记为 d_j）时，危机事件实际处于j状态的概率（记为 z_j）。专家2判断的准确度为0.8，假设专家在第一阶段的先验概率如表5-5所示。

表5-5 第一阶段专家1的先验概率

X_j \ z_j	X_1	X_2	X_3
z_1	0.6	0.2	0.2
z_2	0.2	0.6	0.2
z_3	0.2	0.2	0.6

也即：

$P(d_1|z_1)=0.6$，$P(d_2|z_1)=0.2$，$P(d_3|z_1)=0.2$

$P(d_1|z_2)=0.2$，$P(d_2|z_2)=0.6$，$P(d_3|z_2)=0.2$

$P(d_1|z_3)=0.2$，$P(d_2|z_3)=0.2$，$P(d_3|z_3)=0.6$

表 5-6　第一阶段专家 2 的先验概率

z_j \ X_j	X_1	X_2	X_3
z_1	0.8	0.1	0.1
z_2	0.1	0.8	0.1
z_3	0.1	0.1	0.8

也即：

$P(d_1 \mid z_1)=0.8$，$P(d_2 \mid z_1)=0.1$，$P(d_3 \mid z_1)=0.1$

$P(d_1 \mid z_2)=0.1$，$P(d_2 \mid z_2)=0.8$，$P(d_3 \mid z_2)=0.1$

$P(d_1 \mid z_3)=0.1$，$P(d_2 \mid z_3)=0.1$，$P(d_3 \mid z_3)=0.1$

根据贝叶斯法则由式（5-28）得出专家 1 和专家 2 在第一阶段的后验概率如表 5-7、表 5-8 所示。

表 5-7　第一阶段专家 1 的后验概率

Z_j \ x_j	x_1	x_2	x_3
Z_1	0.430	0.125	0.100
Z_2	0.214	0.562	0.150
Z_3	0.356	0.312	0.750

表 5-8　第一阶段专家 2 的后验概率

Z_j \ x_j	x_1	x_2	x_3
Z_1	0.667	0.07	0.089
Z_2	0.125	0.77	0.021
Z_3	0.208	0.16	0.890

也即：

$P_1(z_1 \mid d_1)=0.430$，$P_1(z_2 \mid d_1)=0.214$，$P_1(z_3 \mid d_1)=0.356$

$P_1(z_1 \mid d_2)=0.215$，$P_1(z_2 \mid d_2)=0.562$，$P_1(z_3 \mid d_2)=0.312$

$P_1(z_1 \mid d_3)=0.100$，$P_1(z_2 \mid d_3)=0.150$，$P_1(z_3 \mid d_3)=0.750$

$P_2(z_1 | d_1) = 0.667$，$P_2(z_2 | d_1) = 0.125$，$P_2(z_3 | d_1) = 0.208$

$P_2(z_1 | d_2) = 0.070$，$P_2(z_2 | d_2) = 0.770$，$P_2(z_3 | d_2) = 0.160$

$P_2(z_1 | d_3) = 0.089$，$P_2(z_2 | d_3) = 0.021$，$P_2(z_3 | d_3) = 0.890$

由以上计算结果可知：若两位专家判断火灾处于 z_1 状态，因为：

$P_1(z_1 | d_1) > P_1(z_3 | d_1) > P_1(z_2 | d_1)$

$P_2(z_1 | d_1) > P_2(z_3 | d_1) > P_2(z_2 | d_1)$

则采取第一阶段的方案就可以把火灾控制住；另外若两位专家判断火灾处于 z_2 状态，因为：

$P_1(z_2 | d_2) > P_1(z_3 | d_2) > P_1(z_1 | d_2)$

$P_2(z_2 | d_2) > P_2(z_3 | d_2) > P_1(z_1 | d_2)$

则采取第一阶段的方案也可以把火灾控制住，此时救灾活动不需进入第二阶段。假设火灾处于 z_1 状态，实施方案 α_{11}，α_{12}，α_{13} 的效用分别为 80，40，10；处于 z_2 状态效用值分别为 30，50，20；处于 z_3 状态效用值分别为 10，30，50，于是由式（5－27）计算各方案的期望效用：

$U(\alpha_{11}) = 60$，$U(\alpha_{12}) = 43$，$U(\alpha_{13}) = 45$

因此在第一阶段选择方案 α_{11}，也即出动两辆中低压消防车。

若两位专家判断火灾处于 z_3 状态，因为：

$P_1(z_3 | d_3) > P_1(z_2 | d_3) > P_1(z_1 | d_3)$

$P_2(z_3 | d_3) > P_2(z_2 | d_3) > P_2(z_1 | d_3)$

此时救灾活动进入第二阶段，也即需要借助于邻近区域的力量来参与救援活动。

（二）第二阶段决策方案的形成

在救灾工作进入第二阶段之前，随着第一阶段方案的执行和关于火灾状况信息的不断修正，此时第一阶段关于火灾状态综合判断的概率就作为第二阶段的先验概率，从而得到 $P_2(z_1) = 0.1$，$P_2(z_2) = 0.1$，$P_2(z_3) = 0.8$，具体计算过程如下：

$P_2(z_1) = e_1P_1(z_1 | X_3) + e_2P_2(z_1 | X_3) = 0.5 \times 0.1 + 0.5 \times 0.089 \approx 0.1$

$P_2(z_2) = e_1P_1(z_2 | X_3) + e_2P_2(z_2 | X_3) = 0.5 \times 0.15 + 0.5 \times 0.021 \approx 0.1$

$P_2(z_3) = e_1P_1(z_3 | X_3) + e_2P_2(z_3 | X_3) = 0.5 \times 0.75 + 0.5 \times 0.89 \approx 0.8$

若此时决策小组收集到有利于火灾状态 z_j 出现新的信息 $N_i(i = 1, 2, 3)$，专家 1 给出的先验概率分别为：

$P_1(X_1 | z_1) = 0.6$，$P_1(X_2 | z_1) = 0.2$，$P_1(X_3 | z_1) = 0.2$

$P_1(X_1 | z_2) = 0.3$，$P_1(X_2 | z_2) = 0.4$，$P_1(X_3 | z_2) = 0.1$

$P_1(X_1 | z_3) = 0.5$，$P_1(X_2 | z_3) = 0.1$，$P_1(X_3 | z_3) = 0.2$

专家 2 给出的先验概率分别为：

$P_2(X_1|z_1)=0.5$，$P_2(X_2|z_1)=0.1$，$P_2(X_3|z_1)=0.2$

$P_2(X_1|z_2)=0.4$，$P_2(X_2|z_2)=0.3$，$P_2(X_3|z_2)=0.1$

$P_2(X_1|z_3)=0.8$，$P_3(X_2|z_3)=0.1$，$P_3(X_3|z_3)=0.1$

根据专家 1 给出的先验概率计算后验概率为：

$P_1(z_1|X_1)=0.12$，$P_1(z_2|X_1)=0.06$，$P_1(z_3|X_1)=0.82$

$P_1(z_1|X_2)=0.14$，$P_1(z_2|X_2)=0.29$，$P_1(z_3|X_2)=0.57$

$P_1(z_1|X_3)=0.11$，$P_1(z_2|X_3)=0.05$，$P_1(z_3|X_3)=0.84$

此时决策小组收集到新的信息 X_j，$j=1, 2, 3$，已知专家 1 的先验概率计算出后验概率，再根据火灾处于不同状态时采取不同实施方案的效用，得出专家 1 收集到信息 X_1 时的期望效用分别为：$U_1(\alpha_{21})=101$，$U_1(\alpha_{22})=57$，$U_1(\alpha_{23})=150$；收集到信息 X_2 时的期望效用分别为：$U_2(\alpha_{21})=80$，$U_2(\alpha_{22})=120$，$U_2(\alpha_{23})=69$；收集到信息 X_3 时的期望效用分别为：$U_3(\alpha_{21})=140$，$U_3(\alpha_{22})=70$，$U_3(\alpha_{23})=90$。

因此专家 1 所收集到的信息与采取方案的对应关系为：若收集到信息 X_1，则采取方案 a_{23}；若收集到信息 X_2，则采取方案 a_{22}；若收集到信息 X_3，则采取方案 a_{21}。用同样的方法得出专家 2 在收集到各种信息时的效用：

$U'_1(\alpha_{21})=81$，$U'_1(\alpha_{22})=60$，$U'_1(\alpha_{23})=132$，从而 $U'_1(\alpha_{23})>U'_1(a_{21})>U'_1(a_{22})$

$U'_2(\alpha_{21})=78$，$U'_2(\alpha_{22})=131$，$U'_2(\alpha_{23})=70$，从而 $U'_2(\alpha_{22})>U'_2(a_{21})>U'_2(a_{23})$

$U'_3(\alpha_{21})=140$，$U'_3(\alpha_{22})=70$，$U'_3(\alpha_{23})=90$，从而 $U'_3(\alpha_{21})>U'_3(a_{23})>U'_3(a_{22})$

通过计算得出所收集到的信息与采用方案的关系和专家 1 完全相同。

综上所述，在第二阶段，危机管理者在两个专家的建议基础上得到如下救援方案：

（1）若危机管理者收集到的信息为 X_1，应该采用方案 a_{23}，即向与 A 区相邻的 B 区及市级救援中心请求支援，此时的期望收益最大为：$U=0.5\times150+0.5\times132=141$。

（2）若危机管理者收集到的信息为 X_2，应该采用方案 a_{22}，即向 B 区和 C 区请求支援，此时的期望收益最大为：$U=0.5\times150+0.5\times132=141$。

（3）若危机管理者收集到的信息为 X_3，应该采用方案 a_{21}，即向 B 区请求支援，此时的期望收益最大为：$U=0.5\times121+0.5\times140=131$。

危机管理是资源的集结与事件的发展、应急决策和资源冲突以及不同利益群体之间资源互动与博弈的过程。在危机响应过程中，应急决策方案的动态调整是一个非常复杂和亟待解决的问题。本书针对危机管理过程中应急响应的时效性和动态性，建立了基于不完全信息的多阶段危机决策方案的动态博弈模型。该模型体现了危机管理者在危机管理过程中根据随时演变的事故情景科学合理地进行方案调整的要求，具有一定的实际应用价值。

本章小结

应急决策是城市群公共危机管理中的核心问题，如何在危机发生时快速准确地进行应急方案选择是学术界研究的焦点。目前的研究没有考虑到专家在决策时的犹豫度，而 Atanassov 提出的区间直觉模糊集非常适合处理应急决策中的不确定性问题。另外，由于危机事件的状态是在不断变化的，危机管理人员需要根据事件发展趋势动态地调整管理活动。因此，本章分别从静态和动态的视角研究了城市群公共危机应急决策问题。首先，在专家权重和属性权重未知的情形下，提出了一个基于中位数和熵测度的区间直觉模糊多属性群决策模型，并通过火灾应急方案的选择案例，说明该方法的可行性和有效性。与已有文献相比，该方法不仅更能体现人类的思维过程，而且可以减少信息的丢失。其次，建立了基于不完全信息动态博弈的危机决策模型，并分析了危机管理中管理者与危机事件之间的动态博弈过程，以便为危机管理者应急方案的形成提供决策支持。

第六章　城市群公共危机管理评价研究

在城市群公共危机应急决策中，一方面，在危机发生时，快速选择出合适有效的应急方案是应急决策中极其关键的问题；另一方面，对城市群公共危机管理进行评价也是非常重要的内容。城市群公共危机管理评价是公共危机管理中一个极其重要的环节。通过评价，可以完善政府危机管理体系，提高政府危机管理水平，避免或减少同类城市群公共危机事件再次发生。为了对应急决策效果及危机管理的能力进行评价，针对城市群公共危机的复杂性及信息不完全性，本章综合运用模糊 AHP 和模糊 TOPSIS 等模糊多属性群决策方法，分别从危机前风险管理绩效评估和危机后管理能力评价两个角度，对城市群公共危机管理进行评价。

第一节　危机前的评估——基于模糊 AHP 和模糊 TOPSIS 的公共危机风险管理绩效评估

公共危机风险管理是城市群公共危机管理中非常关键的问题。根据澳大利亚危机管理中心的定义，公共危机风险管理是一个系统的管理过程，指危机管理的主体通过风险识别，衡量和决策，以最低成本使风险所致的各种损失降到最低限度的管理方法（Newman 等，2004）。公共危机风险管理绩效评估是评判以政府为主体包括非政府公共组织在内的公共部门在危机风险管理中计划、决策、组织、控制等工作的水平，既是对政府已有危机风险管理意识、能力和业绩的评估，又是制定未来政府公共危机风险管理政策的重要条件。世界卫生组织结合 SARS 防治具体案例，对各国公共卫生应急反应体系的 SARS 防治绩效进行评价（WHO，2003）。西班牙学者 Carreño 等（2007）提出了灾害风险管理的指标体系。我国学者张小明（2007）设计了公共危机事前风险管理机制和评估流程。意大利著名危机管理专家 Lettieri 等（2009）通过对当前的危机管理文献的系统分

析，指出目前对危机管理绩效的研究比较稀少，没有有效的测量评估，则很难理解当前的危机管理政策是否成功。

目前对公共危机风险管理的研究主要集中在指标体系上，且大部分都是采用精确数值来量化决策者们的主观意见和决策信息。本书借助于模糊数学的理论对危机风险管理绩效进行评估，可以克服专家在评估时的模糊不确定性，使得决策结果更加符合客观实际。

一、城市群公共危机风险管理绩效评估指标体系

指标的建立是一个系统工作，既不能以点代面，也不能以偏概全，应避免指标之间的交叉和耦合，体现评价的科学性、有效性、简洁性、可比性、完备性等。科学、合理、全面地建立公共危机风险管理系统的绩效评价指标体系是进行量化评价的基础。本书根据公共危机管理理论，借鉴近年来国内外学者的研究成果（张小明，2007；Carreño 等，2007；陈升等，2010；Henstra，2010），提出符合我国实际的危机风险管理绩效评价的指标体系。该体系包含风险识别、风险减缓和风险处理 3 个一级指标以及危险源监控与评估、预警系统、关键基础设施保护、基于风险的土地使用计划、危机培训和教育以及法律保障 6 个二级指标。危机风险管理绩效评估的层次结构如图 6－1 所示。

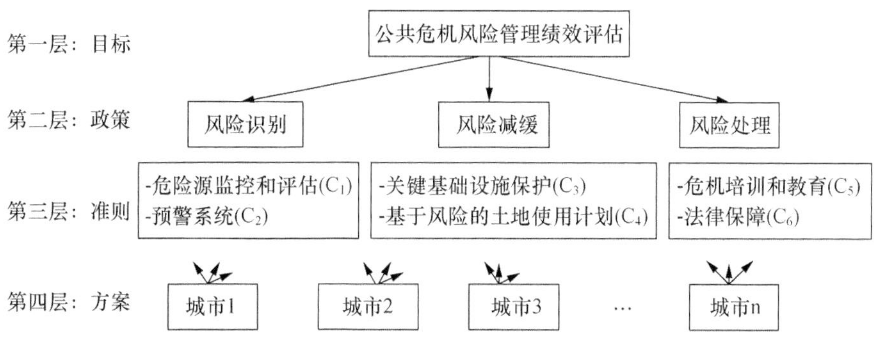

图 6－1　公共危机风险管理绩效评估的层次结构

风险识别指找出危机管理主体面临的各种风险，识别并确认潜伏的风险。一方面，要鉴别风险的来源、范围，弄清楚哪些因素可能会导致危机的发生，做好危险源普查工作和脆弱性评估工作；另一方面，在可能发生危机的警源上设置警情指标，以及对呈现出来的危机信号和征兆进行严密的动态监控。

风险减缓指应用一些措施，要么阻止一些危机发生，要么减少即将发生的危机的影响。它包括两项指标：关键基础设施保护和基于风险的土地使用计划。诸

如电力、水利、交通等基础设施一旦破坏，可能会严重威胁到公民的安全和保障，因此要加强其抵抗力和弹性，在系统出现故障的情况下迅速恢复。严格的土地使用计划可以减少人员和财产在危险区域的暴露。

风险处理是指选择应对风险的合适策略和手段并加以执行，它包括风险管理的培训和教育以及法律保障。一方面，要加强对风险管理者和公民的危机知识培训，提高危机意识；另一方面，要完善危机风险管理的法律法规。

二、基于模糊 AHP 和模糊 TOPSIS 的风险管理绩效评估模型

（一）模糊多属性群决策的一般框架

多属性群决策已被确认为一种非常有效的技术，它可以提高最终决策结果的总体满意度。在群决策中，决策者首次根据评价指标，分别给出评价结果，然后再把评价结果集结以获得最终的评估值。表 6－1 给出了多属性群决策问题的一般形式。

假设一多属性群决策问题，方案集为$(A_1, A_2, \cdots, A_m)$，属性集为$(C_1, C_2, \cdots, C_n)$，决策者集为$(DM_1, DM_2, \cdots, DM_P)$，第 k 个评价者对方案 A_i 关于属性 C_j 的评估值记为$^kV(C_j(A_i))$，$i=1, 2, \cdots, m$，$j=1, 2, \cdots, n$，$k=1, 2, \cdots, P$。

表 6－1　多属性群决策的一般框架

方案	DM_1			…	DM_P		
	C_1	…	C_n	$C_1 \cdots C_n$	C_1	…	C_n
A_1	$^1V(C_1(A_1))$	…	$^1V(C_n(A_1))$	…	$^PV(C_1(A_1))$	…	$^PV(C_n(A_1))$
⋮	…	…	…	…	…	…	…
A_m	$^1V(C_1(A_m))$	…	$^1V(C_n(A_m))$	…	$^PV(C_1(A_m))$		$^PV(C_n(A_m))$

（二）模糊集和模糊数

定义 6.1（三角模糊数）模糊集理论是由 Zadeh 提出的一种处理模糊不确定性知识的数学工具。三角模糊数是在模糊集理论基础上发展起来的，它通过对不确定事物采用可能发生的最大值、最小值以及最有可能值所组成的三元数序进行精确描述，以模拟事物发展变化的过程（Zimmerman，1996；Tai 等，2009）。本书应用三角模糊数表示模糊层次分析法中各方案间的判断比较，其定义如下：

三角模糊数是指论域 R 上的模糊数 $\tilde{a}=(l, m, u)$，其中，$0<l\leq m\leq u$，其隶属函数 $\mu_{\tilde{a}}: R\rightarrow[0, 1]$ 表示为：

$$\mu_{\tilde{a}(x)}=\begin{cases}\dfrac{x-l}{m-l} & l<x\leqslant m\\ \dfrac{u-x}{u-m} & m<x\leqslant u\\ 0 & \text{其他}\end{cases}$$

定义 6.2（距离公式）设 $\tilde{a}_1=(l_1, m_1, u_1)$ 和 $\tilde{a}_2=(l_2, m_2, u_2)$ 为两个三角模糊数，则两者的距离为：

$$d(\tilde{a}_1, \tilde{a}_2)=\sqrt{\frac{1}{3}[(l_1-l_2)^2+(m_1-m_2)^2+(u_1-u_2)^2]} \tag{6-1}$$

定义 6.3（运算法则）　设 $\tilde{a}_1=(l_1, m_1, u_1)$ 和 $\tilde{a}_2=(l_2, m_2, u_2)$ 为两个三角模糊数，则它们的运算法则为：

$\tilde{a}_1\oplus\tilde{a}_2=(l_1+l_2, m_1+m_2, u_1+u_2)$

$\tilde{a}_1-\tilde{a}_2=(l_1-l_2, m_1-m_2, u_1-u_2)$

$\tilde{a}_1\otimes\tilde{a}_2=(l_1\times l_2, m_1\times m_2, u_1\times u_2)$

$\dfrac{\tilde{a}_1}{\tilde{a}_2}=\left(\dfrac{l_1}{u_2}, \dfrac{m_1}{m_2}, \dfrac{u_1}{l_2}\right)$

$\tilde{a}_1\otimes k=(l_1\otimes k, m_1\otimes k, u_1\otimes k)$，其中 k 为常数。

（三）模糊层次分析法

层次分析法（AHP）是美国运筹学家 Satty 首先提出的一种定性和定量相结合的多属性决策方法，已被广泛应用到各领域（Satty，1996；Vaidya 等，2006；Ho，2008）。在实际决策中，由于评价过程的随机性、专家的不确定性及认知上的模糊性，决策者很难用精确值表示它们的偏好信息，因此许多学者对 AHP 方法进行改进，提出了各种处理模糊判断矩阵的方法，扩展了其适用范围。例如，Chang（1996）提出了一种处理三角模糊数组成的对比矩阵获得权重的方法。Wang 等（2008）学者指出 Chang 方法的不足之处，提出了一种改进模糊一致矩阵的权重计算方法。下面简单介绍一下 Wang 的模糊层次分析法。假设三角模糊判断矩阵 $\tilde{A}$ 如下所示：

$$\tilde{A}=(\tilde{a}_{ij})_{n\times n}=\begin{bmatrix}(1, 1, 1) & (l_{12}, m_{12}, u_{12}) & \cdots & (l_{1n}, m_{1n}, u_{1n})\\ (l_{21}, m_{21}, u_{21}) & (1, 1, 1) & \cdots & (l_{2n}, m_{2n}, u_{2n})\\ \vdots & \vdots & \vdots & \vdots\\ (l_{n1}, m_{n1}, u_{n1}) & (l_{n2}, m_{n2}, u_{n2}) & \cdots & (1, 1, 1)\end{bmatrix}$$

式中，$\tilde{a}_{ij}=(l_{ij}, m_{ij}, u_{ij})=\tilde{a}_{ji}^{-1}=\left(\dfrac{1}{u_{ji}}, \dfrac{1}{m_{ji}}, \dfrac{1}{l_{ji}}\right)$，i，j=1，…，n，并且 $i\neq j$。

步骤一：对模糊判断矩阵 $\tilde{A}$ 的各行求和。

$$RS_i=\sum_{j=1}^{n}\tilde{a}_{ij}=\left(\sum_{j=1}^{n}l_{ij}, \sum_{j=1}^{n}m_{ij}, \sum_{j=1}^{n}u_{ij}\right), i=1,\cdots,n \tag{6-2}$$

步骤二：对每行的和进行标准化处理。

$$\tilde{S}_i = \frac{RS_i}{\sum_{j=1}^{n} RS_j} = \left[\frac{\sum_{j=1}^{n} l_{ij}}{\sum_{j=1}^{n} l_{ij} + \sum_{k=1,k\neq i}^{n} \sum_{j=1}^{n} u_{kj}}, \frac{\sum_{j=1}^{n} m_{ij}}{\sum_{k=1}^{n} \sum_{j=1}^{n} m_{kj}}, \frac{\sum_{j=1}^{n} u_{ij}}{\sum_{j=1}^{n} u_{ij} + \sum_{k=1,k\neq i}^{n} \sum_{j=1}^{n} l_{kj}} \right], i = 1, \cdots, n \quad (6-3)$$

步骤三：计算 $\tilde{S}_i$ 相对 $\tilde{S}_j$ 重要的可能度。

$$V(\tilde{S}_i \geqslant \tilde{S}_j) = \begin{cases} 1 & m_i \geqslant m_j \\ \dfrac{u_i - l_j}{(u_i - m_i) + (m_j - l_j)} & l_j \leqslant u_i, \quad i,\ j = 1,\ \cdots,\ n,\ j \neq i \\ 0 & \text{其他} \end{cases} \quad (6-4)$$

式中，$\tilde{S}_i = (l_i, m_i, u_i)$，$\tilde{S}_j = (l_j, m_j, u_j)$。

步骤四：计算 $\tilde{S}_i$ 相对其他 n－1 个模糊数重要的可能度。

$$V(\tilde{S}_i \geqslant \tilde{S}_j \mid j = 1, \cdots, n;\ j \neq i) = \min_{j \in \{1, \cdots, n\}, j \neq i} V(\tilde{S}_i \geqslant \tilde{S}_j),\ i = 1,\ \cdots,\ n \quad (6-5)$$

步骤五：确定模糊判断矩阵 $\tilde{A}$ 的排序向量 $w = \{w_1, w_2, \cdots, w_n\}^T$。

$$w_i = \frac{V(\tilde{S}_i \geqslant \tilde{S}_j \mid j = 1, \cdots, n; j \neq i)}{\sum_{k=1}^{n} V(\tilde{S}_k \geqslant \tilde{S}_j \mid j = 1, \cdots, n; j \neq i)}, i = 1, \cdots, n \quad (6-6)$$

式中，权重 w 为一精确值。

（四）模糊 TOPSIS

TOPSIS 是系统工程中有限方案多准则决策分析方法（Hwang 等，1981），该方法通过构造多指标问题的理想解和负理想解，并以靠近理想解和远离负理想解两个评价判据为基准对各可行方案进行排序，具有几何意义直观、计算量少以及信息失真小等优点，在多属性决策领域有着广泛的应用（Chen 等，2008；Wang 等，2009）。由于专家在公共危机风险管理绩效评估中的模糊不确定性，将评价结果用模糊数表示，不仅更加符合现实中的决策情形，而且可以处理绩效评估中的定量、定性及不确定性因素，客观评价危机风险管理绩效水平。具体步骤如下：

步骤一：确定属性权重。

本文运用模糊 AHP 方法确定属性权重。

步骤二：构建模糊决策矩阵，并选择合适的关于方案属性的语言变量。

假设有 m 个方案 A_i（i＝1，⋯，m），n 个属性 C_j（j＝1，⋯，n），则模糊多属性决策矩阵如下所示：

$$\tilde{D}=\begin{matrix} & C_1 & C_2 & \cdots & C_n \\ A_1 & \tilde{x}_{11} & \tilde{x}_{12} & \cdots & \tilde{x}_{1n} \\ A_2 & \tilde{x}_{21} & \tilde{x}_{22} & \cdots & \tilde{x}_{2n} \\ \vdots & \vdots & \vdots & \ddots & \vdots \\ A_m & \tilde{x}_{m1} & \tilde{x}_{m2} & \cdots & \tilde{x}_{mn} \end{matrix},\ w=\{w_1,\ w_1,\ \cdots,\ w_n\}^T \tag{6-7}$$

式中，$\tilde{x}_{ij}$是第 i 个方案 A_i 关于第 j 个属性 C_j 的效用值，并且 $\tilde{x}_{ij}=(l_{ij},\ m_{ij},\ u_{ij})$ 为三角模糊数。

步骤三：标准化决策矩阵。

对原始数据进行归一化处理，以消除所产生的各种测量尺度的异常。标准化矩阵 $\tilde{R}$ 如式（6－8）所示。

$$\tilde{R}=[\tilde{r}_{ij}]_{m\times n},\ i=1,\ \cdots,\ m,\ j=1,\ \cdots,\ n \tag{6-8}$$

式中，效益型指标（B）和成本型指标（C）的计算如式（5－9）所示：

$$\tilde{r}_{ij}=\begin{cases}\left(\dfrac{l_{ij}}{u_j^+},\ \dfrac{m_{ij}}{u_j^+},\ \dfrac{u_{ij}}{u_j^+}\right), & u_j^+=\max\limits_i u_{ij},\ j\in B \\ \left(\dfrac{l_j^-}{u_{ij}},\ \dfrac{l_j^-}{m_{ij}},\ \dfrac{l_j^-}{l_{ij}}\right), & l_j^-=\min\limits_i l_{ij},\ j\in C\end{cases} \tag{6-9}$$

标准化的 $\tilde{r}_{ij}$ 仍为三角模糊数，并且加权标准化矩阵如式（5－10）和式（5－11）所示。

$$\tilde{V}=[\tilde{v}_{ij}]_{m\times n},\ i=1,\ \cdots,\ m,\ j=1,\ \cdots,\ n \tag{6-10}$$

$$\tilde{v}_{ij}=\tilde{r}_{ij}\otimes w_j \tag{6-11}$$

步骤四：确定模糊正理想解和模糊负理想解。

因为三角模糊在区间［0，1］内，因此模糊正理想解 A^+ 和模糊负理想解 A^- 的定义如下：

$$A^+=(\tilde{v}_1^+,\ \tilde{v}_2^+,\ \cdots,\ \tilde{v}_n^+),\ A^-=(\tilde{v}_1^-,\ \tilde{v}_2^-,\ \cdots,\ \tilde{v}_n^-) \tag{6-12}$$

式中，$\tilde{v}_j^+=(1,\ 1,\ 1)$，$\tilde{v}_j^-=(0,\ 0,\ 0)$，$j=1,\ \cdots,\ n$

步骤五：计算各方案与正负理想解的距离。

$$d_i^+=\sum_{j=1}^{n}d(\tilde{v}_{ij},\tilde{v}_j^+),i=1,\cdots,m \tag{6-13}$$

$$d_i^-=\sum_{j=1}^{n}d(\tilde{v}_{ij},\tilde{v}_j^-),i=1,\cdots,m \tag{6-14}$$

式中，$d(\tilde{v}_{ij},\ \tilde{v}_j^+)$ 表示两个模糊数之间的距离，由式（6－1）计算得出，d_i^+ 表示各方案与正理想解之间的距离，d_i^- 表示各方案与负理想解之间的距离。

步骤六：计算相对贴近度

$$\varphi_i=\frac{d_i^-}{d_i^-+d_i^+},\ i=1,\ \cdots,\ m \tag{6-15}$$

（五）基于模糊 AHP 和模糊 TOPSIS 的公共危机风险管理绩效评估方法

本书提出了一个改进的 TOPSIS 方法来集结决策者们的评估结果。首先，运用模糊 AHP 和模糊 TOPSIS 方法获得每位专家的评价结果，然后再集结各评价结果，具体流程如图 6－2 所示。

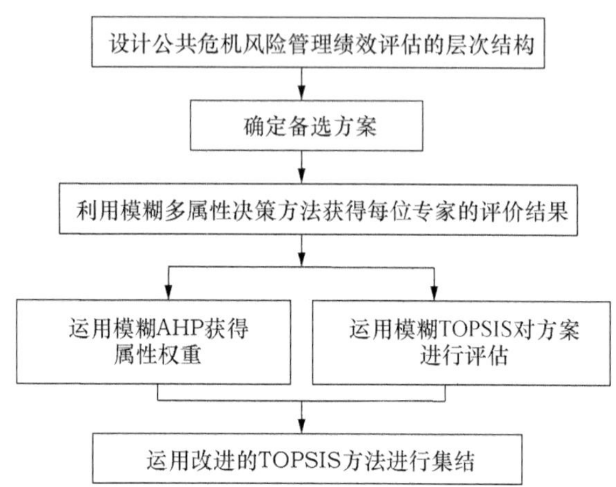

图 6－2 基于模糊 AHP 和模糊 TOPSIS 的公共危机风险管理绩效评估流程

假设有 P 位专家组成评价小组，记为 $G=(DM_1, DM_2, \cdots, DM_p)$，专家的权重记为 $\lambda=\{\lambda_1, \lambda_2, \cdots, \lambda_p\}^T$，满足归一化条件，$0 \leqslant \lambda_p \leqslant 1$，$\sum_{p=1}^{P} \lambda_p = 1$。具体评价步骤如下：

步骤一：确定评估小组，并构建公共危机风险管理绩效评估的指标层次结构。

步骤二：运用的模糊层次分析法获得每位专家关于属性的权重向量 w^p。

$w^p=\{w_1^p, w_2^p, \cdots, w_n^p\}^T$，$p=1, \cdots, P$

步骤三：计算每位专家关于各方案 A_i 的相对贴近度 ${}^p\varphi(A_i)$。

$${}^p\varphi(A_i)=\frac{{}^pd_i^-}{{}^pd_i^+ + {}^pd_i^-}, \quad i=1, \cdots, m, \quad p=1, \cdots, P \tag{6-16}$$

其次，确定群相对贴近度矩阵 C，进一步，将群相对贴近度矩阵与专家权重集结，获得加权相对贴近度矩阵。

$$C=\begin{bmatrix} {}^1\varphi(A_1) & {}^2\varphi(A_1) & \cdots & {}^P\varphi(A_1) \\ {}^1\varphi(A_2) & {}^2\varphi(A_2) & & {}^P\varphi(A_2) \\ \vdots & \vdots & \ddots & \vdots \\ {}^1\varphi(A_m) & {}^2\varphi(A_m) & & {}^P\varphi(A_m) \end{bmatrix} \tag{6-17}$$

$$C\lambda=\begin{bmatrix}\lambda_1^1\varphi(A_1) & \lambda_2^2\varphi(A_1) & \cdots & \lambda_P^P\varphi(A_1)\\ \lambda_1^1\varphi(A_2) & \lambda_2^2\varphi(A_2) & & \lambda_P^P\varphi(A_2)\\ \vdots & \vdots & \ddots & \vdots\\ \lambda_1^1\varphi(A_m) & \lambda_2^2\varphi(A_m) & & \lambda_P^P\varphi(A_m)\end{bmatrix} \quad (6-18)$$

最后，我们用经典的 TOPSIS 方法获得群正理想解和群负理想解。

步骤四：确定群正理想解 A_G^+ 和群负理想解 A_G^-。

$$A_G^+=(V_{G1}^+,\ V_{G2}^+,\ \cdots,\ V_{GP}^+)=(\max_i\lambda_1^1\varphi(A_i),\ \max_i\lambda_2^2\varphi(A_i),\ \cdots,\ \max_i\lambda_P^P\varphi(A_i)) \quad (6-19)$$

$$A_G^-=(V_{G1}^-,\ V_{G2}^-,\ \cdots,\ V_{GP}^-)=(\min_i\lambda_1^1\varphi(A_i),\ \min_i\lambda_2^2\varphi(A_i),\ \cdots,\ \min_i\lambda_P^P\varphi(A_i)) \quad (6-20)$$

步骤五：计算各方案与群正理想解和群负理想解的距离。

$$d_{Gi}^+=\sqrt{\sum_{p=1}^P(\lambda_1^p\varphi(A_i)-V_{Gp}^+)^2},\ i=1,\ \cdots,\ m \quad (6-21)$$

$$d_{Gi}^-=\sqrt{\sum_{p=1}^P(\lambda_1^p\varphi(A_i)-V_{Gp}^-)^2},\ i=1,\ \cdots,\ m \quad (6-22)$$

步骤六：计算各方案的群相对贴近度 φ_{Gi}，并对方案排序。

$$\varphi_G(A_i)=\frac{d_{Gi}^-}{d_{Gi}^-+d_{Gi}^+},\ i=1,\ \cdots,\ m \quad (6-23)$$

三、算例分析

接下来，我们通过算例分析说明基于模糊 AHP 和模糊 TOPSIS 的多属性群决策方法在城市群公共危机风险管理绩效评估中的应用。

（一）确定专家小组，并构建绩效评估指标体系的层次结构

假设我们对长三角城市群的 4 个城市：上海（A_1）、苏州（A_2）、南京（A_3）、杭州（A_4）的危机风险管理绩效进行评估。首先确定由来自政府部门和危机研究所的三位专家组成的评估小组，记为（DM_1，DM_2，DM_3），然后构建评估的层次指标体系，如图 6－1 所示。

（二）通过模糊 AHP 方法计算出每位专家对属性的权重

针对专家意见具有模糊性和不确定性的特点，运用三角模糊语言变量描述属性的重要性以及各方案在属性下的评估值，如表 6－2 和表 6－3 所示。根据危机风险管理绩效评估的层次分析模型，制定问卷调查表，并发放给从该领域聘请的三位专家。专家根据自己对问题的认识和经验，对各属性的重要性进行评价，如表 6－4 所示。

运用式（6－2）至式（6－6）计算各专家对属性的权重，专家 1 关于属性的权重具体运算过程如下。

表 6-2 属性重要性的语言变量

语言变量	三角模糊数	三角模糊倒数
同等重要	(1, 1, 1)	(1, 1, 1)
稍微重要	(1/2, 1, 3/2)	(2/3, 1, 2)
较重要	(1, 3/2, 2)	(1/2, 2/3, 1)
明显重要	(3/2, 2, 5/2)	(2/5, 1, 2/3)
非常重要	(2, 5/2, 3)	(1/3, 2/5, 1/2)
极端重要	(5/2, 3, 7/2)	(2/7, 1/3, 2/5)

表 6-3 各方案的语言变量及对应的模糊数

语言变量	三角模糊数
非常差	(0, 1, 3)
差	(1, 3, 5)
一般	(3, 5, 7)
良好	(5, 7, 9)
优秀	(7, 9, 10)

表 6-4 专家 1 关于属性的判断矩阵

属性	C_1	C_2	C_3	C_4	C_5	C_6	w_1
C_1	(1, 1, 1)	(2/3, 1, 2)	(2/3, 1, 2)	(5/2, 3, 7/2)	(2/5, 1/2, 2/3)	(2, 5/2, 3)	0.23
C_2	(1/2, 1, 3/2)	(1, 1, 1)	(2/5, 1/2, 2/3)	(2, 5/2, 3)	(1/2, 1, 3/2)	(2/7, 1/3, 2/5)	0.13
C_3	(1/2, 1, 3/2)	(3/2, 2, 5/2)	(1, 1, 1)	(1/2, 1, 3/2)	(2, 5/2, 3)	(1, 3/2, 2)	0.23
C_4	(2/7, 1/3, 2/5)	(1/3, 2/5, 1/2)	(2/3, 1, 2)	(1, 1, 1)	(2/5, 1/2, 2/3)	(1/2, 2/3, 1)	0.03
C_5	(3/2, 2, 5/2)	(2/3, 1, 2)	(1/3, 2/5, 1/2)	(3/2, 1, 5/2)	(1, 1, 1)	(1, 3/2, 2)	0.19
C_6	(1/3, 2/5, 1/2)	(5/2, 3, 7/2)	(1/2, 2/3, 1)	(1, 3/2, 2)	(1/2, 2/3, 1)	(1, 1, 1)	0.17

$$
\begin{aligned}
RS_1 &= \sum_{j=1}^{n} \tilde{a}_{1j} = (1, 1, 1) \oplus \left(\frac{2}{3}, 1, 2\right) \oplus \left(\frac{2}{3}, 1, 2\right) \oplus \left(\frac{5}{2}, 3, \frac{7}{2}\right) \\
&\quad \left(\frac{2}{5}, \frac{1}{2}, \frac{2}{3}\right) \oplus \left(2, \frac{5}{2}, 3\right) \\
&= \left(1 + \frac{2}{3} + \frac{2}{3} + \frac{5}{3} + \frac{2}{5} + 2, 1 + 1 + 1 + 3 + \frac{1}{2} + \frac{5}{2}, 1 + 2 + 2 + \frac{7}{2} + \frac{2}{3} + 3\right) \\
&= (7.23, 9.00, 12.17)
\end{aligned}
$$

$$RS_2 = \sum_{j=1}^{n} \tilde{a}_{2j} = \left(\frac{1}{2},\ 1,\ \frac{3}{2}\right) \oplus (1,\ 1,\ 1) \oplus \left(\frac{2}{5},\ \frac{1}{2},\ \frac{2}{3}\right) \oplus \left(2,\ \frac{5}{2},\ 3\right) \oplus \left(\frac{1}{2},\ 1,\ \frac{3}{2}\right) \oplus \left(\frac{2}{7},\ \frac{1}{3},\ \frac{2}{5}\right)$$

$$= \left(\frac{1}{2} + 1 + \frac{2}{5} + 2 + \frac{1}{2} + \frac{2}{7},\ 1 + 1 + \frac{1}{2} + \frac{5}{2} + 1 + \frac{2}{5},\ \frac{3}{2} + 1 + \frac{2}{3} + 3 + \frac{3}{2} + \frac{2}{5}\right)$$

$$= (4.69,\ 6.33,\ 8.07)$$

$$RS_3 = \sum_{j=1}^{n} \tilde{a}_{3j} = \left(\frac{1}{2},\ 1,\ \frac{3}{2}\right) \oplus \left(\frac{2}{3},\ 2,\ \frac{5}{2}\right) \oplus (1,\ 1,\ 1) \oplus \left(\frac{1}{2},\ 1,\ \frac{3}{2}\right) \oplus \left(2,\ \frac{5}{2},\ 3\right) \oplus \left(1,\ \frac{3}{2},\ 2\right)$$

$$= \left(\frac{1}{2} + \frac{2}{3} + 1 + \frac{1}{2} + 2 + 1,\ 1 + 2 + 1 + 1 + \frac{5}{2} + \frac{3}{2},\ \frac{3}{2} + \frac{5}{2} + 1 + \frac{3}{2} + 3 + 2\right)$$

$$= (4.67,\ 9.00,\ 11.50)$$

$$RS_4 = \sum_{j=1}^{n} \tilde{a}_{4j} = \left(\frac{7}{2},\ \frac{1}{3},\ \frac{2}{5}\right) \oplus \left(\frac{1}{3},\ \frac{2}{5},\ \frac{1}{2}\right) \oplus \left(\frac{2}{3},\ 1,\ 2\right) \oplus (1,\ 1,\ 1) \oplus \left(\frac{2}{5},\ \frac{1}{2},\ \frac{2}{3}\right) \oplus \left(\frac{1}{2},\ \frac{2}{3},\ 1\right)$$

$$= \left(\frac{7}{2} + \frac{1}{3} + \frac{2}{3} + 1 + \frac{2}{5} + \frac{1}{2},\ \frac{1}{3} + \frac{2}{5} + 1 + 1 + \frac{1}{2} + \frac{2}{3},\ \frac{2}{5} + \frac{1}{2} + 2 + 1 + \frac{2}{3} + 1\right)$$

$$= (6.40,\ 3.90,\ 5.57)$$

$$RS_5 = \sum_{j=1}^{n} \tilde{a}_{5j} = \left(\frac{3}{2},\ 2,\ \frac{5}{2}\right) \oplus \left(\frac{2}{3},\ 1,\ 2\right) \oplus \left(\frac{1}{3},\ \frac{2}{5},\ \frac{1}{2}\right) \oplus \left(\frac{3}{2},\ 1,\ \frac{5}{2}\right) \oplus (1,\ 1,\ 1) \oplus \left(1,\ \frac{3}{2},\ 2\right)$$

$$= \left(\frac{3}{2} + \frac{2}{3} + \frac{1}{3} + \frac{3}{2} + 1 + 1,\ 2 + 1 + \frac{2}{5} + 1 + 1 + \frac{3}{2},\ \frac{5}{2} + 2 + \frac{1}{2} + \frac{5}{2} + 1 + 2\right)$$

$$= (6.00,\ 6.90,\ 10.50)$$

$$RS_6 = \sum_{j=1}^{n} \tilde{a}_{5j} = \left(\frac{1}{3},\ \frac{2}{5},\ \frac{1}{2}\right) \oplus \left(\frac{5}{2},\ 3,\ \frac{7}{2}\right) \oplus \left(\frac{1}{2},\ \frac{2}{3},\ 1\right) \oplus \left(1,\ \frac{3}{2},\ 2\right) \oplus \left(\frac{1}{2},\ \frac{2}{3},\ 1\right) \oplus (1,\ 1,\ 1)$$

$$= \left(\frac{1}{3} + \frac{5}{2} + \frac{1}{2} + 1 + \frac{1}{2} + 1,\ \frac{2}{5} + 3 + \frac{2}{3} + \frac{3}{2} + \frac{2}{3} + 1,\ \frac{1}{2} + \frac{7}{2} + 1 + 2 + 1 + 1\right)$$

$$=(5.83, 7.23, 9.00)$$

$$\widetilde{S}_1=\left(\frac{7.23}{7.23+12.17+8.07+11.5+5.57+10.5+9}, \frac{9}{9+6.23+9+3.9+6.9+7.23}, \frac{12.17}{12.17+4.69+4.67+6.4+6+5.83}\right)$$

$$=\left(\frac{7.23}{51.64}, \frac{9}{42.26}, \frac{12.17}{38.03}\right)$$

$$=(0.14, 0.21, 0.32)$$

$$\widetilde{S}_2=\left(\frac{4.69}{4.69+12.17+11.05+5.57+10.05+9.00}, \frac{6.23}{6.23+9+9+3.9+6.9+7.23}, \frac{8.07}{8.07+7.23+4.67+6.4+6+5.83}\right)$$

$$=\left(\frac{4.69}{53.43}, \frac{9}{41.53}, \frac{12.17}{36.68}\right)$$

$$=(0.09, 0.15, 0.22)$$

$$\widetilde{S}_3=\left(\frac{4.67}{4.67+12.17+8.03+5.57+10.50+9.00}, \frac{9.00}{9.00+9.00+6.23+3.9+6.9+7.23}, \frac{11.50}{11.50+7.23+4.69+6.40+6.00+5.83}\right)$$

$$=\left(\frac{4.67}{36.00}, \frac{9.00}{42.86}, \frac{11.50}{38.33}\right)$$

$$=(0.13, 0.21, 0.30)$$

$$\widetilde{S}_4=\left(\frac{6.40}{6.40+12.17+8.07+11.50+10.50+9.00}, \frac{3.90}{3.90+9.00+6.23+9.00+6.90+7.23}, \frac{5.57}{5.57+7.23+4.69+4.67+6.00+5.83}\right)$$

$$=(0.06, 0.09, 0.16)$$

$$\widetilde{S}_5=\left(\frac{6.00}{6.00+12.17+8.07+11.50+5.57+9.00}, \frac{6.90}{9.00+6.33+9.00+3.90+6.90+7.23}, \frac{10.50}{10.50+7.23+4.67+4.69+6.40+5.83}\right)$$

$$=\left(\frac{6.00}{54.55}, \frac{6.90}{38.33}, \frac{10.50}{37.50}\right)$$

$$=(0.11, 0.18, 0.28)$$

$$\widetilde{S}_6=\left(\frac{5.83}{5.83+7.23+4.69+4.67+6.40+6.00}, \frac{7.23}{7.23+9.00+6.33+3.90+6.90+9.00}, \frac{9.00}{9.00+7.23+4.69+4.67+6.40+6.00}\right)$$

$$=\left(\frac{5.83}{53.00},\ \frac{7.23}{42.53},\ \frac{9.00}{36.00}\right)$$

$$=(0.11,\ 0.17,\ 0.25)$$

$\because V(S_1 \geqslant S_2)=1,\ V(S_1 \geqslant S_3)=1,\ V(S_1 \geqslant S_4)=1,$

$\therefore V(S_1 \geqslant S_2,\ S_3,\ S_4,\ S_5,\ S_6)=\min(1,\ 1,\ 1,\ 1,\ 1)=1,$

$$\because V(S_2 \geqslant S_1)=\frac{0.22-0.14}{0.22-0.15+0.21-0.14}=\frac{0.08}{0.07+0.07}=0.57$$

$$V(S_2 \geqslant S_3)=\frac{0.22-0.13}{0.22-0.15+0.21-0.13}=\frac{0.09}{0.07+0.08}=0.60$$

$V(S_2 \geqslant S_4)=1$

$$V(S_2 \geqslant S_5)=\frac{0.22-0.11}{0.22-0.15+0.18-0.11}=\frac{0.11}{0.07+0.07}=0.79$$

$$V(S_2 \geqslant S_6)=\frac{0.22-0.11}{0.22-0.15+0.17-0.11}=\frac{0.11}{0.07+0.06}=0.85$$

$\therefore V(S_2 \geqslant S_1,\ S_3,\ S_4,\ S_5,\ S_6)=\min(0.57,\ 0.6,\ 1,\ 0.79,\ 0.85)=0.57$

$\because V(S_3 \geqslant S_1)=1,\ V(S_3 \geqslant S_2)=1,\ V(S_3 \geqslant S_4)=1$

$\therefore V(S_3 \geqslant S_1,\ S_2,\ S_4,\ S_5,\ S_6)=\min(1,\ 1,\ 1,\ 1,\ 1,)=1$

$$\because V(S_4 \geqslant S_1)=\frac{0.16-0.14}{0.16-0.09+0.21-0.14}=\frac{0.02}{0.07+0.07}=0.14$$

$$V(S_4 \geqslant S_2)=\frac{0.16-0.19}{0.16-0.09+0.06}=\frac{0.07}{0.07+0.06}=0.54$$

$$V(S_4 \geqslant S_3)=\frac{0.16-0.13}{0.16-0.09+0.08}=\frac{0.03}{0.14}=0.20$$

$$V(S_4 \geqslant S_5)=\frac{0.16-0.11}{0.07+0.07}=\frac{0.05}{0.14}=0.36$$

$$V(S_4 \geqslant S_6)=\frac{0.16-0.11}{0.07+0.06}=\frac{0.05}{0.13}=0.38$$

$\therefore V(S_4 \geqslant S_1,\ S_2,\ S_3,\ S_5,\ S_6)=\min(0.14,\ 0.54,\ 0.2,\ 0.36,\ 0.38)=0.14,$

$$\because V(S_5 \geqslant S_1)=\frac{0.28-0.14}{0.1+0.07}=\frac{0.14}{0.17}=0.82$$

$$V(S_5 \geqslant S_2)=\frac{0.28-0.13}{0.10+0.08}=\frac{0.15}{0.18}=0.84$$

$V(S_5 \geqslant S_3)=1$

$V(S_5 \geqslant S_4)=1$

$V(S_5 \geqslant S_6)=1$

$\therefore V(S_5 \geqslant S_1,\ S_2,\ S_3,\ S_4,\ S_6)=\min(0.82,\ 1,\ 0.83,\ 1,\ 1)=0.82,$

$\because V(S_6 \geqslant S_1) = \frac{0.25-0.14}{0.25-0.17+0.07} = \frac{0.11}{0.08+0.07} = 0.73$

$V(S_6 \geqslant S_2) = 1$

$V(S_6 \geqslant S_3) = \frac{0.25-0.13}{0.08+0.08} = \frac{0.12}{0.16} = 0.75$

$V(S_6 \geqslant S_4) = 1$

$V(S_6 \geqslant S_5) = \frac{0.25-0.11}{0.08+0.07} = \frac{0.14}{0.15} = 0.93$

$\therefore V(S_6 \geqslant S_1, S_2, S_3, S_4, S_5) = \min(0.73, 1, 0.75, 1, 0.93) = 0.73$

$\therefore w_1^1 = \frac{1}{1+0.57+1+0.14+0.82+0.73} = \frac{1}{4.26} = 0.23$

$w_2^1 = \frac{0.57}{4.26} = 0.13$

$w_3^1 = \frac{1}{4.26} = 0.23$

$w_4^1 = \frac{0.14}{4.26} = 0.03$

$w_5^1 = \frac{0.82}{4.26} = 0.19$

$w_6^1 = \frac{0.73}{4.26} = 0.17$

从而，$w^1 = \{0.23, 0.13, 0.23, 0.03, 0.19, 0.17\}^T$。

同理，计算出其他专家关于属性的权重：

$w^2 = \{0.22, 0.14, 0.25, 0.06, 0.20, 0.13\}^T$

$w^3 = \{0.14, 0.21, 0.25, 0.08, 0.12, 0.20\}^T$

（三）运用模糊 TOPSIS 方法计算出专家对各方案的相对贴近度

专家 1 对各城市的相对贴近度的计算过程如下：

首先，用三角模糊语言变量来描述专家 1 对 4 个城市在各属性下的评价结果，进而构建出决策矩阵，如表 6－5 所示。

表 6－5　专家 1 的模糊决策矩阵

	C_1	C_2	C_3	C_4	C_5	C_6
A_1	(5, 7, 9)	(7, 9, 10)	(3, 5, 7)	(1, 3, 5)	(3, 5, 7)	(3, 5, 7)
A_2	(0, 1, 3)	(1, 3, 5)	(0, 1, 3)	(5, 7, 9)	(1, 3, 5)	(1, 3, 5)
A_3	(3, 5, 7)	(1, 3, 5)	(0, 1, 3)	(3, 5, 7)	(1, 3, 5)	(0, 1, 3)
A_4	(7, 9, 10)	(7, 9, 10)	(5, 7, 9)	(3, 5, 7)	(5, 7, 9)	(3, 5, 7)

其次，运用式（6-9）至式（6-11）标准化决策矩阵，并获得加权决策矩阵，结果如表6-6、表6-7所示。

表6-6　标准化的决策矩阵

	C_1	C_2	C_3	C_4	C_5	C_6
A_1	(0.50,0.70,0.90)	(0.70,0.90,1.00)	(0.33,0.56,0.78)	(0.11,0.33,0.56)	(0.33,0.56,0.78)	(0.33,0.56,0.78)
A_2	(0.00,0.10,0.30)	(0.10,0.30,0.50)	(0.00,0.11,0.33)	(0.56,0.78,1.00)	(0.11,0.33,0.56)	(0.11,0.33,0.56)
A_3	(0.30,0.50,0.70)	(0.10,0.30,0.50)	(0.00,0.11,0.33)	(0.33,0.56,0.78)	(0.11,0.33,0.56)	(0.00,0.11,0.33)
A_4	(0.70,0.90,1.00)	(0.70,0.90,1.00)	(0.56,0.78,1.00)	(0.33,0.56,0.78)	(0.56,0.78,1.00)	(0.33,0.56,0.78)

表6-7　加权决策矩阵

	C_1	C_2	C_3	C_4	C_5	C_6
A_1	(0.12,0.16,0.21)	(0.09,0.12,0.13)	(0.08,0.13,0.18)	(0.003,0.01,0.02)	(0.06,0.11,0.15)	(0.06,0.09,0.15)
A_2	(0.00,0.02,0.07)	(0.01,0.04,0.07)	(0.00,0.03,0.08)	(0.02,0.023,0.03)	(0.02,0.06,0.11)	(0.02,0.06,0.09)
A_3	(0.07,0.12,0.16)	(0.01,0.04,0.07)	(0.00,0.03,0.08)	(0.01,0.02,0.023)	(0.02,0.06,0.11)	(0.00,0.02,0.06)
A_4	(0.16,0.21,0.23)	(0.09,0.12,0.13)	(0.13,0.18,0.23)	(0.01,0.02,0.023)	(0.11,0.15,0.19)	(0.06,0.09,0.15)

接下来，确定模糊正理想解和模糊负理想解。

$A^+ = [(1,1,1),(1,1,1),(1,1,1),(1,1,1),(1,1,1),(1,1,1)]$

$A^- = [(0,0,0),(0,0,0),(0,0,0),(0,0,0),(0,0,0),(0,0,0)]$

最后，运用式（6-13）和式（6-14）确定各评估城市与正负理想解的距离，进而获得相对贴近度，具体结果如表6-8所示。

表6-8　各方案的相对贴近度

	d_i^+	d_i^-	$^1\varphi(A_i)$
A_1	5.35	0.65	0.11
A_2	5.37	0.30	0.05
A_3	5.70	0.35	0.06
A_4	5.24	0.78	0.13

同理，得出其他两位专家对各方案的相对贴近度：$^2\varphi(A_i) = (0.12, 0.04, 0.09, 0.20)^T$，$^3\varphi(A_i) = (0.15, 0.07, 0.06, 0.12)^T$，进而获得群相对贴近度矩阵，如表6-9所示。

表 6-9 群相对贴近度矩阵

	$^{1}\varphi(A_i)$	$^{2}\varphi(A_i)$	$^{3}\varphi(A_i)$
A_1	0.11	0.12	0.15
A_2	0.05	0.04	0.07
A_3	0.06	0.09	0.06
A_4	0.13	0.20	0.12

（四）确定群正理想解和群负理想解

假设专家权重为 $\lambda=\{0.1, 0.2, 0.7\}^T$，通过把群相对贴近度矩阵与专家权重集结，获得加权相对接近度矩阵，进一步，运用式(6-19)和式(6-20)获得群正理想解和群负理想解。最后利用式(6-21)至式(6-23)对方案进行排序，具体结果如表 6-10 所示。

表 6-10 群正理想解、负理想解及相对贴近度

	$\lambda^1\varphi(A_i)$	$\lambda^2\varphi(A_i)$	$\lambda^3\varphi(A_i)$	d_{Gi}^{+}	d_{Gi}^{-}	$\varphi_G(A_i)$	排序
A_1	0.011	0.024	0.105	0.016	0.065	0.800	1
A_2	0.005	0.008	0.049	0.064	0.007	0.100	4
A_3	0.006	0.018	0.042	0.067	0.010	0.130	3
A_4	0.013	0.040	0.084	0.021	0.071	0.770	2
A_G^{+}	0.013	0.040	0.105				
A_G^{-}	0.005	0.008	0.042				

由表 6-10 可知，4 个城市危机风险管理绩效的排序为：$A_1>A_4>A_3>_{A2}$。即，上海和杭州的危机风险管理绩效水平相对高一些，而南京和苏州相对差一些，需要进一步提高其公共危机风险管理水平。

第二节 危机后的评价——基于 α 截集和模糊 TOPSIS 的城市群公共危机管理能力评价

城市群公共危机管理能力是对危机事件控制能力的一种描述，是政府在人力、科技、组织、机构和资源等方面防灾减灾的能力（佘廉等，2012）。城市群危机管理能力评价是在危机发生之后，对以政府为主导的组织使用、管理与配置

社会资源处理危机事件效果的评估，它是应急能力建设的前提（张海波等，2009；钱刚毅等，2010）。通过建立科学、合理的公共危机管理能力评价体系，不仅可以考察政府的公共危机管理能力，及时发现管理中可能存在的薄弱环节，而且可以完善管理流程，优化管理系统。目前对危机管理能力评价的研究采用定性分析的概念型研究和经验型研究比较多，虽然也有定量分析，但在评价过程中对模糊不确定的因素和决策特征缺乏考虑，而危机管理涉及信息技术、灾害救援等多方面理论知识，同时又受到难以确定的内外环境的影响，给危机管理能力的测度造成了一定的困难。另外，评估专家对某些指标的确定带有较强的主观色彩和模糊性，很难以确切的数字表示。因此，模糊综合评价法非常适合运用到城市群公共危机管理能力的评估中。

本书从危机前预警能力，危机中处理能力和危机后恢复能力 3 个维度构建了公共危机管理能力评价指标体系。由于决策者对复杂事物的判断存在着模糊性和不确定性，运用三角模糊数将专家的定性评价结果量化，结合 α 截集和 TOPSIS 建立了公共危机管理能力综合评价模型，并通过求解非线性规划问题得出危机管理能力的模糊相对贴近度，进而去模糊化得出评价结果。最后用该模型对公共危机管理能力进行实证分析，验证了该模型的可行性和有效性。

一、城市群公共危机管理能力评价指标体系

城市群公共危机管理是一个全过程的管理，即采用科学有效的方法手段对危机发生前的风险识别、危机中响应及危机后的恢复重建工作进行指导、干预和控制。了解危机的形成机理，提高公共危机的防范意识，重视预警的重要作用，对危机事件实施动态监测和风险评估，对危机事件的处置、恢复与重建进行系统设计。公共危机管理能力评价是对危机发生前的预警能力、危机中处理能力和危机后恢复能力的综合评价。该评价过程不仅是循环往复的而且是动态的。通过对管理能力的评价，既可以考察现阶段的管理能力，也是下阶段危机管理能力建设的基础。通过对危机管理能力的评价，可以及时发现管理中的薄弱环节，改善危机管理全过程，从而不断提高政府的危机管理能力。城市群公共危机管理能力评价体系框架图如图 6－3 所示。

根据危机管理能力评价体系框架图，本书按照危机发生的时间顺序，借鉴国内外研究成果（邓云峰等，2006；吴新燕等，2007；许振宇，2011；Henstra，2010）构建了公共危机管理能力评价指标体系（如图 6－4）。该体系由危机前预警能力，危机中反应能力和危机后恢复能力构成。在危机发生前，必须对可能存在的危机进行识别、监测预报并且提高公民的危机防范意识，因此需要具备先进的预警技术和危机意识培训教育能力。在危机发生中，政府部门需要与其他部门

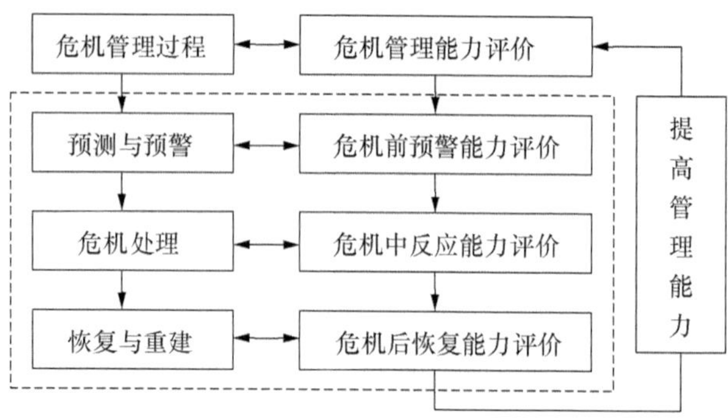

图 6 –3　城市群公共危机管理能力评价框架

协同合作，迅速有效地配置资源并实施救援措施，从而需要具备高效的组织协调能力、快速响应和紧急救援能力。在危机发生后有一个较长的恢复期，在此期间，需要提供资金和后勤保障、通信与信息保障、医疗装备支持等社会保障，以及采取必要的措施防止次生和衍生灾害，制定计划，恢复社会秩序。另外要不断总结经验教训，完善相关制度，对系统进行改造升级，引进新设备提高工作效率等，因此需要具备社会保障能力、社会秩序恢复能力和总结提高能力。

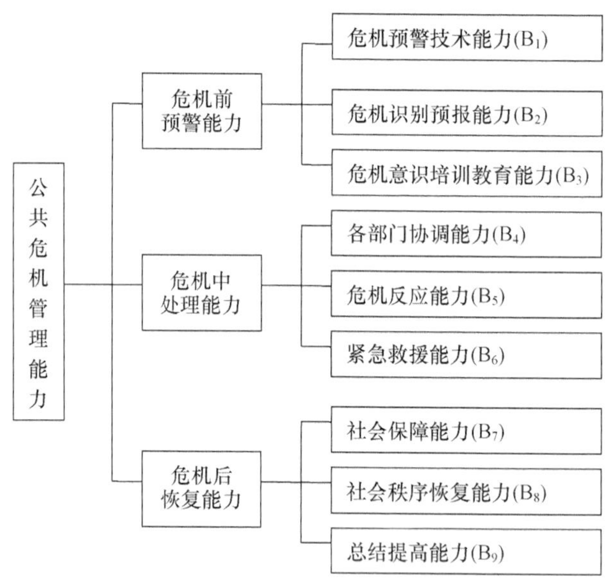

图 6 –4　城市群公共危机管理能力评价指标体系

二、基于 α 截集和模糊 TOPSIS 的城市群公共危机管理能力评价模型

TOPSIS 能集中反映评价对象的总体信息，不仅计算简便、几何意义直观，而且比较符合决策者的主观思维习惯，故非常适合应用于危机管理能力评价。由于客观事物的模糊性和复杂不确定性，将 TOPSIS 推广到模糊多属性决策上，可以很好地处理影响危机管理能力评价的定性以及模糊不确定因素，客观评价危机管理的能力水平。现有大多数模糊 TOPSIS 方法所确定的相对贴近度都是一个精确值，这与实际情况不太符合。因此本书建立了一个基于 α 水平截集的公共危机管理能力模糊 TOPSIS 综合评价模型，把危机管理能力的相对贴近度用区间来表示，然后去模糊化，使得评价结果更加客观和合理。

（一）构建危机管理能力评价的决策矩阵并标准化

设 $\tilde{w}_j$ 表示评价小组对指标 j 权重的模糊评价值，由式（6-24）得到：

$$\tilde{w}_j = \frac{1}{k}\sum_{k=1}^{s}\tilde{w}_j^k,\ j=1,\ 2,\ \cdots,\ m \tag{6-24}$$

式中，$\tilde{w}_j^k$ 表示第 k 个评价者对指标 j 权重的模糊评价值，假定其为三角模糊数，$\tilde{w}_j^k=(w_{j1}^k,\ w_{j2}^k,\ w_{j3}^k)$，j=1，2，…，m，k=1，2，…，s，m 为评价指标的个数，s 为评价者的数目。

设 $\tilde{x}_{ij}$ 表示评价小组对政府在第 i 个危机事件的管理中关于指标 j 的模糊评价值，由式（6-25）得到：

$$\tilde{x}_{ij} = \frac{1}{k}\sum_{k=1}^{s}\tilde{x}_{ij}^k,\ i=1,\ 2,\ \cdots,\ n,\ j=1,\ 2,\ \cdots,\ m \tag{6-25}$$

式中，$\tilde{x}_{ij}^k$ 表示第 k 个评价者对政府在第 i 个危机事件的管理中关于指标 j 的模糊评价值，$\tilde{x}_{ij}^k=(a_{ij}^k,\ b_{ij}^k,\ c_{ij}^k)$，i=1，2，…，n，j=1，2，…，m，k=1，2，…，s。n 为危机事件的数目，由此得到决策矩阵 $\tilde{x}=(\tilde{x}_{ij})_{n\times m}$，由式（6-26）对其进行标准化处理，得到标准化的决策矩阵 $\tilde{Y}=(\tilde{y}_{ij})_{n\times m}$。

$$\tilde{y}_{ij}=\begin{cases}\left(\dfrac{a_{ij}}{c_j^+},\ \dfrac{b_{ij}}{c_j^+},\ \dfrac{c_{ij}}{c_j^+}\right);\ c_j^+=\max\limits_i c_{ij},\ j\in I';\ i=1,\ 2,\ \cdots,\ n\\[2ex] \left(\dfrac{a_j^-}{c_{ij}},\ \dfrac{a_j^-}{b_{ij}},\ \dfrac{a_j^-}{a_{ij}}\right);\ a_j^-=\min\limits_i a_{ij},\ j\in I'';\ i=1,\ 2,\ \cdots,\ n\end{cases} \tag{6-26}$$

式中，I' 为效益性指标，I'' 为成本性指标。

标准化的决策矩阵 $\tilde{Y}=(\tilde{y}_{ij})_{n\times m}$ 中的元素仍为三角模糊数，且每个元素的值都在 0 和 1 间。设正理想解为 $A^+=\{1,1,\cdots,1\}$，负理想解为 $A^-=\{0,\cdots,0\}$。其中正理想解是一设想的最优解，它的各个属性值都达到各备选解中的最好值；而负理想解是一设想的最劣解，它的各个属性值都达到各备选解中的最坏值。

（二）计算 α 水平截集及危机管理能力的模糊相对贴近度

根据 Zadeh 分解定理，模糊集可以通过经典集表示，任意模糊集 $\tilde{A}$ 可表示为：$\tilde{A}=\bigcup\limits_{\alpha}\alpha A_{\alpha}$，$0\leqslant\alpha\leqslant1$，其中 A_{α} 为模糊集 $\tilde{A}$ 的 α－水平截集：

$$\begin{aligned}A_{\alpha}&=\{x\in X\mid \mu_{\tilde{A}}(x)\geqslant\alpha\}\\&=[\min\{x\in X\mid \mu_{\tilde{A}}(x)\geqslant\alpha\},\ \max\{x\in X\mid \mu_{\tilde{A}}(x)\geqslant\alpha\}]\end{aligned}\tag{6-27}$$

设 $\tilde{w}_j\in\tilde{W}_j$，$\tilde{y}_{ij}\in\tilde{Y}_{ij}$，定义 $\tilde{W}_j$ 和 $\tilde{Y}_{ij}$ 的 α－水平截集分别为 $(W_j)_{\alpha}=[(w_j)_{\alpha}^{L},(w_j)_{\alpha}^{U}]$，$(Y_{ij})_{\alpha}=[(y_{ij})_{\alpha}^{L},(y_{ij})_{\alpha}^{U}]$，由式(6－28)计算得到。

$$\begin{cases}(W_j)_{\alpha}=\{w_j\in W_j\mid\mu_{\tilde{W}_j}(w_j)\geqslant\alpha\}\\\qquad=[\min\{w_j\in W_j\mid\mu_{\tilde{W}_j}(w_j)\geqslant\alpha\},\max\{w_j\in W_j\mid\mu_{\tilde{W}_j}(w_j)\geqslant\alpha\}]\\(Y_{ij})_{\alpha}=\{y_{ij}\in Y_{ij}\mid\mu_{\tilde{Y}_{ij}}(y_{ij})\geqslant\alpha\}\\\qquad=[\min\{y_{ij}\in Y_{ij}\mid\mu_{\tilde{Y}_{ij}}(y_{ij})\geqslant\alpha\},\max\{y_{ij}\in Y_{ij}\mid\mu_{\tilde{Y}_{ij}}(y_{ij})\geqslant\alpha\}]\end{cases}\tag{6-28}$$

则第 i 个危机事件管理能力与正理想解的模糊相对贴近度可通过式（6－29）来计算。

$$T_i=\frac{D_i^-}{D_i^++D_i^-}=\frac{\sqrt{\sum\limits_{j=1}^{m}(w_j(y_{ij}-0))^2}}{\sqrt{\sum\limits_{j=1}^{m}(w_j(y_{ij}-1))^2}+\sqrt{\sum\limits_{j=1}^{m}(w_j(y_{ij}-0))^2}}\tag{6-29}$$

$i=1,\cdots,n$，$j=1,2,\cdots,m$，$(w_j)_{\alpha}^{L}\leqslant w_j\leqslant(w_j)_{\alpha}^{U}$，$(y_{ij})_{\alpha}^{L}\leqslant y_{ij}\leqslant(y_{ij})_{\alpha}^{U}$

式（6－29）中，T_i 表示第 i 个危机事件的管理能力与正理想解的模糊相对贴近度，D_i^- 表示第 i 个危机事件的管理能力到负理想解的距离，D_i^+ 表示第 i 个危机事件的管理能力到正理想解的距离。很明显 T_i 为一区间，又因为 T_i 是关于 y_{ij} 的一个单调递增函数（$\partial T_i/\partial y_{ij}>0$），若其下确界和上确界分别记为 $(T_i)_{\alpha}^{L}$ 和 $(T_i)_{\alpha}^{U}$，于是可通过解一对非线性规划模型得到，具体模型如式（6－30）和式(6－31) 所示：

$$\begin{cases}(T_i)_{\alpha}^{L}=\min\dfrac{\sqrt{\sum\limits_{j=1}^{m}(w_j(y_{ij})_{\alpha}^{L})^2}}{\sqrt{\sum\limits_{j=1}^{m}(w_j(y_{ij})_{\alpha}^{L})^2}+\sqrt{\sum\limits_{j=1}^{m}(w_j((y_{ij})_{\alpha}^{L}-1))^2}}\\\text{s.t. }(w_j)_{\alpha}^{L}\leqslant w_j\leqslant(w_j)_{\alpha}^{U},j=1,\cdots,m\end{cases}\tag{6-30}$$

$$\begin{cases} (T_i)_\alpha^U = \max \dfrac{\sqrt{\sum\limits_{j=1}^{m}(w_j(y_{ij})_\alpha^U)^2}}{\sqrt{\sum\limits_{j=1}^{m}(w_j(y_{ij})_\alpha^U)^2} + \sqrt{\sum\limits_{j=1}^{m}(w_j((y_{ij})_\alpha^U - 1))^2}} \\ s.t.\ (w_j)_\alpha^L \leqslant w_j \leqslant (w_j)_\alpha^U, j = 1, \cdots, m \end{cases} \tag{6-31}$$

（三）危机管理能力的排序

通过设置不同的 α 水平，根据式(6-30)和式(6-31)计算 $\tilde{T}_i$ 的截集 $(T_i)_\alpha = [(T_i)_\alpha^L, (T_i)_\alpha^U]$，根据 Zadeh 分解定理，模糊贴近度 $\tilde{T}_i$ 可以通过其截集表示，如式(6-32)所示：

$$\tilde{T}_i = \bigcup_\alpha \alpha \cdot (T_i)_\alpha = \bigcup_\alpha \alpha \cdot [(T_i)_\alpha^L, (T_i)_\alpha^U],\ 0 < \alpha \leqslant 1 \tag{6-32}$$

然后对模糊贴近度进行去模糊化处理，利用 Oussalah（2002）所介绍的平均水平截集方法，通过式（6-33）来对模糊贴近度去模糊化：

$$(T_i)^* = \frac{1}{N}\sum_{j=1}^{N}\left(\frac{(T_i)_{\alpha_j}^L + (T_i)_{\alpha_j}^U}{2}\right), i = 1, \cdots, n \tag{6-33}$$

式中，$(T_i)^*$ 表示第 i 个危机事件的管理能力模糊贴近度的去模糊值，也即危机管理能力的评价值；α_j 表示不同的截集水平，j = 1，2…N，且 $0 < \alpha_1 < \alpha_2 \cdots \alpha_N = 1$。最后根据 $(T_i)^*$ 的值对每个危机事件的管理能力进行排序，$(T_i)^*$ 的值越大说明政府对该危机事件的管理能力水平越高，$(T_i)^*$ 的值越小说明政府对该危机事件的管理能力越低。

三、算例分析

城市群公共危机管理能力是政府在危机事件管理过程中反映出来的成绩和效率，考虑到地方性的公共危机事件主要是由地方政府进行管理，不同时期不同地方政府的危机管理能力难以进行比较，所以本书主要通过评价中央政府处理的全国性危机，考察国家层面的危机管理能力。本书选择近年来对社会影响较大的公共危机事件作为评价对象：“非典”事件（A_1）、南方雪灾（A_2）、汶川地震（A_3）和三鹿事件（A_4）。结合本书提出的危机管理能力评价指标体系和基于 α 截集的模糊 TOPSIS 评价模型，借助于 Matlab 7.0 和 LINGO 软件，对上述 4 个危机事件的管理能力进行评价。本书选择四位专家组成评价小组，这些专家分别来自政府危机管理组织的管理人员和研究危机管理问题的学者，具体操作步骤如下。

第一步：通过专家问卷调查得出每位评价者对各评价指标权重的模糊评价值 $\tilde{w}_j^k$，根据式（6-24）得出每个评价指标对危机管理能力的相对权重 $\tilde{w}_j$，如表6-11 所示。其中，危机管理能力评价指标的模糊重要度描述语言为：VL 表示非常不重要，L 表示不重要，M 表示一般，H 表示重要，VH 表示非常重要，根据转换规则，可将其转化成三角模糊数（0，0，0.3）、（0，0.25，0.5）、（0.3，0.5，0.7）、（0.5，0.75，1）及（0.7，1，1）。

表 6 - 11　评价小组对指标权重的模糊评价

评价标准	决策小组				模糊权重
	决策者 1	决策者 2	决策者 3	决策者 4	
B_1	VH	VH	H	VH	(0.65，0.95，1.00)
B_2	VH	VH	VH	VH	(0.70，1.00，1.00)
B_3	H	M	M	H	(0.40，0.63，0.85)
B_4	H	VH	VH	H	(0.60，0.88，1.00)
B_5	VH	H	VH	VH	(0.65，0.95，1.00)
B_6	VH	VH	VH	VH	(0.70，1.00，1.00)
B_7	H	H	VH	H	(0.55，0.82，1.00)
B_8	H	VH	VH	VH	(0.65，0.95，1.00)
B_9	H	VH	H	VH	(0.65，0.88，1.00)

第二步：通过问卷调查得到每位评价者对政府在危机事件 A_i 的管理中关于指标 B_j 的模糊评价值 $\tilde{x}_{ij}^k$，根据式（6 - 25）得出评价小组对政府在每个危机事件的管理中关于评价指标的模糊评价值 $\tilde{x}_{ij}$（见表 5 - 12）。其中，A_i 关于评价指标 B_j 的模糊评价值描述语言为：VP 表示非常差，P 表示差，M 表示一般，G 表示良好，VG 表示优秀，根据 Chen 和 Hwang 所介绍的转换规则，将上述语言评价值转化成三角模糊数（0，0，0.3）、（0，0.25，0.5）、（0.3，0.5，0.7）、（0.5，0.75，1）及（0.7，1，1）。然后根据式（6 - 26）得到标准化决策矩阵，如表 6 - 13 所示。

表 6 - 12　评价小组对危机管理能力的模糊评价

指标	决策者	决策者 1	决策者 2	决策者 3	决策者 4	平均模糊值
B_1	A_1	M	M	M	P	(0.23，0.44，0.65)
	A_2	G	P	M	M	(0.20，0.43，0.65)
	A_3	G	M	M	G	(0.40，0.63，0.85)
	A_4	M	M	G	P	(0.28，0.50，0.73)
B_2	A_1	G	M	M	P	(0.28，0.50，0.73)
	A_2	G	M	M	P	(0.28，0.50，0.73)
	A_3	M	M	G	P	(0.28，0.50，0.73)
	A_4	G	M	M	P	(0.28，0.50，0.73)

续表

指标	决策者	决策者1	决策者2	决策者3	决策者4	平均模糊值
B_3	A_1	P	M	M	P	(0.15, 0.38, 0.60)
	A_2	P	M	M	P	(0.23, 0.44, 0.65)
	A_3	G	M	M	M	(0.35, 0.57, 0.78)
	A_4	M	G	M	M	(0.35, 0.57, 0.78)
B_4	A_1	G	P	M	P	(0.20, 0.43, 0.68)
	A_2	P	M	M	P	(0.15, 0.38, 0.60)
	A_3	G	G	G	G	(0.50, 0.75, 1.00)
	A_4	G	VG	G	M	(0.50, 0.75, 0.93)
B_5	A_1	M	M	M	P	(0.23, 0.44, 0.65)
	A_2	M	M	P	M	(0.23, 0.44, 0.65)
	A_3	VG	VG	VG	G	(0.65, 0.94, 1.00)
	A_4	G	VG	M	G	(0.78, 0.75, 0.93)
B_6	A_1	G	M	M	P	(0.28, 0.50, 0.73)
	A_2	G	G	M	P	(0.33, 0.57, 0.80)
	A_3	VG	G	G	M	(0.50, 0.75, 0.93)
	A_4	VG	G	M	M	(0.45, 0.69, 0.93)
B_7	A_1	G	M	M	P	(0.23, 0.50, 0.73)
	A_2	M	P	M	P	(0.15, 0.38, 0.60)
	A_3	VG	M	G	M	(0.45, 0.69, 0.85)
	A_4	G	G	G	M	(0.45, 0.69, 0.93)
B_8	A_1	P	M	M	P	(0.15, 0.38, 0.60)
	A_2	M	M	M	P	(0.23, 0.44, 0.65)
	A_3	VG	G	G	M	(0.50, 0.75, 0.93)
	A_4	G	VG	P	M	(0.33, 0.63, 0.80)
B_9	A_1	G	M	M	M	(0.23, 0.57, 0.78)
	A_2	P	M	M	P	(0.15, 0.38, 0.60)
	A_3	G	G	M	M	(0.40, 0.63, 0.85)
	A_4	G	VG	M	M	(0.45, 0.69, 0.85)

表6-13　标准化决策矩阵

	B_1	B_2	B_3	B_4	B_5	B_6	B_7	B_8	B_9
A_1	(0.27,0.52,0.76)	(0.38,0.68,1.00)	(0.19,0.49,0.77)	(0.20,0.43,0.68)	(0.23,0.44,0.65)	(0.30,0.54,0.78)	(0.25,0.54,0.78)	(0.16,0.41,0.65)	(0.27,0.67,0.92)
A_2	(0.24,0.51,0.76)	(0.38,0.68,1.00)	(0.29,0.56,0.83)	(0.15,0.38,0.60)	(0.23,0.44,0.65)	(0.35,0.61,0.86)	(0.16,0.41,0.65)	(0.25,0.47,0.70)	(0.18,0.48,0.71)

续表

	B_1	B_2	B_3	B_4	B_5	B_6	B_7	B_8	B_9
A_3	(0.47,0.74,1.00)	(0.38,0.68,1.00)	(0.49,0.74,1.00)	(0.50,0.75,1.00)	(0.69,0.94,1.00)	(0.54,0.81,1.00)	(0.48,0.74,0.91)	(0.54,0.81,1.00)	(0.47,0.74,1.00)
A_4	(0.34,0.59,0.89)	(0.38,0.68,1.00)	(0.49,0.74,1.00)	(0.50,0.75,1.00)	(0.50,0.75,0.93)	(0.48,0.74,1.00)	(0.48,0.73,1.00)	(0.35,0.68,0.86)	(0.53,0.81,1.00)

第三步：根据式（6－30）至式（6－33）运用Matlab 7. 0和LINGO编程确定每个危机事件的管理能力基于α水平截集的相对模糊贴近度，并对各危机事件的管理能力进行排序，如表6－14所示。

表6－14 基于α水平截集的相对模糊贴近度及危机管理能力排序

α	TOPSIS			
	“非典”事件	南方雪灾	汶川地震	三鹿事件
0.1	[0.26, 0.77]	[0.25, 0.75]	[0.51, 0.97]	[0.46, 0.93]
0.3	[0.31, 0.73]	[0.32, 0.70]	[0.57, 0.92]	[0.51, 0.88]
0.5	[0.38, 0.69]	[0.37, 0.67]	[0.64, 0.89]	[0.58, 0.82]
0.7	[0.42, 0.63]	[0.41, 0.61]	[0.68, 0.83]	[0.62, 0.78]
0.9	[0.49, 0.55]	[0.48, 0.54]	[0.72, 0.79]	[0.68, 0.74]
危机管理能力	0.52	0.51	0.75	0.70
排序	3	4	1	2

根据表6－14的计算结果，最终确定对四个公共危机事件的管理能力排序：汶川地震>三鹿事件>“非典”事件>南方雪灾，表明政府对汶川地震和三鹿事件的管理能力优于“非典”事件和南方雪灾的管理能力。

本章小结

科学、客观地评价城市群公共危机管理能力，不仅可以考察政府的公共危机管理能力，及时发现管理中可能存在的薄弱环节，而且可以完善管理流程，优化管理系统。由于城市群公共危机管理涉及信息技术、灾害救援等多方面理论知识，同时又受到难以确定的内外环境的影响，给危机管理能力的测度造成了一定

的困难。另外，评估专家对某些指标的确定带有较强的主观色彩和模糊性，很难以确切的数字表示。因此，模糊综合评价法非常适合应用到危机管理能力评估中。本章分别从危机前的风险管理绩效评估和危机后的管理能力评价两方面研究城市群公共危机管理评估问题。

（1）公共危机风险管理绩效评估。首先构建了公共危机风险管理绩效评估的指标体系，其次运用模糊 AHP 法确定评估指标的权重，再次通过模糊 TOPSIS 方法获得每个决策者的评价结果，并利用改进的 TOPSIS 方法集结决策者的评估值从而获得最终的评价结果，最后通过在长三角城市群 4 个城市的应用实例分析证明所建立的风险管理绩效评估模型全面、合理、有效，具有一定的借鉴价值。

（2）危机后管理能力评价。首先从危机前预警能力，危机中处理能力和危机后恢复能力三个维度构建了公共管理能力评价指标体系，考虑到决策环境的模糊不确定性，利用三角模糊数将决策者的定性评价结果量化，结合 α 水平截集和 TOPSIS 建立了应急管理能力综合评价模型，并通过求解非线性规划问题得出应急管理能力的模糊相对贴近度，进而去模糊化得出评价结果。最后用该模型对政府在处理“非典”事件、南方雪灾、汶川地震和三鹿事件过程中所表现的管理能力进行评价。结果表明，政府在汶川地震和三鹿事件中所表现出的管理能力优于“非典”事件和南方雪灾的管理能力。这也与实际情况相符合，表明本书提出的评价指标和方法具有较强的可行性和合理性，具有一定的应用价值，能够为公共危机管理部门提供有效的决策支持。

第七章　城市群公共危机应对机制研究

城市群区域的安全直接关系到区域竞争力的提升和国家重要战略的实现，建立健全城市群公共危机协同治理机制，对于实现城市群生态环境安全共享和建设可持续发展的和谐社会有着十分重大的意义。本章首先基于协同学理论，设计了有效的城市群公共危机协同治理机制，然后从信息保障、技术保障、资源保障、立法保障和教育保障五个方面构建了城市群公共危机管理的保障机制。

第一节　城市群公共危机协同治理机制

一、城市群公共危机协同治理的机理

（一）城市群公共危机协同治理的内涵

协同学（Synergetics）是20世纪70年代，德国物理学家、斯图加特大学著名教授赫尔曼·哈肯（H. Haken）创立的，它是研究系统在外在参量的驱动下和子系统之间相互协调、相互作用，以自组织方式在宏观尺度上形成空间、时间或功能有序结构的条件、特点及其演化规律的新兴综合性学科。

协同治理指在公共生活中，公共治理主体的众多子系统构成一个开放、整体的系统，运用法律、行政、科技、知识、信息、舆论等手段，使一个无序、混乱的系统中诸要素或子系统间相互协调、共同作用，从而产生一个有序、合作、协同的系统，实现力量的整合与增值，并使其高效地进行社会公共事务治理，最终达到维护与保证公共利益的目的。

由于城市群内各城市间相互依赖性和关联性越来越紧密，再加上人口和生产要素的高度聚集和流动，社会和经济系统在公共危机事件下的高度敏感性与脆弱性日益突出。城市群内任何一个地方发生重特大灾害事故，都可能对区域内其他

地方的社会经济产生重大影响，城市群危机治理客观上要求区域内各级政府和社会组织在危机应对方面实现协调和联动。借鉴 Kapucu（2012）、沙勇忠（2010）、刘伟忠（2012）等学者的定义，我们认为城市群公共危机协同治理指在网络、信息等现代科技手段的支持下，政府、非政府组织、企业、媒体、公民等城市群区域的危机治理主体，在危机发展的各个阶段，相互协调合作，协同实施系列性危机预防与控制活动，以期最大限度减少危机损失，增进公共利益。

（二）城市群公共危机协同治理的意义

近年来，我国城市群建设取得了巨大的成绩。公共突发事件协同治理也有了长足发展，城市群公共危机协同治理机制的建设，是政府有效整合社会力量和应急资源，有效监督指导有关部门对各类投诉和求救进行及时处置，提高城市管理和服务水平的主要途径之一。

1. 落实国家战略，提升国际竞争力

我国“十二五”规划将“形成辐射作用大的城市群，促进大中小城市和小城镇协调发展”作为城市群的发展方向。中共十八大报告也提出“科学规划城市群规模和布局”。这充分说明，城市群不仅是区域经济社会发展的主要空间形态，更是国家参与国际合作与竞争的集成体和综合体。城市群已成为我国城镇化发展的战略依托。随着长株潭城市群《应急总体预案》的颁布，《泛珠三角区域内地 9 省（区）应急管理合作协议》的筹建，《长江三角洲地区区域规划》的实施，《黄河中游四省（自治区）应急管理合作协议》的签署，充分说明我国已将城市群区域协同发展作为了增强国家实力、提升国际竞争力和推进现代化建设的重要战略举措。随着战略地位的不断提升，也要求各级政府做好城市群突发公共危机事件的预警和防范工作，并建立与城市发展相适应的综合应对体系。该应对体系不仅是我国在城市化进程中保持经济社会可持续发展，落实国家战略新高度的重要组成部分，而且是构建以人为本的和谐社会的一项重大任务。

2. 维护社会稳定，促进城市群和谐发展

我国“十二五”规划把应急管理体系纳入其中，强调要健全突发事件应急管理体系，推动建立主动防控与应急处置相结合、传统方法与现代手段相结合的公共安全体系，进而有效应对各种风险。当前我国城市群正进入一个新的关键发展时期。区域经济一体化和信息全球化愈演愈烈，城市群的政治稳定和社会安定显得尤为重要。城市安全是城市群未来发展的重点问题，是构建和谐社会所需解决的关键问题。诸如“非典”事件、南方雪灾、汶川地震等突发公共危机事件的存在，将在一定程度上影响城市群和谐社会构建的进程，因此，建立健全城市群公共危机协同治理机制，提高政府危机处理能力，对于实现城市群生态环境安全共享和建设可持续发展的和谐社会具有非常重要的意义。

3. 提升应急能力，提高城市群公共危机管理水平

城市群是我国推进城镇化的主体形态，经济社会发展的主要载体和科技文化的主要创新区域。城市群区域的公共安全问题直接关系到区域竞争力的提升和国家重要战略的实现。目前城市群区域的诸多矛盾开始激活和凸显，对政府的公共危机管理水平提出了严峻的考验。城市群社会保持稳定是整个城市发展的基础，只有这个基础稳定了，整个城市群才能实现可持续发展。城市群社会稳定是个系统、协同问题，不同于单个城市的社会稳定，需要从宏观角度出发，整体规划。因此，必须以科学发展观为指导思想，为城市群公共危机的应对提供正确的指导，从宏观上提出相应问题的有效解决办法，做到科学规划。运用协同学理论分析探讨城市群公共危机的应对机制，可为我国设计一个有效稳定、自我完善的应对机制提供参考建议。

（三）城市群公共危机协同治理的机理

城市群公共危机协同治理多主体系统指在制度缺失、组织形态等不确定性因素的影响下，在正熵与负熵的相互作用下而形成的相对独立的系统。只有源源不断地从外界获取负熵流以抵消中和正熵流的增加，才能维持系统的协同、稳定和有序发展。协同正熵指在城市群公共危机治理系统中政府、非政府组织、企业、媒体、公民等主体在信息、决策、应急资源等协同运作过程所呈现状况的一种描述，反映了系统无效能量增加、有效能量转换效率降低的系统状态。当城市群公共危机多主体系统没有与外界进行有效的物质、能量和信息交换时，其治理主体的混乱度不断增大，整体协同效率不断降低，也即出现协同熵增效应。城市群危机治理多主体系统协同正熵函数 S^+ 可表示为：

$$S^{+} = -H_A\sum_{x=1}^{n} H_x\sum_{y=1}^{m} p_{xy}\ln p_{xy} \tag{7-1}$$

式中，S^+ 表示危机治理多主体系统内部不可逆过程产生的协同正熵；

H_A 表示玻尔兹曼常数，也称为协同熵系数；

x 表示影响协同熵增变化的各种因素，如危机治理主体数目等，$x=1,2,\cdots,n$；

H_x 表示影响危机治理多主体系统协同发展的各种因素权重；

y 表示第 x 个影响因素所包含的子因素个数，$y=1,2,\cdots,m$；

p_{xy} 表示第 x 个影响因素所包含的子因素影响协同熵值变化的概率，并且 $\sum p_{xy}=1$。

协同负熵指城市群公共危机处在开放、远离平衡的情形下，在信息共享、应急决策、资源配置等协同运作过程中，不断与外界环境进行信息、能量、物资、技术、人员的交换，随着系统内部各种要素非线性作用的不断加强，使得系统有

序度的增加大于自身无序度的增加的状态函数。其数学模型表达式为：

$$S^{-} = H_A \sum_{i=1}^{n} H_i \sum_{j=1}^{m} p_{ij} \ln p_{ij} \qquad (7-2)$$

式中，S^{-}表示危机治理多主体系统从外界环境引入的协同负熵流；

i 表示对协同负熵产生影响的各种因素，如健全的法律法规、完善的组织结构等，$i=1, 2, \cdots, n$；

H_i 表示危机治理多主体系统协同负熵影响因素的相对重要程度；

j 表示协同负熵影响因素中第 i 个因素的子因素数目，$j=1, 2, \cdots, m$；

p_{ij}表示第 i 个影响因素所包含的子因素影响协同熵值变化的概率，并且 $\sum p_{ij} = 1$。

从而根据耗散结构总熵变理论，对于开放的城市群公共危机治理多主体系统来说，其协同总熵变可以描述为：$S = S^{+} + S^{-}$。当 $S>0$ 时，各危机治理主体之间协同能力减弱，系统处于无序状态，在城市群危机应对中，效率降低；当 $S<0$ 时，系统不断从外界获取物质和能量，使整个系统有序性的增加大于无序性的增加，各主体之间协同能力增强，协同效率提高；当 $S=0$ 时，协同正熵等于协同负熵，总熵值基本保持不变，危机治理状态不能发生质的飞跃，效率保持平稳。因此，在城市群公共危机治理多主体系统运行过程中，一方面，必须采取措施警惕协同正熵变的发生、演变；另一方面，加强协同负熵的作用，才能有效地控制系统向协同有序方向发展。

二、城市群公共危机协同治理的网络机制

城市群公共危机协同治理客观上要求打破城市、部门之间的壁垒，以促进协同负熵流顺畅地流入到系统中，进而可以有效地集结资源，统筹部署，协同作战。网络是协同治理的核心。城市群公共危机协同治理网络指危机治理主体也即政府组织、非政府组织、企业组织、媒体和公民个人为了更有效更科学地应对危机而共同开展的减缓、准备、响应和恢复工作，进而形成的动态合作的网状管理系统。

城市群公共危机协同治理网络是一个参与式的治理结构。一方面，通过具有行政权威的网络代理，如长株潭城市群公共危机治理中心等来对应急资源进行全方位的整合、协调，进而控制危机局面；另一方面，各网络成员之间相互依存，紧密联系。通过交换资源、合作协商、信息沟通、平等竞争等方式降低危机应对的成本，进而提高协同效率，形成上下联动、协同应对的格局。其网络结构如图 7－1所示。

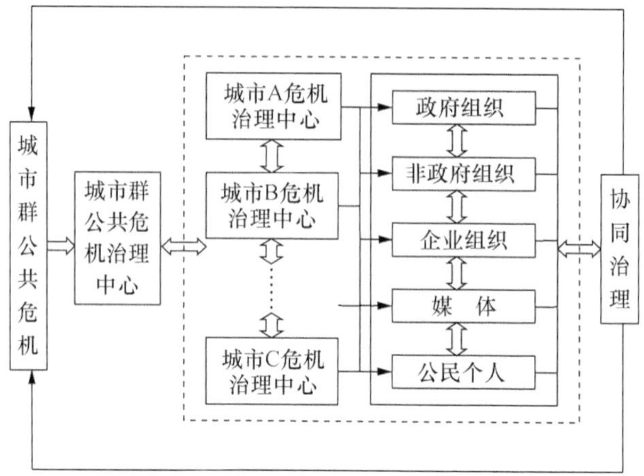

图7-1　城市群公共危机协同治理网络结构

在城市群公共危机协同治理网络中，不仅要强调城市群公共危机治理中心，也即一级网络的主导作用，更要重视现有行政区划范围内二级网络结构的作用，它们是城市群公共危机治理运行的基础。如果在诸如城市 A 或城市 B 等二级网络中发生一般性的突发公共危机事件，且该危机治理中心能完全应对自如时，则不需要其他治理中心的援助；如果在某二级网络城市中发生规模较大的危机事件，且该危机治理中心不能有效应对时，则可以通过口头或书面的形式向一级网络中心或邻近的危机治理中心请求援助，从而及时有效地控制危机。

三、城市群公共危机协同治理的路径

由上述分析可以看出，要使城市群公共危机趋向协同治理方向，必须使系统的协同负熵大于正熵以保持低熵运行。因此不仅要尽量警惕、减少和阻止协同正熵的不利因素，而且还要大力促进和扶持有利于协同负熵的产生与发展的因素。

第一，完善城市群公共危机治理的法律法规体系，为负熵流的引入创造条件。法律法规作为外部控制参量，它规定着各治理主体的关联方式和行为方式，约束着每个治理子系统的独立运动。①以立法为基础，明确界定城市群公共危机治理主体的权利和责任。《城市群区域合作法》、《城市群区域危机应对合作程序》等法律法规应当订立或完善。虽然目前已经出台了《泛珠三角区域内地9省（区）应急管理合作协议》（2009）、《长江三角洲地区区域规划》（2010）、《黄河中游四省（自治区）应急管理合作协议》（2013），但这些区域应急管理合作机制的制度化水平还有待进一步提升。美国的《州际应急管理互助协议》为我们提供了有益的经验借鉴。②建立激励机制和监督机制。不仅要给参与危机治理的组织和个人一定的资金支持，调动其积极性，而且要借用司法监督、媒体监督和公众监督等外部监督力，激发“巡视组”、“空降纪委书记”等政府内部行政监督力。

第二，建立城市群区域危机信息沟通共享机制，降低由于信息不对称引发的正熵。高效、完整的信息沟通渠道是城市群区域危机协同治理机制良性运作的前提条件之一。①相关城市之间通过书面形式实施承诺，在相互合作的基础之上建立一套信息共享机制，以实现城市群公共危机信息资源的快速高效集聚。②通过媒体、无线、移动网络等构建畅通的信息网络，加强地理信息系统（GIS）、全球定位系统（GPS）、卫星遥感（RS）等先进技术在危机信息系统、指挥决策支持系统中的应用，以便于政府、非政府组织、企业、媒体、公民等多元治理主体之间相互依存和主动协同。

第三，优化城市群危机协同治理的资源配置，抑制由于应急资源匮乏引发的熵增。只有当系统从外部获得充足的物质流和能量流时，才能从无序状态变为有序状态。因此，充足的人力、物力和财力资源是城市群区域危机治理机制建设的重要保障。来自不同城市危机治理主体的应急资源，在应对城市群危机中向着突发事件发生地移动，形成了一个具有协同性的资源动态流动网络，不仅有利于降低每一个城市危机治理主体资源不足引发资源危机的风险，而且提升了城市群多元治理主体的资源保障能力和抵御风险的能力。因此，一方面，我们要加强专家数据库和不同层级的应急专业人才库的建设；另一方面，要构建城市群区域应急物资综合协调机制，通过资源整合和共享的方式，实现规模效益和成本分摊。

第二节　城市群公共危机管理保障机制

为了使城市群公共危机管理有效运行，需要建立完善的保障机制。保障机制是为城市群公共危机管理活动提供物质和精神条件的机制。本书从信息保障、技术保障、资源保障、立法保障和教育保障五个方面构建了城市群公共危机管理的保障机制，如图 7 - 2 所示。

一、信息保障

信息保障是保证城市群公共危机管理过程中信息和信息系统能够安全运行的防护性行为。高效、畅通的信息沟通共享渠道不仅为城市群公共危机管理部门提供必要的数据支持，而且也是实现与公众良性沟通的重要桥梁。通过建立现代化

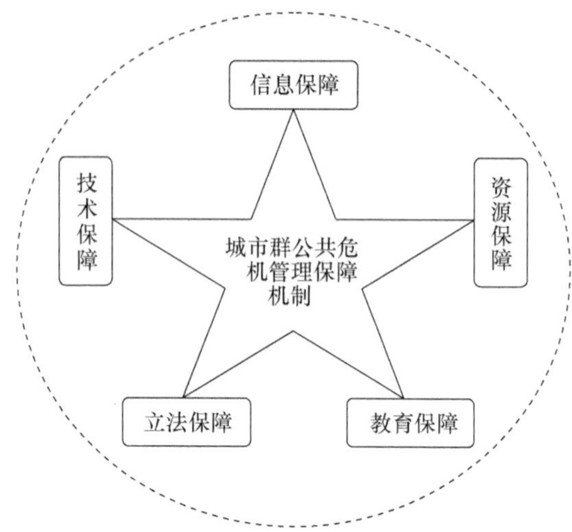

图 7－2　城市群公共危机管理保障机制

的统一的信息管理系统，使危机信息能够及时传递到危机管理指挥中心和危机管理主体，实现跨部门、跨区域的资源集成和调度。并且基于危机数据，实现较完整的数据分析和决策支持功能，从而为危机处理和决策方案的形成提供科学依据。信息保障是城市群公共危机应对机制良性运作的前提条件之一。

首先，通过媒体、无线、移动网络等技术，构建畅通的信息网络，搭建联动的信息管理中心，在城市群公共危机发生前、发生中和发生后等全过程管理中快速准确地获取危机信息，以便及时预报灾情和控制事态。

其次，建立城市群危机信息传输和发布的高效通道。通过建立有线与无线相结合、基础电信网络与机动通信网络相配套、多种路由共存的应急通信网络，确保通信畅通、信息发布准确快速，以保证城市群相关区域的政府组织、非政府组织、企业、公众能及时了解政府应对举措和危机的最新态势，避免造成不必要的恐慌和无序。

最后，建立城市群区域各城市之间的信息共享机制，以突破部门、条块和行政单位所造成的信息系统分割状态。相关城市为实现危机信息资源的快速高效集聚，要加快信息共享与沟通机制的建设，不仅为各方面的信息交流提供平台，为应急决策奠定信息基础，而且有助于增进城市群危机管理主体之间的关系，促进利益共同化的进程。

二、技术保障

技术保障是城市群公共危机应对机制有效运行的硬件基础，是应急响应与资源支持系统保持高度稳健性必不可少的技术支持。技术保障主要包括信息技术保障、通信技术保障、检测技术保障、监测技术保障、备份技术保障等。

搭建现代化的高层次的城市群区域应急指挥技术平台，可从以下途径入手：

一是要加强公共安全预防、预警、预测、指挥调度、装备保障等关键技术的开发和研制，并不断改进技术装备。

二是将现代化的通信技术和计算机网络，如地理信息系统、全球定位系统、卫星遥感系统等先进的技术应用到城市群区域公共危机管理指挥中心，以保障及时有效地跨部门获取遥感监测数据。并且尽快建立城市群部门内部的数据使用机制和数据获取手段，从而保障危机发生时及时有效地获取遥感等检测服务。

三是通过快速采集、存储、计算和分析的云服务体系及物联网技术应用及高技术成果集成转化，实现城市群公共危机管理平台的高计算能力、高存储能力、高稳定性与高安全性，突破在线应急所需的时空数据管理、分布式并行存储及集群计算等关键技术，从而降低谣言、舆论等“助燃剂”对突发事件的推波助澜，减弱危机的涟漪效应。

三、资源保障

资源保障是指通过有效的组织设计，保证城市群公共危机应对中资源供给，并合理布局、配置和调度资源。充足的应急资源储备是实施应急救援、安置灾民的基础和保障，是城市群公共危机应对机制发挥作用的坚实保障，是危机管理工作的重要支撑力量。应急资源保障主要包括人力资源保障、物资保障和资金保障等。

（一）人力资源保障

人力资源是指以卫生、消防、防汛、武警、军人、公安等专业性职能部门为主体，以企业、社会团体、非政府组织等各种社会组织为辅助的危机应对人才资源体系。数量合理、训练有素的应急人力资源队伍是制定城市群公共危机预防控制对策的基础和应急决策方案的保证。目前，我国城市群公共危机管理中人力资源还存在数量不足、质量不高、结构不合理、培育手段落后等问题。为了加快城市群专业应急人力资源队伍建设，需要做好以下三方面工作。

第一，加强城市群公共危机管理部门和大型高危企事业单位管理人员培训体系建设。应急决策往往是非常态下的紧急决策，日常的危机意识、责任意识和预防准备能够提高决策水平，提升危机管理中的组织协调和危机事件的处置应对能力。危机管理者在危机情境下承受压力、适应变化和妥善解决问题的能力好坏直接关系到危机管理的成败，危机管理培训是提高危机管理人才水平与能力的重要渠道。培养一批具有战略眼光和一定专业技能的应急管理人才，是提高党和政府风险应对能力和促进社会和谐的重要保证。

第二，加强专家数据库及不同层级和地区专业人才库的建设。一方面，组建一支多专业、跨部门的拥有高级技术的专家队伍为危机管理工作提供决策建议、专业咨询、理论指导和技术支持，以提高城市群公共危机管理应急决策水平和实施绩效，保障危机管理目标的实现；另一方面，加强对专业人才、研究人员的教育培训，通过高等学校、科研机构等培训基地，以公安、武警、消防、防汛、卫生、防疫等骨干专业研究队伍为受训主体，整合现有专业救援力量，提高实践技能，掌握救灾技术，加快形成城市群应急专业研究队伍体系。

第三，加强群众及志愿者应急队伍的建设。一方面，通过建立健全社会应急动员机制，积极发挥企事业单位、学校、社会团体等力量的重要作用，并且政府和相关单位要在装备、培训、人身保险等方面给予支持；另一方面，加强社区、城镇、农村、少数民族地区等公众的应急能力建设。

（二）物资保障

应急物资包括城市群公共危机在预防、救援、恢复等环节所需要的各类救灾物资、应急装备和设施等。应急物资保障是城市群公共危机应对机制有效运行的基础。

第一，要建立健全城市群区域应急物资储备制度。应急资源储备既可为公共危机事件的应急处置提供必要的支持，又可服务于当地经济的发展。不仅要保障一定数量的救灾物资存储，还要积极与企业合作，建立应急生产启动运行机制，以实现救援物资的动态储备。另外，区域内各城市之间要建立物资调剂供应的渠道，实现内部、外部、纵向、横向之间相互协调和配合，以便需要时，迅速从其他城市调度救灾物资。同时，还要完善重要资源的管理和监督机制，确保应急物资合理、合法使用。

第二，要完善城市群区域应急资源的补充和补偿机制。一方面，根据城市群区域的风险特征，定期更新和补充必要的应急物资；另一方面，通过立法的形式制定城市群内各行政区补偿方案，明确合理的补偿标准、补偿范围和补偿方式等，进而形成现代化、综合性的应急物资保障体系，切实提高我国应对城市群公共危机的整体能力。

（三）资金保障

应急资金主要包括公共危机管理过程中的财政、金融、保险和捐赠等。雄厚的应急资金是城市群公共危机管理体系有效运作的支撑和基础。城市群应急处置专项资金主要用于日常危机管理、应急指挥协调、现场救援、紧急生产启动、灾民安置和救济补助、应急科研工作等。为有效应对城市群公共危机事件，应建立以政府投入为主、社会投入为辅的城市群公共危机应急防范基金。

首先，扩大政府在防范公共危机方面的投入，保障危机管理资金的供给。对于城市群区域而言，应建立健全应急处置专项预备金制度。政府在编制财政预算时，按照既满足需要又不浪费的原则，专项安排处理公共危机事件过程中需要由财政负担的经费。

其次，建立集财政、保险、信贷和捐赠为一体的多元化应急资金筹集渠道。一方面，充分发挥政府财政救灾资金的主导作用；另一方面，利用市场、民间及非政府慈善组织的捐赠等渠道进行融资、筹资，以加强民间的互助互济。

最后，对应急资金进行严格管理和监督，提高资金透明度。及时向社会公布资金的使用情况，以保证应急基金的合法、合理、有效使用，对于违法使用应急资金的情况，应当严肃处理。

目前最佳的选项是以政府为中心，通过财政资金的杠杆效应，撬动更大的社会资金，形成多元化的筹资渠道，在时间和空间上覆盖救灾资金管理的全过程，以实现我国应急救灾资金管理质量的新跨越。

四、立法保障

立法保障是国家权力机关通过立法这一法律手段对城市群公共危机管理主体的权利予以保护，以维护国家和公众利益，使公民基本权益得到最大限度的保护。法律手段是应对城市群公共危机事件最基本、最主要的手段。法律保障不仅是公共危机管理应对体系有效运行的前提，也是城市群区域可持续发展的法律保证。为有效应对城市群公共危机事件，应急机制中法制建设的重点如下：

一是制定城市群公共危机状态管理法。为明确城市群公共危机状态下管理者的责任和权利，必须要抓紧涉及危机管理的立法。一方面要在宪法中设立城市群紧急状态的专门条文，制定危机状态的确认和宣告制度，明确城市群危机状态的含义、适用条件和程序等；另一方面要对紧急状态下，政府、非政府组织、企业、媒体及公众的权利和义务进行明确的法律界定，以便为城市群公共危机多主体协同治理提供具有可操作性的法律依据，促进危机管理中多元主体依法、有序、高效参与。

二是规定城市群中相关城市在应对城市群公共危机中的职责，成立城市群安全委员会，出台《城市群公共危机管理合作协议》、《城市群互救协议》等法律法规。在合作协议中应明确规定区域内未发生灾难的城市在接到其他城市的援助请求后，应及时实施应急援助。另外，要以法律和条例形式督促区域内各城市积极应对城市群公共危机事件，对危机下的信息协同、应急救援、资源调度、利益补偿、惩罚措施等要以法律形式固定下来，以保障区域内各城市政府部门能联合协作、相互配合。

五、教育保障

教育保障指以教育的形式为公众应对城市群公共危机提供保障。公共危机在很大程度上是无法避免的，而降低其对社会危害的根本的途径是通过对公众开展相关的危机教育，培养公民的危机意识，以提高危机应对能力。

首先，开展减灾科普宣传。利用灾害防御协会、科协等社会团体的组织网络、工作网络，协调各方面的社会力量参与防灾减灾科普宣传工作。充分利用各种媒体宣传灾害知识，宣传灾害应急法律法规和预防、避险、避灾、自救、互救、保险的常识，以增强公众的危机防范意识，提高其危机应对能力。

其次，建立和完善城市群公共危机教育网站。一方面，要分门别类地对自然灾害、事故灾难、公共卫生事件和社会安全事件的特征、应急预案、防范措施及法律法规等进行宣传；另一方面，分专题建立不同行业的城市群公共危机管理教育教学案例库，并通过在线问答等方式，积极发挥教师及危机培训师的作用。

最后，积极主动地学习美国、日本、德国等发达国家先进的公共危机管理教育模式。例如，美国的“社区应急反应队”、日本的“防灾教育和培训中心”、以色列的“防恐教育”、德国的“志愿者培训”等教育模式，都值得我们学习和借鉴。

本章小结

本章提出了城市群公共危机应对机制。一方面，从协同学的视角设计出城市群公共危机协同治理机制，并提出了城市群公共危机协同治理的路径选择；另一方面，从信息保障、技术保障、资源保障、立法保障和教育保障五个方面构建了城市群公共危机管理的保障机制。

第八章　总结与展望

本章旨在对全书的研究结果进行分析和讨论，包括研究得到的主要结论、研究存在的不足和局限性以及对未来后续相关研究的展望。

第一节　研究总结

本书将城市群理论、危机管理理论和复杂系统理论的理论和方法相结合，运用到城市群公共危机管理的领域中去，研究城市群公共危机的内涵、影响因素以及形成机理，并设计了一套城市群体系公共危机应急决策的理论方法，最后提出城市群公共危机协同治理框架和保障机制。

本书所做的主要工作和结论如下：

（1）对城市公共危机管理、复杂性科学及模糊多属性群决策理论的相关理论进行梳理，并说明这些理论方法在城市群公共危机管理研究中的适用性，以便为课题的深入研究提供支撑条件。

（2）结合城市群体系内外部环境的特殊性，分析城市群体系公共危机的主要特征、影响因素和形成机理。首先界定了城市群公共危机的内涵，其次从战略层面（制度、经济、政治、社会、文化）、运行层面（环境、组织、管理）和突发层面（自然灾害）剖析城市群公共危机的诱因，最后基于社会燃烧理论、熵与自组织理论、脆性理论探讨城市群公共危机的形成机理。

（3）利用专家小组法，采用结构化访谈与半结构化访谈的方式，从城市群公共危机发生前风险管理绩效评估，危机中应急方案选择和危机后管理能力评价三个角度构建了城市群公共危机应急决策的分析框架。在城市群公共危机发生前，借鉴模糊 AHP 和模糊 TOPSIS 方法，构建了城市群公共危机风险管理绩效评估模型。在城市群公共危机发生中，一方面，从静态的视角，构建了基于中位数、熵测度和区间直觉模糊数的城市群公共危机应急决策方案选择模型；另一方面，从动态的视角，建立了基于不完全信息动态博弈的应急决策模型。在城市群公共危机发生后，建立了基于 α 水平截集和模糊 TOPSIS 危机管理能力综合评价模型。

（4）提出了城市群公共危机的应对机制。一方面，从协同学的视角设计了城市群公共危机协同治理机制；另一方面，从信息保障、技术保障、资源保障、立法保障和教育保障五个方面构建了城市群公共危机管理的保障机制。

第二节　研究局限及展望

城市群公共危机的研究是一项复杂的系统工程。本书研究了城市群公共危机应急决策的理论与方法，在研究内容和研究方法方面取得了一些研究成果，但是由于研究问题的复杂性和研究时间的局限性，本研究还有一些问题尚需进一步完善和拓展。

（1）可以针对某特定类型的城市群公共危机事件，例如突发公共卫生事件或者社会安全事件的形成机理进行深入研究，建立更具有针对性的应急决策流程和应对机制。

（2）在城市群公共危机静态应急决策模型的构建上，进一步将城市群公共危机应急决策的流程与模型和现行的实际组织架构进行比较分析，进而提出更具有可操作性的应急决策模型；在动态应急决策模型的构建上，应对非合作动态博弈模型进行深入研究，构建基于模糊博弈论的应急决策模型。

（3）在城市群公共危机管理评价上，一方面，评价指标之间的相关性及显著性检验尚需进一步探讨；另一方面，管理评价方法也要随着指标的改变而进一步完善。

附录 1　城市群公共危机应急方案选择的调查问卷

尊敬的专家：您好！

近年来，我国公共危机事件呈现高发态势，不仅给正常的社会生产生活带来极大冲击，而且造成了巨大的财产损失和人员伤亡。应急决策对危机事件应对的效果往往具有决定性作用，如何在城市群公共危机发生时迅速准确地进行应急决策一直是世界各国政府迫切需要解决的重要问题。本课题拟用模糊多属性群决策方法研究应急方案的选择问题。本课题组特邀请您结合自身知识储备与实践经验认真填写下表的调查内容。本次调查结果仅为博士论文研究使用，无任何商业目的，报告中不会出现您的相关信息，由衷感谢您的支持与配合！

上海大学管理学院
城市群公共危机管理课题组
2012 年 11 月 20 日

一、相关名词说明

城市群公共危机：指发生在城市群区域内的公共危机事件，该事件已经或可能对城市群区域内的公共安全和公共秩序产生严重威胁，需要公共部门在时间压力和不确定性极高的情形下做出决策并加以控制。例如 2003 年纽约城市群和芝加哥城市群的大面积断电事件、2003 年“SARS”在珠三角城市群的爆发与急速扩散、2008 年长株潭城市群的雪灾等。

区间直觉模糊数：由于客观环境的复杂性，决策者知识结构和专业水平及时间等因素的影响，决策者常常不能够给出决策方案的精确偏好信息，存在着一定的犹豫度。1986 年，保加利亚学者 Atanassov 教授提出了直觉模糊集的概念，同时考虑了隶属度、非隶属度和犹豫度 3 个方面的信息，能够较为准确地表达决策者对一个问题的赞同、反对和犹豫的态度，在考虑主观因素方面更加细腻。然而，由于实际管理决策问题的复杂性、多样性，使得决策者很难准确地确定隶属度与非隶属度的精确值，往往比较方便地给出其大概范围，也即隶属度与非隶属度的某个区间。因此，1989 年 Atanassov 和伽尔格武（Gargov）进一步对直觉模糊集进行扩展，提出了区间直觉模糊集的概念，更能描述和反映客观世界的本质特征。

区间直觉模糊数也即用一组区间数来表达决策者对一个问题的赞同、反对和犹豫的态度。一般简记为（$[a_1, a_2]$，$[b_1, b_2]$），a_1、a_2、b_1 和 b_2 都介于 0 ~ 1 间，且 $a_2 + b_2 \leq 1$。其中，$[a_1, a_2]$ 表示对方案支持的程度；$[b_1, b_2]$ 表示对方案反对的程度。

评价指标说明：

（1）时间：指实施该方案所需的大概时间；

（2）费用：指实施该救灾方案的支出；

（3）可行性：指实施该方案的资源和条件确保救灾计划的执行。

二、问卷部分

请您根据以下指标对 4 个应急方案进行评价，并用区间直觉模糊数来表示。

本课题以 2010 年 11 月 15 日上海静安区高层住宅火灾为例，探讨区间直觉模糊数的多属性群决策方法在应急方案选择中的应用。经过预评估，得出 4 个候选方案，即：

A_1：高层居民往楼顶撤离，等待直升机救援；

A_2：高层居民沿楼外脚手架逃避或躲避等待救援；

A_3：高层居民待在原地，适当自救，等待消防队救援；

A_4：高层居民往楼顶撤离，边撤离边等待楼外云梯救助。

请您根据时间、费用和可行性 3 个指标对这 4 个应急方案进行评价，并用区间直觉模糊数来表示。示例：（[0.60，0.70]，[0.15，0.20]），表示在某一指标下，对方案的赞同度为 60% ~70%，对方案的反对度为 15% ~20%，对方案的犹豫度为 10% ~25%。

方案	时间	费用	可行性
A_1			
A_2			
A_3			
A_4			

最后，再一次感谢您的支持，感谢您填写本调查问卷，感谢您宝贵的意见！

附录2　城市群公共危机风险管理绩效评估的调查问卷

尊敬的专家：您好！

近年来，我国公共危机事件频繁发生，不仅给正常的社会生产生活带来极大冲击，而且造成了巨大的财产损失和人员伤亡。公共危机风险管理是城市群公共危机管理中非常关键的问题。公共危机风险管理绩效评估是评判危机风险管理中决策、计划、组织、控制等工作的水平，评价政府及其相关部门工作业绩的重要标准，既是对政府已有危机风险管理意识、能力和业绩的评估，又是制定未来政府突发事件风险管理政策的重要条件。目前，我们正在进行一项《城市群公共危机管理应急决策理论与应对机制研究》的课题，恳请您给予宝贵的意见。

您是该领域的专家，您的宝贵意见对本研究的成功十分关键。我们向您承诺：本次调查结果仅为课题研究使用，并无其他用途，报告中不会出现您的相关信息，诚挚地感谢您对我们课题研究所提供的帮助。

联系人：蒋宗彩

地址：上海市宝山区上大路99号上海大学管理学院

邮编：200444

电话：021－56331948

传真：021－56335762

E－mail：jzc@ shu. edu. cn

一、指标说明

根据前期调查研究，本课题总结出公共危机风险管理绩效评估的3个一级指标和6个二级指标，具体如下：

一级指标	二级指标	释义
风险识别	危险源监测与评估（C_1） 预警系统（C_2）	风险识别指找出危机管理主体面临的各种风险，识别并确认潜伏的风险。一方面，要鉴别风险的来源、范围，弄清楚哪些因素可能会导致危机的发生，做好危险源普查工作和脆弱性评估工作；另一方面，在可能发生危机的警源上设置警情指标，以及对呈现出来的危机信号和征兆进行严密的动态监控
风险减缓	关键基础设施（C_3） 基于风险的土地使用计划（C_4）	风险减缓指应用一些措施，要么阻止一些危机发生，要么减少即将发生的危机的影响。它包括两项指标：关键基础设施和基于风险的土地使用计划。诸如电力、水利、交通等基础设施一旦破坏，可能会严重威胁到公民的安全和保障，因此要加强其抵抗力和弹性，在系统出现故障的情况下迅速恢复。严格的土地使用计划可以减少人员和财产在危险区域的暴露
风险处理	危机培训和教育（C_5） 法律保障（C_6）	风险处理指选择应对风险的合适策略和手段并加以执行，它包括风险管理的培训和教育以及法律保障。一方面通过培训、演练、减灾科普宣传和危机教育等形式培养公民的危机意识，以提高其应对能力；另一方面城市群公共危机风险管理权利机关通过立法这一法律手段对公民的权利予以保护

二、问卷部分

下面我们将对政府在长三角城市群的4个城市：上海（A_1）、苏州（A_2）、南京（A_3）和杭州（A_4）的公共危机风险管理绩效进行评估。

1. 请您对指标的重要度进行评价

请您对危险源监测与评估（C_1）、预警系统（C_2）、关键基础设施（C_3）、基于风险的土地使用计划（C_4）、危机培训和教育（C_5）、法律保障（C_6）6个指标在公共危机风险管理绩效评估中，两两比较重要程度进行打分。重要度语言变量描述为：

1－同等重要　2－稍微重要　3－较重要　4－明显重要　5－非常重要　6－极端重要

注意：只需在空白区域填写。

指标	C_1	C_2	C_3	C_4	C_5	C_6
C_1	1	—	—	—	—	—
C_2		1	—	—	—	—
C_3			1	—	—	—
C_4				1	—	—
C_5					1	—
C_6						1

2. 请您对四个城市的危机风险管理绩效进行评价

请您对上海（A_1），苏州（A_2），南京（A_3），杭州（A_4）4 个城市在 6 个评价指标下的公共危机风险管理绩效进行打分。绩效的语言变量描述为：

-2 - 非常差　-1 - 差　0 - 一般　1 - 良好　2 - 优秀

	C_1	C_2	C_3	C_4	C_5	C_6
上海（A_1）						
苏州（A_2）						
南京（A_3）						
杭州（A_4）						

衷心感谢您对本次调研的支持，祝您工作顺利！

上海大学管理学院

附录3　城市群公共危机管理能力评价的调查问卷

尊敬的专家：您好！

近年来，我国公共危机事件频繁发生，不仅给正常的社会生产生活带来极大冲击，而且造成了巨大的财产损失和人员伤亡。因此，建立科学、合理的公共危机管理能力评价体系，不仅可以考察政府的公共危机管理能力，及时发现管理中可能存在的薄弱环节，而且可以完善管理流程，优化管理系统。本次调研的目的是为了确定我们承担的教育部人文社会科学研究基金项目《城市群体系公共危机诊断与反危机策略研究——以长江三角洲为例》中政府在处理近几年发生的重大危机事件的管理能力进行调查。鉴于您在公共危机管理学界的崇高威望和成就，我们真诚地希望您能根据自己了解认真填写以下表的调查内容。您的协助将使此项研究计划的内容更为深入、正确。我们向您承诺：对您所提供的信息严格保守秘密，本次调查结果仅为学术研究之用，不会对您产生任何不良影响。非常感谢您对我们课题研究所提供的帮助！

联系人：蒋宗彩

地址：上海市宝山区上大路99号上海大学管理学院

邮编：200444

电话：021－56331948

传真：021－56335762

E－mail：jzc@ shu. edu. cn

一、指标说明

根据前期调查研究，本课题总结出公共危机管理能力评价的3个一级指标和9个二级指标，具体如下：

一级指标	二级指标	指标释义
危机前预警能力	危机预警技术能力（B_1）	根据有关危机现象历史数据和现在资料，通过科学的方法与技术，对危机的趋势和演化做出估计和判断的能力
	危机识别预报能力（B_2）	通过检测系统和信息处理系统等识别出危机特征、来源及潜在影响的能力
	危机意识培训教育能力（B_3）	通过培训、演练、减灾科普宣传和危机教育等形式提高公民的危机意识的能力
危机中处理能力	各部门协调能力（B_4）	在危机发生中，与其他部门协同合作，迅速有效地配置资源并实施救援措施的能力
	危机反应能力（B_5）	公共危机发生时，迅速有效地组织救援活动，以防止危机进一步扩大的能力
	紧急救援能力（B_6）	完成现场救援、医疗救助、提供资源调度、工程抢修、疏散安置等的能力
危机后恢复能力	社会保障能力（B_7）	对受灾区域提供必要的人力、物力、财力和后勤、通信保障、医疗装备支持等社会保障的能力
	社会秩序恢复能力（B_8）	危机后采取必要的措施将社会生活恢复到常态的能力
	总结提高能力（B_9）	对应急预案进行完善及危机管理过程进行总结的能力

二、问卷部分

下面我们将以近年来对社会影响较大的4个公共危机事件："非典"事件（A_1）、南方雪灾（A_2）、汶川地震（A_3）和三鹿事件（A_4）为评价对象，对政府在这4个事件中的管理能力进行评价。

1. 请您对公共危机管理能力评价指标的重要度进行评价

请对下列指标在公共危机管理能力评估中的重要度进行打分。

B_1：危机预警技术能力；B_2：危机识别预报能力；

B_3：危机意识培训教育能力；B_4：各部门协调能力；

B_5：危机反应能力；B_6：紧急救援能力；

B_7：社会保障能力；B_8：社会秩序恢复能力；B_9：总结提高能力。

重要度语言变量描述：

-2－非常不重要　-1－不重要　0－一般　1－重要　2－非常重要

	B_1	B_2	B_3	B_4	B_5	B_6	B_7	B_8	B_9
重要度									

2. 请您对政府的危机管理能力进行评价

请您对政府在“非典”事件（A_1）、南方雪灾（A_2）、汶川地震（A_3）、三鹿事件（A_4）中关于每个评价指标下的能力进行打分。评价的语言变量描述为：

-2 - 非常差　-1 - 差　0 - 一般　1 - 良好　2 - 优秀

	B_1	B_2	B_3	B_4	B_5	B_6	B_7	B_8	B_9
“非典”事件（A_1）									
南方雪灾（A_2）									
汶川地震（A_3）									
三鹿事件（A_4）									

最后，再一次感谢您的支持，感谢您填写本调查问卷，感谢您宝贵的意见！

上海大学管理学院

城市群公共危机诊断与反危机策略课题组

2012 年 4 月 10 日

附录4　城市群公共危机管理能力评价的LINGO程序

（1）当λ=0.1，i=1，求最小值。

```
model:
sets:
A/1..9/: w, y1, y2;
endsets
data:
y1=0.09, 0.14, 0.05, 0.05, 0.06, 0.1, 0.08, 0.04, 0.1;
y2=0.49, 0.38, 0.61, 0.61, 0.56, 0.46, 0.52, 0.66, 0.48;
enddata
! w(1)的范围;
@bnd(0.68, w(1), 1);
! w(2)的范围;
@bnd(0.73, w(2), 1);
! w(3)的范围;
@bnd(0.42, w(3), 0.83);
! w(4)的范围;
@bnd(0.63, w(4), 1);
! w(5)的范围;
@bnd(0.68, w(5), 1);
! w(6)的范围;
@bnd(0.73, w(6), 1);
! w(7)的范围;
@bnd(0.58, w(7), 0.98);
! w(8)的范围;
```

```
@bnd (0.68, w (8), 1);
! w (9) 的范围;
@bnd (0.67, w (9), 0.99);
S1 = @SUM (A: y1 * w^2);
S2 = @SUM (A: y2 * w^2);
min = @sqrt (S1)/(@sqrt (S1) + @sqrt (S2));
end
```

```
Local optimal solution found.
  Objective value:                                  0.2638320
  Total solver iterations:                                  4

    Variable          Value            Reduced Cost
       S1             0.4257590        0.000000
       S2             3.314841         0.000000
       W (1)          0.6800000        0.8395488E-02
       W (2)          0.7300000        0.3036851E-01
       W (3)          0.8300000        -0.1073370E-01
       W (4)          1.000000         -0.1293217E-01
       W (5)          1.000000         -0.5440703E-02
       W (6)          0.7300000        0.1362613E-01
       W (7)          0.5800000        0.3495478E-02
       W (8)          1.000000         -0.2042364E-01
       W (9)          0.6700000        0.1172103E-01
       Y1 (1)         0.9000000E-01    0.000000
       Y1 (2)         0.1400000        0.000000
       Y1 (3)         0.5000000E-01    0.000000
       Y1 (4)         0.5000000E-01    0.000000
       Y1 (5)         0.6000000E-01    0.000000
       Y1 (6)         0.1000000        0.000000
       Y1 (7)         0.8000000E-01    0.000000
       Y1 (8)         0.4000000E-01    0.000000
       Y1 (9)         0.1000000        0.000000
       Y2 (1)         0.4900000        0.000000
```

```
Y2 ( 2)          0. 3800000          0. 000000
Y2 ( 3)          0. 6100000          0. 000000
Y2 ( 4)          0. 6100000          0. 000000
Y2 ( 5)          0. 5600000          0. 000000
Y2 ( 6)          0. 4600000          0. 000000
Y2 ( 7)          0. 5200000          0. 000000
Y2 ( 8)          0. 6600000          0. 000000
Y2 ( 9)          0. 4800000          0. 000000
Row              Slack or Surplus    Dual Price
  1              0. 000000           -0. 2280923
  2              0. 000000           0. 2929623E -01
  3              0. 2638320          -1. 000000
```

（2）当 λ =0. 1，i =1，求最大值。

```
model:
sets:
A/1. . 9/: w, y1, y2;
endsets
data:
y1 =0. 55, 0. 94, 0. 55, 0. 43, 0. 4, 0. 57, 0. 57, 0. 39, 0. 8;
y2 =0. 07, 0. 001, 0. 068, 0. 12, 0. 14, 0. 06, 0. 06, 0. 14, 0. 01;
enddata
! w (1) 的范围;
@bnd (0. 68, w (1), 1);
! w (2) 的范围;
@bnd (0. 73, w (2), 1);
! w (3) 的范围;
@bnd (0. 42, w (3), 0. 83);
! w (4) 的范围;
@bnd (0. 63, w (4), 1);
! w (5) 的范围;
@bnd (0. 68, w (5), 1);
! w (6) 的范围;
@bnd (0. 73, w (6), 1);
! w (7) 的范围;
```

```
@bnd (0.58, w (7), 0.98);
! w (8) 的范围;
@bnd (0.68, w (8), 1);
! w (9) 的范围;
@bnd (0.67, w (9), 0.99);
S1 =@SUM (A: y1 * w^2);
S2 =@SUM (A: y2 * w^2);
max =@sqrt (S1)/(@sqrt (S1)  +@sqrt (S2));
end
```

Local optimal solution found.

Objective value: 0.7677158

Total solver iterations: 4

Variable	Value	Reduced Cost
S1	3.106884	0.000000
S2	0.2844222	0.000000
W (1)	0.6800000	0.8377682E-02
W (2)	1.000000	-0.5332693E-01
W (3)	0.4200000	0.4647784E-02
W (4)	0.6300000	0.3185095E-01
W (5)	0.6800000	0.4407671E-01
W (6)	0.7300000	0.3578695E-02
W (7)	0.5800000	0.2843347E-02
W (8)	0.6800000	0.4446701E-01
W (9)	0.9900000	-0.3925190E-01
Y1 (1)	0.5500000	0.000000
Y1 (2)	0.9400000	0.000000
Y1 (3)	0.5500000	0.000000
Y1 (4)	0.4300000	0.000000
Y1 (5)	0.4000000	0.000000
Y1 (6)	0.5700000	0.000000
Y1 (7)	0.5700000	0.000000
Y1 (8)	0.3900000	0.000000
Y1 (9)	0.8000000	0.000000

Y2（1）	0.7000000E-01	0.000000
Y2（2）	0.1000000E-02	0.000000
Y2（3）	0.6800000E-01	0.000000
Y2（4）	0.1200000	0.000000
Y2（5）	0.1400000	0.000000
Y2（6）	0.6000000E-01	0.000000
Y2（7）	0.6000000E-01	0.000000
Y2（8）	0.1400000	0.000000
Y2（9）	0.1000000E-01	0.000000
Row	Slack or Surplus	Dual Price
1	0.000000	0.2869889E-01
2	0.000000	-0.3134922
3	0.7677158	1.000000

（3）当 λ=0.1，i=2，求最小值。

```
model:
sets:
A/1..9/: w, y1, y2;
endsets
data:
y1 =0.073, 0.168, 0.101, 0.03, 0.053, 0.14, 0.034, 0.074, 0.044;
y2 =0.5373, 0.3481, 0.4665, 0.6839, 0.5929, 0.3894, 0.6642, 0.5300, 0.6241;
enddata
! w（1）的范围;
@bnd（0.68, w（1）, 1）;
! w（2）的范围;
@bnd（0.73, w（2）, 1）;
! w（3）的范围;
@bnd（0.42, w（3）, 0.83）;
! w（4）的范围;
@bnd（0.63, w（4）, 1）;
! w（5）的范围;
@bnd（0.68, w（5）, 1）;
! w（6）的范围;
@bnd（0.73, w（6）, 1）;
```

```
! w（7）的范围；
@bnd（0.58，w（7），0.98）；
! w（8）的范围；
@bnd（0.68，w（8），1）；
! w（9）的范围；
@bnd（0.67，w（9），0.99）；
S1 =@SUM（A：y1 * w^2）；
S2 =@SUM（A：y2 * w^2）；
min =@sqrt（S1)/(@sqrt（S1） +@sqrt（S2））；
end
```

```
Local optimal solution found.
   Objective value:                                  0.2548174
   Total solver iterations:                                  7

      Variable            Value             Reduced Cost
         S1               0.4087004         0.000000
         S2               3.495202          0.000000
         W( 1)            0.6800000         0.3213840E-02
         W( 2)            0.7300000         0.4317421E-01
         W( 3)            0.4200000         0.9064291E-02
         W( 4)            1.000000          -0.2321632E-01
         W( 5)            1.000000          -0.7586533E-02
         W( 6)            0.7300000         0.3203971E-01
         W( 7)            0.9800000         -0.1988188E-01
         W( 8)            0.6800000         0.3799455E-02
         W( 9)            0.9900000         -0.1332839E-01
         Y1( 1)           0.7300000E-01     0.000000
         Y1( 2)           0.1680000         0.000000
         Y1( 3)           0.1010000         0.000000
         Y1( 4)           0.3000000E-01     0.000000
         Y1( 5)           0.5300000E-01     0.000000
         Y1( 6)           0.1400000         0.000000
         Y1( 7)           0.3400000E-01     0.000000
```

```
Y1 ( 8)        0. 7400000E - 01      0. 000000
Y1 ( 9)        0. 4400000E - 01      0. 000000
Y2 ( 1)        0. 5373000            0. 000000
Y2 ( 2)        0. 3481000            0. 000000
Y2 ( 3)        0. 4665000            0. 000000
Y2 ( 4)        0. 6839000            0. 000000
Y2 ( 5)        0. 5929000            0. 000000
Y2 ( 6)        0. 3894000            0. 000000
Y2 ( 7)        0. 6642000            0. 000000
Y2 ( 8)        0. 5300000            0. 000000
Y2 ( 9)        0. 6241000            0. 000000
Row            Slack or Surplus      Dual Price
  1            0. 000000             - 0. 2323040
  2            0. 000000             0. 2716374E - 01
  3            0. 2548174            - 1. 000000
```

（4）当 λ = 0. 1，i = 2，求最大值。

```
model:
sets:
A/1. . 9/: w, y1, y2;
endsets
data:
y1 = 0. 5402, 0. 9370, 0. 6448, 0. 3341, 0. 3956, 0. 6972, 0. 3919,
0. 4583, 0. 4720;
y2 = 0. 0702, 0. 0010, 0. 0388, 0. 1781, 0. 1376, 0. 0272, 0. 1399,
0. 1043, 0. 0980;
enddata
! w (1) 的范围;
@bnd (0. 68, w (1), 1);
! w (2) 的范围;
@bnd (0. 73, w (2), 1);
! w (3) 的范围;
@bnd (0. 42, w (3), 0. 83);
! w (4) 的范围;
@bnd (0. 63, w (4), 1);
```

```
! w (5) 的范围;
@bnd (0.68, w (5), 1);
! w (6) 的范围;
@bnd (0.73, w (6), 1);
! w (7) 的范围;
@bnd (0.58, w (7), 0.98);
! w (8) 的范围;
@bnd (0.68, w (8), 1);
! w (9) 的范围;
@bnd (0.67, w (9), 0.99);
S1 =@SUM (A: y1 * w^2);
S2 =@SUM (A: y2 * w^2);
max =@sqrt (S1)/(@sqrt (S1) +@sqrt (S2));
end
```

Local optimal solution found.

Objective value: 0.7485571

Total solver iterations: 4

Variable	Value	Reduced Cost
S1	3.199355	0.000000
S2	0.3609868	0.000000
W (1)	0.6800000	0.3279133E-02
W (2)	1.000000	-0.5460270E-01
W (3)	0.8300000	-0.1469386E-01
W (4)	0.6300000	0.4612011E-01
W (5)	0.6800000	0.3296072E-01
W (6)	1.000000	-0.2683442E-01
W (7)	0.5800000	0.2893536E-01
W (8)	0.6800000	0.1864579E-01
W (9)	0.6700000	0.1563075E-01
Y1 (1)	0.5402000	0.000000
Y1 (2)	0.9370000	0.000000
Y1 (3)	0.6448000	0.000000
Y1 (4)	0.3341000	0.000000

```
Y1 ( 5)        0.3956000        0.000000
Y1 ( 6)        0.6972000        0.000000
Y1 ( 7)        0.3919000        0.000000
Y1 ( 8)        0.4583000        0.000000
Y1 ( 9)        0.4720000        0.000000
Y2 ( 1)        0.7020000E-01    0.000000
Y2 ( 2)        0.1000000E-02    0.000000
Y2 ( 3)        0.3880000E-01    0.000000
Y2 ( 4)        0.1781000        0.000000
Y2 ( 5)        0.1376000        0.000000
Y2 ( 6)        0.2720000E-01    0.000000
Y2 ( 7)        0.1399000        0.000000
Y2 ( 8)        0.1043000        0.000000
Y2 ( 9)        0.9800000E-01    0.000000
Row            Slack or Surplus Dual Price
  1            0.000000         0.2941521E-01
  2            0.000000         -0.2607012
  3            0.7485571        1.000000
```

（5）当 λ=0.1，i=3，求最小值。

```
model:
sets:
A/1..9/: w, y1, y2;
endsets
data:
y1 =0.2470, 0.1681, 0.2652, 0.2756, 0.5112, 0.3215, 0.2560, 0.3215, 0.2470;
y2 =0.2530, 0.3481, 0.2352, 0.2256, 0.0812, 0.1875, 0.2440, 0.1875, 0.2530;
enddata
! w (1) 的范围;
@bnd (0.68, w (1), 1);
! w (2) 的范围;
@bnd (0.73, w (2), 1);
! w (3) 的范围;
@bnd (0.42, w (3), 0.83);
! w (4) 的范围;
```

```
@bnd (0.63, w (4), 1);
! w (5) 的范围;
@bnd (0.68, w (5), 1);
! w (6) 的范围;
@bnd (0.73, w (6), 1);
! w (7) 的范围;
@bnd (0.58, w (7), 0.98);
! w (8) 的范围;
@bnd (0.68, w (8), 1);
! w (9) 的范围;
@bnd (0.67, w (9), 0.99);
S1 =@SUM (A: y1 * w^2);
S2 =@SUM (A: y2 * w^2);
min =@sqrt (S1)/(@sqrt (S1) +@sqrt (S2));
end
```

```
Local optimal solution found.
Objective value:                                    0.5144992
Total solver iterations:                                    4

Variable          Value            Reduced Cost
   S1             1.615582         0.000000
   S2             1.438598         0.000000
   W( 1)          1.000000         -0.5740049E-02
   W( 2)          1.000000         -0.3445161E-01
   W( 3)          0.4200000        0.6912903E-04
   W( 4)          0.6300000        0.2166856E-02
   W( 5)          0.6800000        0.4415853E-01
   W( 6)          0.7300000        0.1252070E-01
   W( 7)          0.9800000        -0.2730109E-02
   W( 8)          0.6800000        0.1166312E-01
   W( 9)          0.9900000        -0.5682648E-02
   Y1( 1)         0.2470000        0.000000
   Y1( 2)         0.1681000        0.000000
```

Y1 (3)	0. 2652000	0. 000000
Y1 (4)	0. 2756000	0. 000000
Y1 (5)	0. 5112000	0. 000000
Y1 (6)	0. 3215000	0. 000000
Y1 (7)	0. 2560000	0. 000000
Y1 (8)	0. 3215000	0. 000000
Y1 (9)	0. 2470000	0. 000000
Y2 (1)	0. 2530000	0. 000000
Y2 (2)	0. 3481000	0. 000000
Y2 (3)	0. 2352000	0. 000000
Y2 (4)	0. 2256000	0. 000000
Y2 (5)	0. 8120000E -01	0. 000000
Y2 (6)	0. 1875000	0. 000000
Y2 (7)	0. 2440000	0. 000000
Y2 (8)	0. 1875000	0. 000000
Y2 (9)	0. 2530000	0. 000000
Row	Slack or Surplus	Dual Price
1	0. 000000	-0. 7730644E -01
2	0. 000000	0. 8681706E -01
3	0. 5144992	-1. 000000

(6) 当 λ =0. 1, i =3 ，求最大值。

```
model:
sets:
A/1..9/: w, y1, y2;
endsets
data:
y1 =0.9487, 0.9370, 0.9487, 0.9506, 0.9880, 0.9624, 0.7974, 0.9624, 0.9487;
y2 =0.0007, 0.0010, 0.0007, 0.0006, 0.00004, 0.0004, 0.0114, 0.0004, 0.0007;
enddata
! w (1) 的范围;
@bnd (0.68, w (1), 1);
! w (2) 的范围;
@bnd (0.73, w (2), 1);
! w (3) 的范围;
```

```
@bnd（0.42，w（3），0.83）；
！w（4）的范围；
@bnd（0.63，w（4），1）；
！w（5）的范围；
@bnd（0.68，w（5），1）；
！w（6）的范围；
@bnd（0.73，w（6），1）；
！w（7）的范围；
@bnd（0.58，w（7），0.98）；
！w（8）的范围；
@bnd（0.68，w（8），1）；
！w（9）的范围；
@bnd（0.67，w（9），0.99）；
S1 =@SUM（A：y1 * w^2）；
S2 =@SUM（A：y2 * w^2）；
max =@sqrt（S1）/(@sqrt（S1） +@sqrt（S2））；
end
```

```
Local optimal solution found.
Objective value:                                   0.9683055
Total solver iterations:                                   4

Variable          Value               Reduced Cost
S1                7.600726            0.000000
S2                0.8143260E-02       0.000000
W(1)              1.000000            -0.1192501E-02
W(2)              1.000000            -0.1463177E-04
W(3)              0.8300000           -0.9897756E-03
W(4)              1.000000            -0.1577048E-02
W(5)              1.000000            -0.3838564E-02
W(6)              1.000000            -0.2378445E-02
W(7)              0.5800000           0.2305158E-01
W(8)              1.000000            -0.2378445E-02
W(9)              0.9900000           -0.1180576E-02
```

```
Y1 ( 1)          0.9487000          0.000000
Y1 ( 2)          0.9370000          0.000000
Y1 ( 3)          0.9487000          0.000000
Y1 ( 4)          0.9506000          0.000000
Y1 ( 5)          0.9880000          0.000000
Y1 ( 6)          0.9624000          0.000000
Y1 ( 7)          0.7974000          0.000000
Y1 ( 8)          0.9624000          0.000000
Y1 ( 9)          0.9487000          0.000000
Y2 ( 1)          0.7000000E-03      0.000000
Y2 ( 2)          0.1000000E-02      0.000000
Y2 ( 3)          0.7000000E-03      0.000000
Y2 ( 4)          0.6000000E-03      0.000000
Y2 ( 5)          0.4000000E-04      0.000000
Y2 ( 6)          0.4000000E-03      0.000000
Y2 ( 7)          0.1140000E-01      0.000000
Y2 ( 8)          0.4000000E-03      0.000000
Y2 ( 9)          0.7000000E-03      0.000000
Row              Slack or Surplus   Dual Price
1                0.000000           0.2018884E-02
2                0.000000           -1.884378
3                0.9683055          1.000000
```

(7) 当λ=0.1，i=4，求最小值。

```
model:
sets:
A/1..9/: w, y1, y2;
endsets
data:
y1 =0.14, 0.17, 0.55, 0.28, 0.28, 0.26, 0.26, 0.14, 0.31;
y2 =0.40, 0.35, 0.07, 0.22, 0.22, 0.24, 0.24, 0.38, 0.19;
enddata
! w (1) 的范围;
@bnd (0.68, w (1), 1);
! w (2) 的范围;
```

```
@bnd (0.73, w (2), 1);
! w (3) 的范围;
@bnd (0.42, w (3), 0.83);
! w (4) 的范围;
@bnd (0.63, w (4), 1);
! w (5) 的范围;
@bnd (0.68, w (5), 1);
! w (6) 的范围;
@bnd (0.73, w (6), 1);
! w (7) 的范围;
@bnd (0.58, w (7), 0.98);
! w (8) 的范围;
@bnd (0.68, w (8), 1);
! w (9) 的范围;
@bnd (0.67, w (9), 0.99);
S1 = @SUM (A: y1 * w^2);
S2 = @SUM (A: y2 * w^2);
min = @sqrt (S1)/(@sqrt (S1) + @sqrt (S2));
end
```

Local optimal solution found.

Objective value:	0.4571667
Total solver iterations:	4

Variable	Value	Reduced Cost
S1	1.152801	0.000000
S2	1.625317	0.000000
W (1)	1.000000	-0.3093691E-01
W (2)	1.000000	-0.1684439E-01
W (3)	0.4200000	0.4523873E-01
W (4)	0.6300000	0.1681145E-01
W (5)	0.6800000	0.1814569E-01
W (6)	0.7300000	0.1410773E-01
W (7)	0.5800000	0.1120888E-01
W (8)	1.000000	-0.2788316E-01

W（9）	0.6700000	0.2527481E-01
Y1（1）	0.1400000	0.000000
Y1（2）	0.1700000	0.000000
Y1（3）	0.5500000	0.000000
Y1（4）	0.2800000	0.000000
Y1（5）	0.2800000	0.000000
Y1（6）	0.2600000	0.000000
Y1（7）	0.2600000	0.000000
Y1（8）	0.1400000	0.000000
Y1（9）	0.3100000	0.000000
Y2（1）	0.4000000	0.000000
Y2（2）	0.3500000	0.000000
Y2（3）	0.7000000E-01	0.000000
Y2（4）	0.2200000	0.000000
Y2（5）	0.2200000	0.000000
Y2（6）	0.2400000	0.000000
Y2（7）	0.2400000	0.000000
Y2（8）	0.3800000	0.000000
Y2（9）	0.1900000	0.000000
Row	Slack or Surplus	Dual Price
1	0.000000	-0.1076358
2	0.000000	0.7634366E-01
3	0.4571667	-1.000000

（8）当λ=0.1，i=4，求最大值。

```
model:
sets:
A/1..9/: w, y1, y2;
endsets
data:
y1=0.74, 0.94, 0.94, 0.96, 0.83, 0.94, 0.94, 0.71, 0.96;
y2=0.02, 0.001, 0.001, 0.0004, 0.008, 0.001, 0.001, 0.03, 0.0004;
enddata
! w(1)的范围;
@bnd(0.68, w(1), 1);
```

```
! w (2) 的范围;
@bnd (0.73, w (2), 1);
! w (3) 的范围;
@bnd (0.42, w (3), 0.83);
! w (4) 的范围;
@bnd (0.63, w (4), 1);
! w (5) 的范围;
@bnd (0.68, w (5), 1);
! w (6) 的范围;
@bnd (0.73, w (6), 1);
! w (7) 的范围;
@bnd (0.58, w (7), 0.98);
! w (8) 的范围;
@bnd (0.68, w (8), 1);
! w (9) 的范围;
@bnd (0.67, w (9), 0.99);
S1 =@SUM (A: y1 * w^2);
S2 =@SUM (A: y2 * w^2);
max =@sqrt (S1)/(@sqrt (S1) +@sqrt (S2));
end
```

```
Local optimal solution found.
Objective value:                                    0.9346073
Total solver iterations:                                    4
```

Variable	Value	Reduced Cost
S1	6.385510	0.000000
S2	0.3126054E-01	0.000000
W (1)	0.6800000	0.2177276E-01
W (2)	1.000000	-0.7041791E-02
W (3)	0.8300000	-0.5844687E-02
W (4)	1.000000	-0.8406255E-02
W (5)	0.6800000	0.5233635E-02
W (6)	1.000000	-0.7041791E-02

```
W ( 7)          0. 9800000          -0. 6900955E -02
W ( 8)          0. 6800000          0. 3526248E -01
W ( 9)          0. 9900000          -0. 8322193E -02
Y1 ( 1)         0. 7400000          0. 000000
Y1 ( 2)         0. 9400000          0. 000000
Y1 ( 3)         0. 9400000          0. 000000
Y1 ( 4)         0. 9600000          0. 000000
Y1 ( 5)         0. 8300000          0. 000000
Y1 ( 6)         0. 9400000          0. 000000
Y1 ( 7)         0. 9400000          0. 000000
Y1 ( 8)         0. 7100000          0. 000000
Y1 ( 9)         0. 9600000          0. 000000
Y2 ( 1)         0. 2000000E -01     0. 000000
Y2 ( 2)         0. 1000000E -02     0. 000000
Y2 ( 3)         0. 1000000E -02     0. 000000
Y2 ( 4)         0. 4000000E -03     0. 000000
Y2 ( 5)         0. 8000000E -02     0. 000000
Y2 ( 6)         0. 1000000E -02     0. 000000
Y2 ( 7)         0. 1000000E -02     0. 000000
Y2 ( 8)         0. 3000000E -01     0. 000000
Y2 ( 9)         0. 4000000E -03     0. 000000
Row             Slack or Surplus    Dual Price
  1             0. 000000           0. 4785564E -02
  2             0. 000000           -0. 9775349
  3             0. 9346073          1. 000000
```

(9) 当λ=0.9，i=1，求最小值。

```
model:
sets:
A/1..9/: w, y1, y2;
endsets
data:
y1 =0. 25, 0. 42, 0. 21, 0. 168, 0. 176, 0. 27, 0. 26, 0. 15, 0. 4;
y2 =0. 25, 0. 12, 0. 29, 0. 348, 0. 336, 0. 23, 0. 24, 0. 37, 0. 14;
enddata
```

```
! w (1) 的范围;
@bnd (0.92, w (1), 0.96);
! w (2) 的范围;
@bnd (0.97, w (2), 1);
! w (3) 的范围;
@bnd (0.61, w (3), 0.65);
! w (4) 的范围;
@bnd (0.85, w (4), 0.89);
! w (5) 的范围;
@bnd (0.92, w (5), 0.96);
! w (6) 的范围;
@bnd (0.97, w (6), 1);
! w (7) 的范围;
@bnd (0.79, w (7), 0.84);
! w (8) 的范围;
@bnd (0.92, w (8), 0.96);
! w (9) 的范围;
@bnd (0.86, w (9), 0.89);
S1 =@SUM (A: y1 * w^2);
S2 =@SUM (A: y2 * w^2);
min =@sqrt (S1)/(@sqrt (S1) +@sqrt (S2));
end
```

```
Local optimal solution found.
Objective value:                                   0.4998709
Total solver iterations:                                   4

Variable          Value            Reduced Cost
   S1             1.841166         0.000000
   S2             1.843068         0.000000
   W ( 1)         0.9200000        0.3222878E-04
   W ( 2)         0.9700000        0.3952930E-01
   W ( 3)         0.6500000        -0.7034327E-02
   W ( 4)         0.8900000        -0.2170911E-01
```

```
W( 5)      0.9600000      -0.2081114E-01
W( 6)      0.9700000      0.5299661E-02
W( 7)      0.7900000      0.2171947E-02
W( 8)      0.9600000      -0.2862770E-01
W( 9)      0.8600000      0.3037806E-01
Y1( 1)     0.2500000      0.000000
Y1( 2)     0.4200000      0.000000
Y1( 3)     0.2100000      0.000000
Y1( 4)     0.1680000      0.000000
Y1( 5)     0.1760000      0.000000
Y1( 6)     0.2700000      0.000000
Y1( 7)     0.2600000      0.000000
Y1( 8)     0.1500000      0.000000
Y1( 9)     0.4000000      0.000000
Y2( 1)     0.2500000      0.000000
Y2( 2)     0.1200000      0.000000
Y2( 3)     0.2900000      0.000000
Y2( 4)     0.3480000      0.000000
Y2( 5)     0.3360000      0.000000
Y2( 6)     0.2300000      0.000000
Y2( 7)     0.2400000      0.000000
Y2( 8)     0.3700000      0.000000
Y2( 9)     0.1400000      0.000000
Row        Slack or Surplus    Dual Price
  1        0.000000       -0.6789174E-01
  2        0.000000       0.6782168E-01
  3        0.4998709      -1.000000
```

(10) 当 λ=0.9，i=1，求最大值。

```
model:
sets:
A/1..9/: w, y1, y2;
endsets
data:
y1=0.29, 0.504, 0.27, 0.213, 0.213, 0.313, 0.313, 0.185, 0.49;
```

```
y2 =0. 212, 0. 08, 0. 23, 0. 29, 0. 29, 0. 194, 0. 194, 0. 325, 0. 09;
enddata
! w (1) 的范围;
@bnd (0. 92, w (1), 0. 96);
! w (2) 的范围;
@bnd (0. 97, w (2), 1);
! w (3) 的范围;
@bnd (0. 61, w (3), 0. 65);
! w (4) 的范围;
@bnd (0. 85, w (4), 0. 89);
! w (5) 的范围;
@bnd (0. 92, w (5), 0. 96);
! w (6) 的范围;
@bnd (0. 97, w (6), 1);
! w (7) 的范围;
@bnd (0. 79, w (7), 0. 84);
! w (8) 的范围;
@bnd (0. 92, w (8), 0. 96);
! w (9) 的范围;
@bnd (0. 86, w (9), 0. 89);
S1 =@SUM (A: y1 * w^2);
S2 =@SUM (A: y2 * w^2);
max =@sqrt (S1)/(@sqrt (S1) +@sqrt (S2));
end
```

```
Local optimal solution found.
Objective value:                                0. 5530937
Total solver iterations:                                4

   Variable          Value            Reduced Cost
      S1             2. 262665        0. 000000
      S2             1. 477256        0. 000000
      W ( 1)         0. 9200000       0. 3488831E -02
      W ( 2)         1. 000000        -0. 4167270E -01
```

W (3)	0. 6100000	0. 5483238E - 02
W (4)	0. 8500000	0. 2146696E - 01
W (5)	0. 9200000	0. 2323483E - 01
W (6)	1. 000000	- 0. 1732229E - 02
W (7)	0. 8400000	- 0. 1455073E - 02
W (8)	0. 9200000	0. 3143679E - 01
W (9)	0. 8900000	- 0. 3423834E - 01
Y1 (1)	0. 2900000	0. 000000
Y1 (2)	0. 5040000	0. 000000
Y1 (3)	0. 2700000	0. 000000
Y1 (4)	0. 2130000	0. 000000
Y1 (5)	0. 2130000	0. 000000
Y1 (6)	0. 3130000	0. 000000
Y1 (7)	0. 3130000	0. 000000
Y1 (8)	0. 1850000	0. 000000
Y1 (9)	0. 4900000	0. 000000
Y2 (1)	0. 2120000	0. 000000
Y2 (2)	0. 8000000E - 01	0. 000000
Y2 (3)	0. 2300000	0. 000000
Y2 (4)	0. 2900000	0. 000000
Y2 (5)	0. 2900000	0. 000000
Y2 (6)	0. 1940000	0. 000000
Y2 (7)	0. 1940000	0. 000000
Y2 (8)	0. 3250000	0. 000000
Y2 (9)	0. 9000000E - 01	0. 000000
Row	Slack or Surplus	Dual Price
1	0. 000000	0. 5462168E - 01
2	0. 000000	- 0. 8366222E - 01
3	0. 5530937	1. 000000

（11）当 $\lambda = 0.9$，$i = 2$，求最小值。

```
model:
sets:
A/1..9/: w, y1, y2;
endsets
```

```
data:
y1 =0.2333, 0.4225, 0.2841, 0.1274, 0.1756, 0.3411, 0.1482, 0.1918, 0.2025;
y2 =0.2673, 0.1225, 0.2181, 0.4134, 0.3376, 0.1731, 0.3782, 0.3158, 0.3025;
enddata
! w (1) 的范围;
@bnd (0.92, w (1), 0.96);
! w (2) 的范围;
@bnd (0.97, w (2), 1);
! w (3) 的范围;
@bnd (0.61, w (3), 0.65);
! w (4) 的范围;
@bnd (0.85, w (4), 0.89);
! w (5) 的范围;
@bnd (0.92, w (5), 0.96);
! w (6) 的范围;
@bnd (0.97, w (6), 1);
! w (7) 的范围;
@bnd (0.79, w (7), 0.84);
! w (8) 的范围;
@bnd (0.92, w (8), 0.96);
! w (9) 的范围;
@bnd (0.86, w (9), 0.89);
S1 =@SUM (A: y1 * w^2);
S2 =@SUM (A: y2 * w^2);
min =@sqrt (S1)/(@sqrt (S1) +@sqrt (S2));
end
```

```
Local optimal solution found.
Objective value:                                    0.4802579
Total solver iterations:                                    4

Variable           Value          Reduced Cost
   S1            1.726130          0.000000
   S2            2.021624          0.000000
```

```
W ( 1)        0.9200000        0.6745515E-03
W ( 2)        0.9700000        0.4459218E-01
W ( 3)        0.6100000        0.8633923E-02
W ( 4)        0.8900000       -0.2903150E-01
W ( 5)        0.9600000       -0.1563894E-01
W ( 6)        0.9700000        0.2711414E-01
W ( 7)        0.8400000       -0.2122317E-01
W ( 8)        0.9600000       -0.1080603E-01
W ( 9)        0.8900000       -0.7179483E-02
Y1 ( 1)       0.2333000        0.000000
Y1 ( 2)       0.4225000        0.000000
Y1 ( 3)       0.2841000        0.000000
Y1 ( 4)       0.1274000        0.000000
Y1 ( 5)       0.1756000        0.000000
Y1 ( 6)       0.3411000        0.000000
Y1 ( 7)       0.1482000        0.000000
Y1 ( 8)       0.1918000        0.000000
Y1 ( 9)       0.2025000        0.000000
Y2 ( 1)       0.2673000        0.000000
Y2 ( 2)       0.1225000        0.000000
Y2 ( 3)       0.2181000        0.000000
Y2 ( 4)       0.4134000        0.000000
Y2 ( 5)       0.3376000        0.000000
Y2 ( 6)       0.1731000        0.000000
Y2 ( 7)       0.3782000        0.000000
Y2 ( 8)       0.3158000        0.000000
Y2 ( 9)       0.3025000        0.000000
Row           Slack or Surplus  Dual Price
1             0.000000         -0.7230345E-01
2             0.000000          0.6173510E-01
3             0.4802579        -1.000000
```

(12) 当 $\lambda=0.9$，$i=2$，求最大值。

```
model:
sets:
```

```
A/1..9/: w, y1, y2;
endsets
data:
y1 = 0.2862, 0.5069, 0.3446, 0.1616, 0.2125, 0.4032, 0.1884,
0.2430, 0.2530;
y2 = 0.2162, 0.0829, 0.1706, 0.3576, 0.2905, 0.1332, 0.3204,
0.2570, 0.2470;
enddata
! w (1) 的范围;
@bnd (0.92, w (1), 0.96);
! w (2) 的范围;
@bnd (0.97, w (2), 1);
! w (3) 的范围;
@bnd (0.61, w (3), 0.65);
! w (4) 的范围;
@bnd (0.85, w (4), 0.89);
! w (5) 的范围;
@bnd (0.92, w (5), 0.96);
! w (6) 的范围;
@bnd (0.97, w (6), 1);
! w (7) 的范围;
@bnd (0.79, w (7), 0.84);
! w (8) 的范围;
@bnd (0.92, w (8), 0.96);
! w (9) 的范围;
@bnd (0.86, w (9), 0.89);
S1 = @SUM (A: y1 * w^2);
S2 = @SUM (A: y2 * w^2);
max = @sqrt (S1)/(@sqrt (S1) + @sqrt (S2));
end
```

```
Local optimal solution found.
Objective value:                              0.5361436
Total solver iterations:                              4
```

Variable	Value	Reduced Cost
S1	2.104924	0.000000
S2	1.575583	0.000000
W（1）	0.9200000	0.2864823E－03
W（2）	1.000000	－0.4680437E－01
W（3）	0.6500000	－0.8960958E－02
W（4）	0.8500000	0.3174886E－01
W（5）	0.9200000	0.1908689E－01
W（6）	1.000000	－0.2661290E－01
W（7）	0.7900000	0.2236766E－01
W（8）	0.9200000	0.1090695E－01
W（9）	0.8600000	0.7822102E－02
Y1（1）	0.2862000	0.000000
Y1（2）	0.5069000	0.000000
Y1（3）	0.3446000	0.000000
Y1（4）	0.1616000	0.000000
Y1（5）	0.2125000	0.000000
Y1（6）	0.4032000	0.000000
Y1（7）	0.1884000	0.000000
Y1（8）	0.2430000	0.000000
Y1（9）	0.2530000	0.000000
Y2（1）	0.2162000	0.000000
Y2（2）	0.8290000E－01	0.000000
Y2（3）	0.1706000	0.000000
Y2（4）	0.3576000	0.000000
Y2（5）	0.2905000	0.000000
Y2（6）	0.1332000	0.000000
Y2（7）	0.3204000	0.000000
Y2（8）	0.2570000	0.000000
Y2（9）	0.2470000	0.000000
Row	Slack or Surplus	Dual Price
1	0.000000	0.5907427E－01
2	0.000000	－0.7892115E－01
3	0.5361436	1.000000

（13）当 λ=0.9，i=3，求最小值。

```
model:
sets:
A/1..9/: w, y1, y2;
endsets
data:
y1 =0.5084, 0.4225, 0.5112, 0.5256, 0.8372, 0.6131, 0.4970, 0.4186, 0.5084;
y2 =0.0824, 0.1225, 0.0812, 0.0756, 0.0072, 0.0471, 0.0870, 0.1246, 0.0824;
enddata
! w（1）的范围;
@bnd（0.92, w（1）, 0.96）;
! w（2）的范围;
@bnd（0.97, w（2）, 1）;
! w（3）的范围;
@bnd（0.61, w（3）, 0.65）;
! w（4）的范围;
@bnd（0.85, w（4）, 0.89）;
! w（5）的范围;
@bnd（0.92, w（5）, 0.96）;
! w（6）的范围;
@bnd（0.97, w（6）, 1）;
! w（7）的范围;
@bnd（0.79, w（7）, 0.84）;
! w（8）的范围;
@bnd（0.92, w（8）, 0.96）;
! w（9）的范围;
@bnd（0.86, w（9）, 0.89）;
S1 =@SUM（A: y1 * w^2）;
S2 =@SUM（A: y2 * w^2）;
min =@sqrt（S1）/(@sqrt（S1） +@sqrt（S2））;
end
```

Local optimal solution found.

Objective value: 0.7221087

Total solver iterations: 4

Variable	Value	Reduced Cost
S1	3.911410	0.000000
S2	0.5792659	0.000000
W (1)	0.9600000	-0.2363763E-02
W (2)	1.000000	-0.2076053E-01
W (3)	0.6500000	-0.1236887E-02
W (4)	0.8500000	0.6594290E-03
W (5)	0.9200000	0.3722026E-01
W (6)	0.9700000	0.1468359E-01
W (7)	0.8400000	-0.3898128E-02
W (8)	0.9600000	-0.2082056E-01
W (9)	0.8900000	-0.2191405E-02
Y1 (1)	0.5084000	0.000000
Y1 (2)	0.4225000	0.000000
Y1 (3)	0.5112000	0.000000
Y1 (4)	0.5256000	0.000000
Y1 (5)	0.8372000	0.000000
Y1 (6)	0.6131000	0.000000
Y1 (7)	0.4970000	0.000000
Y1 (8)	0.4186000	0.000000
Y1 (9)	0.5084000	0.000000
Y2 (1)	0.8240000E-01	0.000000
Y2 (2)	0.1225000	0.000000
Y2 (3)	0.8120000E-01	0.000000
Y2 (4)	0.7560000E-01	0.000000
Y2 (5)	0.7200000E-02	0.000000
Y2 (6)	0.4710000E-01	0.000000
Y2 (7)	0.8700000E-01	0.000000
Y2 (8)	0.1246000	0.000000
Y2 (9)	0.8240000E-01	0.000000
Row	Slack or Surplus	Dual Price
1	0.000000	-0.2565158E-01

2	0.000000	0.1732086
3	0.7221087	-1.000000

（14）当 λ=0.9，i=3，求最大值。

```
model:
sets:
A/1..9/: w, y1, y2;
endsets
data:
y1 =0.5868, 0.5069, 0.5868, 0.6006, 0.8949, 0.6872, 0.5730, 0.6872, 0.5868;
y2 =0.0548, 0.0829, 0.0548, 0.0506, 0.0029, 0.0292, 0.0590, 0.0292, 0.0548;
enddata
! w (1) 的范围;
@bnd (0.92, w (1), 0.96);
! w (2) 的范围;
@bnd (0.97, w (2), 1);
! w (3) 的范围;
@bnd (0.61, w (3), 0.65);
! w (4) 的范围;
@bnd (0.85, w (4), 0.89);
! w (5) 的范围;
@bnd (0.92, w (5), 0.96);
! w (6) 的范围;
@bnd (0.97, w (6), 1);
! w (7) 的范围;
@bnd (0.79, w (7), 0.84);
! w (8) 的范围;
@bnd (0.92, w (8), 0.96);
! w (9) 的范围;
@bnd (0.86, w (9), 0.89);
S1 =@SUM (A: y1 * w^2);
S2 =@SUM (A: y2 * w^2);
max =@sqrt (S1)/(@sqrt (S1) +@sqrt (S2));
end
```

Local optimal solution found.

Objective value: 0.7912791

Total solver iterations: 4

Variable	Value	Reduced Cost
S1	4.562761	0.000000
S2	0.3174682	0.000000
W (1)	0.9200000	0.6686957E -02
W (2)	0.9700000	0.2403563E -01
W (3)	0.6100000	0.4433743E -02
W (4)	0.8500000	0.3896359E -02
W (5)	0.9600000	-0.2964833E -01
W (6)	1.000000	-0.9683595E -02
W (7)	0.7900000	0.7862799E -02
W (8)	0.9600000	-0.9296251E -02
W (9)	0.8600000	0.6250851E -02
Y1 (1)	0.5868000	0.000000
Y1 (2)	0.5069000	0.000000
Y1 (3)	0.5868000	0.000000
Y1 (4)	0.6006000	0.000000
Y1 (5)	0.8949000	0.000000
Y1 (6)	0.6872000	0.000000
Y1 (7)	0.5730000	0.000000
Y1 (8)	0.6872000	0.000000
Y1 (9)	0.5868000	0.000000
Y2 (1)	0.5480000E -01	0.000000
Y2 (2)	0.8290000E -01	0.000000
Y2 (3)	0.5480000E -01	0.000000
Y2 (4)	0.5060000E -01	0.000000
Y2 (5)	0.2900000E -02	0.000000
Y2 (6)	0.2920000E -01	0.000000
Y2 (7)	0.5900000E -01	0.000000
Y2 (8)	0.2920000E -01	0.000000
Y2 (9)	0.5480000E -01	0.000000

Row	Slack or Surplus	Dual Price
1	0.000000	0.1809830E-01
2	0.000000	-0.2601150
3	0.7912791	1.000000

（15）当 λ=0.9，i=4，求最小值。

```
model:
sets:
A/1..9/: w, y1, y2;
endsets
data:
y1 =0.3192, 0.4225, 0.5112, 0.5256, 0.5256, 0.5098, 0.4970, 0.4186, 0.6115;
y2 =0.1892, 0.1225, 0.0812, 0.0756, 0.0756, 0.0818, 0.0870, 0.1246, 0.0475;
enddata
! w (1) 的范围;
@bnd (0.92, w (1), 0.96);
! w (2) 的范围;
@bnd (0.97, w (2), 1);
! w (3) 的范围;
@bnd (0.61, w (3), 0.65);
! w (4) 的范围;
@bnd (0.85, w (4), 0.89);
! w (5) 的范围;
@bnd (0.92, w (5), 0.96);
! w (6) 的范围;
@bnd (0.97, w (6), 1);
! w (7) 的范围;
@bnd (0.79, w (7), 0.84);
! w (8) 的范围;
@bnd (0.92, w (8), 0.96);
! w (9) 的范围;
@bnd (0.86, w (9), 0.89);
S1 =@SUM (A: y1 * w^2);
S2 =@SUM (A: y2 * w^2);
```

```
min = @ sqrt (S1)/(@ sqrt (S1) + @ sqrt (S2));
end
```

Local optimal solution found.

Objective value:	0.6825151
Total solver iterations:	4

Variable	Value	Reduced Cost
S1	3.359402	0.000000
S2	0.7269148	0.000000
W (1)	0.9600000	-0.3437775E-01
W (2)	1.000000	-0.9264290E-02
W (3)	0.6100000	0.5348652E-02
W (4)	0.8500000	0.9661468E-02
W (5)	0.9200000	0.1045712E-01
W (6)	0.9700000	0.8244150E-02
W (7)	0.7900000	0.4837497E-02
W (8)	0.9600000	-0.9736170E-02
W (9)	0.8600000	0.2174387E-01
Y1 (1)	0.3192000	0.000000
Y1 (2)	0.4225000	0.000000
Y1 (3)	0.5112000	0.000000
Y1 (4)	0.5256000	0.000000
Y1 (5)	0.5256000	0.000000
Y1 (6)	0.5098000	0.000000
Y1 (7)	0.4970000	0.000000
Y1 (8)	0.4186000	0.000000
Y1 (9)	0.6115000	0.000000
Y2 (1)	0.1892000	0.000000
Y2 (2)	0.1225000	0.000000
Y2 (3)	0.8120000E-01	0.000000
Y2 (4)	0.7560000E-01	0.000000
Y2 (5)	0.7560000E-01	0.000000
Y2 (6)	0.8180000E-01	0.000000

Y2（7）	0.8700000E－01	0.000000
Y2（8）	0.1246000	0.000000
Y2（9）	0.4750000E－01	0.000000
Row	Slack or Surplus	Dual Price
1	0.000000	－0.3225101E－01
2	0.000000	0.1490465
3	0.6825151	－1.000000

（16）当 $\lambda=0.9$，$i=4$，求最大值。

```
model:
sets:
A/1..9/: w, y1, y2;
endsets
data:
y1 =0.3844, 0.5069, 0.5868, 0.6006, 0.5898, 0.5868, 0.5730, 0.4872, 0.6872;
y2 =0.1444, 0.0829, 0.0548, 0.0506, 0.0538, 0.0548, 0.0590, 0.0912, 0.0292;
enddata
! w（1）的范围;
@bnd（0.92, w（1）, 0.96）;
! w（2）的范围;
@bnd（0.97, w（2）, 1）;
! w（3）的范围;
@bnd（0.61, w（3）, 0.65）;
! w（4）的范围;
@bnd（0.85, w（4）, 0.89）;
! w（5）的范围;
@bnd（0.92, w（5）, 0.96）;
! w（6）的范围;
@bnd（0.97, w（6）, 1）;
! w（7）的范围;
@bnd（0.79, w（7）, 0.84）;
! w（8）的范围;
@bnd（0.92, w（8）, 0.96）;
! w（9）的范围;
@bnd（0.86, w（9）, 0.89）;
```

```
S1 = @ SUM (A: y1 * w^2);
S2 = @ SUM (A: y2 * w^2);
max = @ sqrt (S1)/(@ sqrt (S1) + @ sqrt (S2));
end
```

```
Local optimal solution found.
Objective value:                                   0.7373400
Total solver iterations:                                   4

Variable          Value             Reduced Cost
S1                4.017322          0.000000
S2                0.5097875         0.000000
W ( 1)            0.9200000         0.3342044E-01
W ( 2)            0.9700000         0.6845268E-02
W ( 3)            0.6500000         -0.4855608E-02
W ( 4)            0.8900000         -0.8660624E-02
W ( 5)            0.9600000         -0.7674908E-02
W ( 6)            1.000000          -0.7470167E-02
W ( 7)            0.8400000         -0.4375808E-02
W ( 8)            0.9200000         0.1026709E-01
W ( 9)            0.8900000         -0.1961189E-01
Y1 ( 1)           0.3844000         0.000000
Y1 ( 2)           0.5069000         0.000000
Y1 ( 3)           0.5868000         0.000000
Y1 ( 4)           0.6006000         0.000000
Y1 ( 5)           0.5898000         0.000000
Y1 ( 6)           0.5868000         0.000000
Y1 ( 7)           0.5730000         0.000000
Y1 ( 8)           0.4872000         0.000000
Y1 ( 9)           0.6872000         0.000000
Y2 ( 1)           0.1444000         0.000000
Y2 ( 2)           0.8290000E-01     0.000000
Y2 ( 3)           0.5480000E-01     0.000000
Y2 ( 4)           0.5060000E-01     0.000000
```

Y2（5）	0.5380000E-01	0.000000
Y2（6）	0.5480000E-01	0.000000
Y2（7）	0.5900000E-01	0.000000
Y2（8）	0.9120000E-01	0.000000
Y2（9）	0.2920000E-01	0.000000
Row	Slack or Surplus	Dual Price
1	0.000000	0.2410433E-01
2	0.000000	-0.1899514
3	0.7373400	1.000000

附录5 城市群公共危机管理能力评价的MATLAB程序

```
VL = [0, 0, 0.1]
L = [0, 0.1, 0.3]
ML = [0.1, 0.3, 0.5]
M = [0.3, 0.5, 0.7]
MH = [0.5, 0.7, 0.9]
H = [0.7, 0.9, 1.0]
VH = [0.9, 1, 1]
W = [
mean ([H; MH; VH; MH; H; MH; H; VH; H; H]);
mean ([M; MH; H; M; MH; ML; H; M; MH; H]);
mean ([ML; M; ML; M; MH; MH; H; M; M; M]);
mean ([MH; M; MH; M; MH; H; M; H; H; M]);
mean ([M; MH; ML; H; M; MH; MH; M; ML; M]);
mean ([MH; H; VH; H; MH; M; M; MH; MH; MH]);
mean ([ML; M; ML; M; M; MH; MH; M; H; M]);
mean ([H; MH; MH; H; MH; VH; H; MH; MH; MH]);
mean ([H; VH; VH; H; MH; H; MH; MH; H; H]);
mean ([MH; H; MH; MH; H; H; VH; M; H; MH])
]
a1 = [W (:, 1)]
a = a1'
b1 = [W (:, 2)]
b = b1'
c1 = [W (:, 3)]
```

```
c = c1 '
h = [0.1, 0.2, 0.3, 0.4, 0.5, 0.6, 0.7, 0.8, 0.9, 1.0];
for i = 1: 10
        for j = 1: 10
        syms a1 b1 c1 h1 x;
        f1 = (x - a1)/(b1 - a1) - h1;
        f2 = (c1 - x)/(c1 - b1) - h1;
        f3 = subs (f1, {a1, b1, h1}, {a (i), b (i), h (j)});
        f4 = subs (f2, {b1, c1, h1}, {b (i), c (i), h (j)});
        x1 = solve (f3, x);
        x2 = solve (f4, x);
z1 (j,:) = [x1, x2];
end
z2 (:, 2 * i - 1) = z1 (:, 1);
z2 (:, 2 * i) = z1 (:, 2);
end
z2 = double (z2)
for j = 1: 10
fprintf (' (W1)%4.2f = [%5.2f,%5.2f], (W2)%4.2f = [%5.2f,%5.2f], (W3)%4.2f = [%5.2f,%5.2f], (W4)%4.2f = [%5.2f,%5.2f], (W5)%4.2f = [%5.2f,%5.2f], (W6)%4.2f = [%5.2f,%5.2f], (W7)%4.2f = [%5.2f,%5.2f], (W8)%4.2f = [%5.2f,%5.2f], (W9)%4.2f = [%5.2f,%5.2f], (W10)%4.2f = [%5.2f,%5.2f] /n', ...
h (j), z2 (j, 1), z2 (j, 2), h (j), z2 (j, 3), z2 (j, 4), h (j), z2 (j, 5), z2 (j, 6), h (j), z2 (j, 7), z2 (j, 8), h (j), z2 (j, 9), z2 (j, 10), h (j), z2 (j, 11), z2 (j, 12), h (j), z2 (j, 13), z2 (j, 14), h (j), z2 (j, 15), z2 (j, 16), h (j), z2 (j, 17), z2 (j, 18), h (j), z2 (j, 19), z2 (j, 20));
end
P = [0, 0, 0.3]
MP = [0, 0.3, 0.5]
F = [0.3, 0.5, 0.7]
MG = [0.5, 0.7, 1]
G = [0.7, 1, 1]
```

```
U = [
mean ([G; MG; MG; MP; F; MP; F]);
mean ([MG; MG; G; G; F; MG; MG]);
mean ([G; F; F; F; P; MG; MG]);
mean ([G; G; G; MG; F; MG; MG]);
mean ([G; G; MG; MG; MG; G; F]);
mean ([MP; F; F; F; MP; MP; MP]);
mean ([MG; MG; MG; F; G; MG; MG]);
mean ([G; MG; MG; MG; F; G; G]);
mean ([G; G; MG; MG; MG; F; MG]);
mean ([F; F; F; MG; MG; MG; F])
]
a2 = [U (:, 1)]
a = a2'
b2 = [U (:, 2)]
b = b2'
c2 = [U (:, 3)]
c = c2'
for i = 1: 10
    for j = 1: 10
    syms a2 b2 c2 h2 x;
    f1 = (x - a2)/(b2 - a2) - h2;
    f2 = (c2 - x)/(c2 - b2) - h2;
    f3 = subs (f1, {a2, b2, h2}, {a (i), b (i), h (j)});
    f4 = subs (f2, {b2, c2, h2}, {b (i), c (i), h (j)});
    x3 = solve (f3, x);
    x4 = solve (f4, x);
z3 (j,:) = [x3, x4];
end
z4 (:, 2 * i - 1) = z3 (:, 1);
z4 (:, 2 * i) = z3 (:, 2);
end
z4 = double (z4)
for j = 1: 10
```

```
fprintf ('(U1)%4.2f = [%5.2f,%5.2f], (U2)%4.2f = [%5.2f,%5.2f], (U3)%4.2f = [%5.2f,%5.2f], (U4)%4.2f = [%5.2f,%5.2f], (U5)%4.2f = [%5.2f,%5.2f], (U6)%4.2f = [%5.2f,%5.2f], (U7)%4.2f = [%5.2f,%5.2f], (U8)%4.2f = [%5.2f,%5.2f], (U9)%4.2f = [%5.2f,%5.2f], (U10)%4.2f = [%5.2f,%5.2f] /n', ...
h (j), z4 (j, 1), z4 (j, 2), h (j), z4 (j, 3), z4 (j, 4), h (j), z4 (j, 5), z4 (j, 6), h (j), z4 (j, 7), z4 (j, 8), h (j), z4 (j, 9), z4 (j, 10), h (j), z4 (j, 11), z4 (j, 12), h (j), z4 (j, 13), z4 (j, 14), h (j), z4 (j, 15), z4 (j, 16), h (j), z4 (j, 17), z4 (j, 18), h (j), z4 (j, 19), z4 (j, 20));
end
for i = 1: 10
rl = [z2 (i), z2 (i+20), z2 (i+40), z2 (i+60), z2 (i+80), z2 (i+100), z2 (i+120), z2 (i+140), z2 (i+160), z2 (i+180)]
ru = [z2 (10+i), z2 (30+i), z2 (50+i), z2 (70+i), z2 (90+i), z2 (110+i), z2 (130+i), z2 (150+i), z2 (170+i), z2 (190+i)]
wl = [z4 (i), z4 (i+20), z4 (i+40), z4 (i+60), z4 (i+80), z4 (i+100), z4 (i+120), z4 (i+140), z4 (i+160), z4 (i+180)]
wu = [z4 (10+i), z4 (30+i), z4 (50+i), z4 (70+i), z4 (90+i), z4 (110+i), z4 (130+i), z4 (150+i), z4 (170+i), z4 (190+i)]
end
wl2 = wl.^2
wu2 = wu.^2
function f = fln (x);
r1 = rl
rm = min (r)
f = -1-((r1(1)-1)^2*x(1)+(r1(2)-1)^2*x(2)+(r1(3)-1)^2*x(3)+(r1(4)-1)^2*x(4)+(r1(5)-1)^2*x(5)+(r1(6)-1)^2*x(6)+(r1(7)-1)^2*x(7)+(r1(8)-1)^2*x(8)+(r1(9)-1)^2*x(9)+(r1(10)-1)^2*x(10))^0.5/rm
x0 = [1; 0; 0; 0];
A = [wu2, -eye (10, 10); eye (10, 10), -wl2];
b = [zeros (20, 1)];
Aeq = [ones (1, 10), 0];
```

```
beq = 1;
VLB = [zeros (1, 10)];
VUB = [];
[x, fval] =fmincon ('fln', x0, A, b, Aeq, beq, VLB, VUB)
Rcl = -1/fval
function f = fun (x);
r2 = ru
rn = max (r)
f = 1 + ((r2(1) - 1)^2 * x(1) + (r2(2) - 1)^2 * x(2) + (r2(3) - 1)^2 * x(3) + (r2(4) - 1)^2 * x(4) + (r2(5) - 1)^2 * x(5) + (r2(6) - 1)^2 * x(6) + (r2(7) - 1)^2 * x(7) + (r2(8) - 1)^2 * x(8) + (r2(9) - 1)^2 * x(9) + (r2(10) - 1)^2 * x(10))^0.5/rm
x0 = [1; 0; 0; 0];
A = [wu2, -eye (10, 10); eye (10, 10), -wl2];
b = [zeros (20, 1)];
Aeq = [ones (1, 10), 0];
beq = 1;
VLB = [zeros (1, 10)];
VUB = [];
[x, fval] =fmincon ('fun', x0, A, b, Aeq, beq, VLB, VUB)
Rcu = 1/fval
```

参考文献

[1] 曹蓉，王淑珍. 危机状态下管理者应急决策的一个分析框架 [J]. 上海行政学院学报，2014，15（2）：79－84.

[2] 曹玮，肖皓，罗珍. 基于“三预”视角的区域气象灾害应急防御能力评价体系研究 [J]. 情报杂志，2012，31（1）：57－63.

[3] 陈安，迟菲. 突发事件的起源、机理、特征与应急管理原则 [J]. 科技促进发展，2010（7）：36－38.

[4] 陈安，上官艳秋，倪慧荟. 现代应急管理体制设计研究 [J]. 中国行政管理，2008（8）：81－85.

[5] 陈刚，谢科范，刘嘉，吴倩. 非常规突发事件情景演化机理及集群决策模式研究 [J]. 武汉理工大学学报（社会科学版），2011，24（4）：458－462.

[6] 陈刚，谢科范，吴倩. 迟疑型决策团队的应急决策集结模型 [J]. 统计与决策，2012，（9）：43－46.

[7] 陈朋，王宏伟. 农村社会组织与农村公共危机管理 [J]. 重庆社会科学，2013（4）：18－23.

[8] 陈秋玲，张青，肖璐. 基于突变模型的突发事件视野下城市安全评估 [J]. 管理学报，2010，7（6）：891－895.

[9] 陈升，孟庆国，胡鞍钢. 政府应急能力及应急管理绩效实证研究——以汶川特大地震地方县市政府为例 [J]. 中国软科学，2010（2）：169－178.

[10] 陈伟珂，向兰兰. 基于熵及耗散结构的公共安全突发事件的过程分析研究 [J]. 中国软科学，2007（10）：149－154.

[11] 陈兴，王勇，吴凌云，闫桂英，朱伟. 多阶段多目标多部门应急决策模型 [J]. 系统工程理论与实践，2010，30（11）：1977－1985.

[12] 谌楠，王恒山，武澎. 基于尖点突变的非常规突发事件网络舆情状态的研究 [J]. 电子政务，2012（12）：70－75.

[13] 程铁军，吴凤平. 基于模糊信息的突发事件应急群决策研究 [J]. 北

京理工大学学报（社会科学版），2013，15（5）：98－101.

［14］邓旭峰．公共危机多主体参与治理的结构与制度保障研究［J］．社会主义研究，2010，23（3）：51－55.

［15］邓云峰，郑双忠．城市突发公共事件应急能力评估——以南方某市为例［J］．中国安全生产科学术，2006，2（2）：9－13.

［16］丁继勇，王卓甫，郭光祥．基于贝叶斯和动态博弈分析的城市暴雨内涝应急决策［J］．统计与决策，2012（23）：26－29.

［17］董存祥，王文俊，杨鹏．基于约束满足问题的应急决策［J］．计算机工程，2010，36（7）：276－278.

［18］杜磊，王文俊，董存祥，李力雄，高珊．基于多 Agent 的应急协同 Petri 网建模及协同检测［J］．计算机应用，2010，30（10）：2567－2571.

［19］范冬萍．当代整体论的一个新范式：复杂系统突现论——复杂性科学哲学对整体论的发展［J］．系统科学学报，2013，21（2）：12－16.

［20］范维澄．国家突发公共事件应急管理中科学问题的思考和建议［J］．中国科学基金，2007（2）：71－76.

［21］符礼勇，孙多勇．城市群公共危机：中国城市化发展中的潜在危机［J］．社科纵横，2008（11）：62－63.

［22］高小平，彭涛．学校应急管理：特点，机制和策略［J］．中国行政管理，2011（9）：13－17.

［23］高小平．“一案三制”：我国应急管理体系建设的核心框架［J］．中国突发事件防范与快速处置优秀成果选编，2009（1）：152－153.

［24］关惠兴，刘茂，高萍萍．多部门的应急决策研究［J］．中国公共安全，2007，9（3）：21－23.

［25］管春，胡军．基于 Java 的远程应急群体决策支持系统方案传输系统的实现［J］．系统工程理论方法应用，2003，12（1）：68－71.

［26］桂维民．应急决策论［M］．北京：中共中央党校出版社，2007.

［27］韩传峰，王兴广，孔静静．非常规突发事件应急决策系统动态作用机理［J］．软科学，2009（8）：50－54.

［28］何代欣，叶子荣，罗为．综合 DEA 模型评估公共危机管理的组织绩效［J］．应用基础与工程科学学报，2006，14（增刊）：335－339.

［29］胡百精．2006 中国危机管理报告［M］．北京：中国人民大学出版社，2007.

［30］胡望洋．突发事件应急指挥最优决策模型研究［J］．领导科学，2011（12）：23－25.

［31］华国伟，余乐安，汪寿阳．非常规突发事件特征刻画与应急决策研究［J］．电子科技大学学报（社科版），2011，13（2）：33－36.

［32］霍良安，黄培清，方星．基于 Stackelberg 博弈模型的展会人员应急疏散问题［J］．系统管理学报，2013，22（3）：425－430.

［33］姜卉，李婷．基于经验模式的非常规突发事件应急决策研究［J］．电子科技大学学报（社科版），2012，14（5）：33－37.

［34］姜小翠．城市食品安全危机的协同治理［J］．湖南广播电视大学学报，2012（2）：62－66.

［35］姜艳萍，樊治平，苏明明．应急决策方案的动态调整方法研究［J］．中国管理科学，2011，19（5）：104－108.

［36］姜艳萍，樊治平，袁娜．基于相似度计算的森林火灾应急响应方案选择方法［J］．系统工程，2010，28（11）：104－109.

［37］姜艳萍，樊治平，郑玉岩．基于特征匹配的突发事件应急预案选择方法［J］．系统工程，2011，29（12）：96－100.

［38］蒋士会．复杂性科学的方法论探微［J］．广西师范大学学报（哲学社会科学版），2009（3）：33－37.

［39］金鸿章，林德明，韦琦等．基于复杂系统脆性的传染病扩散脆性研究［J］．系统工程，2004，22（10）：5－8.

［40］鞠彦兵，王爱华．突发事件影响度评价研究［J］．兵工学报，2009，30（1）：150－153.

［41］孔衍，陈霁恒，张锦等．三标度 AHP 法在核应急决策中的应用［J］．数学实践与认识，2013，43（9）：109－114.

［42］寇纲，李仕明，汪寿阳，杨列勋．突发事件应急管理［J］．系统工程理论与实践，2012，32（5）：1－4.

［43］邝茵茵，范冬萍．公共危机管理的系统突现分叉机理及其启示［J］．系统科学学报，2010，18（2）：6－10.

［44］勒江好，王郅强．面对社会公共危机时间的理性抉择［J］．管理世界，2003，10（1）：152－153.

［45］李本先，李孟军，孙多勇等．社会网络分析在反恐中的应用［J］．复杂系统与复杂性科学，2012，9（2）：84－93.

［46］李红霞，袁晓芳，田水承．非常规突发事件系统动力学模型［J］．西安科技大学学报，2011，31（4）：476－504.

［47］李敏．恶性袭医事件中医院公共危机管理的新思考——以 2012 年连续发生的袭医事件为例［J］．理论月刊，2013（8）：108－112.

［48］李明磊，王红卫，祁超等．非常规突发事件应急决策方法研究［J］．中国安全科学学报，2012，2（3）：158－163.

［49］李强，陈宇琳．城市群背景下社会风险综合分析框架初探［J］．广东社会科学，2012（2）：190－200.

［50］李燕凌，陈冬林，周长青．农村公共危机的经济研究及管理机制建设［J］．江西农业大学学报（社会科学版），2004，23（1）：43－46.

［51］廖光煊，翁韬，朱霁平等．城市重大事故应急辅助决策支持系统研究［J］．中国工程科学，2005，7（7）：7－14.

［52］凌学武．三维立体的政府应急管理能力评估指标体系研究［J］．武汉理工大学学报：社会科学版，2010，23（3）：303－307.

［53］刘德海，王维国，孙康．基于演化博弈的重大突发公共卫生事件情景预测模型与防控措施［J］．系统工程理论与实践，2012，32（5）：937－946.

［54］刘德海．群性突发事件中政府机会主义行为的演化博弈分析［J］．中国管理科学，2010，18（1）：175－183.

［55］刘佳．珠江三角洲城市群地震灾害应急管理的问题分析及对策［J］．国际地震动态，2006（10）：39－44.

［56］刘嘉，谢科范．非常规突发事件个体决策行为影响因素研究［J］．软科学，2013，27（3）：50－54.

［57］刘晶晶，朱莉欣．管理领域中若干扩散性问题的元胞自动机模型［J］．科技进步与对策，2007，24（7）：152－155.

［58］刘明，张培勇，萧毅鸿．应急不完全信息环境下的混合多属性协同决策方法［J］．数学的实践与认识，2012，42（22）：100－110.

［59］刘尚亮，沈惠璋，李峰等．突发危机事件中群体性事件产生的动态博弈分析［J］．系统管理学报，2012，21（2）：201－205.

［60］刘士兴，张永明，袁非牛等．城市公共安全应急决策支持系统研究［J］．安全与环境学报，2007，7（2）：140－143.

［61］刘拓．公共危机伪信息复杂性管理研究［D］．哈尔滨工程大学博士论文，2009.

［62］刘伟忠．我国协同治理理论研究的现状与趋向［J］．城市问题，2012，（5）：82－85.

［63］刘霞，严晓．突发事件应急决策生成机理：环节、要素及序列加工［J］．上海行政学院学报，2011，12（4）：37－43.

［64］刘霞．非常规突发事件动态应急群决策："情景—权变"范式［J］．云南社会科学，2010（5）：21－25.

[65] 刘洋，樊治平，袁媛．突发事件应急响应的多属性风险决策方法研究［J］．运筹与管理，2013，22（1）：23－28.

[66] 刘奕，周琦，苏国锋等．基于 Multi－Agent 的突发事件多部门协同应对建模与分析［J］．清华大学学报：自然科学版，2010（2）：165－169.

[67] 刘智勇，刘文杰．公共危机管理多元主体协同研究述评——以近 10 年来国内期刊论文研究为例［J］．社会科学研究，2012（3）：59－64.

[68] 刘兹恒，刘雅琼．国内外图书馆危机管理研究述评［J］．图书馆工作与研究，2008，9（3）：3－9.

[69] 龙飞．基于云计算的应急决策知识匹配研究［J］．情报理论与实践，2011，34（10）：109－112.

[70] 卢文刚．基于政府主导的城市电力应急能力综合评价指标体系构建［J］．中国行政管理，2010（6）：43－47.

[71] 陆能枝，张永兴，曹希寿，陈超峰．模糊决策理论在核事故应急决策中的应用［J］．核科学与工程，2002，2（22）：152－156.

[72] 陆远权，牟小琴．协同治理理论视角下公共危机治理探析［J］．沈阳大学学报，2010，24（3）：105－107.

[73] 吕孝礼，张海波，钟开斌．公共管理视角下的中国危机管理研究——现状、趋势和未来方向［J］．公共管理学报，2012，9（3）：112－121.

[74] 吕志奎，朱正威．美国州际区域应急管理协作：经验及其借鉴［J］．中国行政管理，2010（11）：103－109.

[75] 马道明．基于五律协同理论再论社会危机应对中非政府组织的地位与作用［J］．浙江学刊，2009，53（3）：188－192.

[76] 马建珍．浅析政府危机管理［J］．长江论坛杂志，2005（5）：48－51.

[77] 毛道维，任佩瑜．基于管理熵和管理耗散的企业制度再造的理论框架［J］．管理世界，2005（2）：108－132.

[78] 苗成林，孙丽艳，冯俊文，马蕾．煤矿突发事件应急能力评价指标赋权方法——基于习惯领域理论［J］．计算机工程与应用，2013（10）：7－14.

[79] 莫靖龙，夏卫生，李景保等．湖南长株潭城市群灾害应急管理能力评价［J］．灾害学，2009，24（3）：137－140.

[80] ［美］尼古拉斯·亨利．公共行政学［M］．北京：华夏出版社，2002.

[81] 牛文元．社会物理学与中国社会稳定预警系统［J］．中国科学院院刊，2001（1）：15－20.

[82] 欧阳敏，费奇，余明晖．基于复杂网络的灾害蔓延模型评价及改进

[J]. 物理学报, 2008, 57 (11): 6763 - 6770.

[83] 潘科, 许开立. 区间可拓法在化工园区应急能力评价中的应用 [J]. 东北大学学报 (自然科学版), 2012, 33 (9): 1344 - 1348.

[84] 彭若虹, 王威, 黎放等. 核事故应急决策问题研究 [J]. 统计与决策, 2008 (6): 54 - 56.

[85] 亓菁晶, 陈安. 突发事件与应急管理的机理体系 [J]. 中国科学院院刊, 2009, 24 (5): 496 - 503.

[86] 齐磊磊. 系统科学、复杂性科学与复杂系统科学哲学 [J]. 系统科学学报, 2012, 20 (3): 7 - 11.

[87] 钱刚毅, 佘廉, 纪丰伟. 政府的应急执行力研究——一个概念性分析框架 [J]. 管理世界, 2010 (7): 169 - 170.

[88] 全永波. 区域公共危机治理的政策架构 [J]. 中国青年政治学院学报, 2012 (2): 69 - 73.

[89] 沙勇忠, 解志元. 论公共危机的协同治理 [J]. 中国行政管理, 2010 (4): 73 - 77.

[90] 佘廉, 曹兴信. 我国灾害应急能力建设的基本思考 [J]. 管理世界, 2012, (7): 176 - 177.

[91] 宋华岭, 温国锋, 刘丽娟等. 复杂信息度量的安全系统结构复杂性评价 [J]. 管理科学学报, 2012, 15 (2): 83 - 96.

[92] 宋莎莎, 高翔, 邹占芳. 基于 Vague 集的应急决策方法研究 [J]. 信息系统工程, 2011 (4): 103 - 106.

[93] 宋希博, 谭学元. 高校突发事件的应急处置决策模型 [J]. 统计与决策, 2013 (7): 66 - 67.

[94] 宋学锋. 复杂性, 复杂系统与复杂性科学 [J]. 中国科学基金, 2003, 17 (5): 262 - 269.

[95] 宋学锋. 复杂性科学研究现状与展望 [J]. 复杂系统与复杂性科学, 2005, 2 (1): 10 - 17.

[96] 孙颖, 池宏, 祁明亮, 贾传亮. 基于改进的多属性群决策方法的突发事件应急预案评估 [J]. 中国管理科学, 2005, 13 (增刊): 513 - 516.

[97] 谭小群, 陈国华. 政府跨区域突发事件应急管理能力评估研究 [J]. 灾害学, 2010, 25 (4): 133 - 138.

[98] 唐辉, 孙红月, 李纾. 非常规突发事件应急决策的研究述评及新思路——发展指导性模型 [J]. 人类工效学, 2011, 17 (1): 78 - 82.

[99] 唐润, 王海燕, 马树建. 城市极端洪灾应急群决策模型研究 [J]. 预

测，2012，31（3）：71－75.

［100］田依林，杨青．突发事件应急能力评价指标体系建模研究［J］．应用基础与工程科学学报，2008，16（2）：200－208.

［101］童星，张海波．基于中国问题的灾害管理分析框架［J］．中国社会科学，2010（1）：133－146.

［102］汪季玉，王金桃．基于案例推理的应急决策支持系统研究［J］．管理科学，2003，22（6）：46－51.

［103］汪志红，王斌会，张衡．基于 Logistic 曲线的城市应急能力评价研究［J］．中国安全科学学报，2011，21（3）：163－169.

［104］王飞跃，邱晓刚，曾大军．基于平行系统的非常规突发事件计算实验平台研究［J］．复杂系统与复杂性科学，2010，7（4）：2－10.

［105］王慧敏，刘高峰，佟金萍，仇蕾．非常规突发水灾害事件动态应急决策模式探讨［J］．软科学，2012，26（1）：20－24.

［106］王绍玉，黄星．基于直觉模糊距离法的堰塞湖减灾方案选优［J］．灾害学，2012，27（4）：51－59.

［107］王醒宇，施仲齐．我国核应急决策支持系统的研究现状及其与 RODOS 的比较［J］．核科学与工程，2003，23（2）：184－188.

［108］韦琦，金鸿章，郭健，吉明．基于脆性的复杂系统研究［J］．系统工程学报，2004，19（3）：326－328.

［109］韦琦．复杂系统脆性理论及其在危机分析中的应用［D］．哈尔滨工程大学博士论文，2003.

［110］乌尔里希·贝克．风险社会［M］．南京：译林出版社，2004.

［111］邬文帅，寇纲，彭怡，石勇．面向突发事件的模糊多目标应急决策方法［J］．系统工程理论与实践，2012，32（6）：1228－1304.

［112］吴次芳，鲍海君，徐保根．我国沿海城市的生态危机与调控机制——以长江三角洲城市群为例［J］．中国人口·资源与环境，2005，15（3）：32－37.

［113］吴晓涛，吴丽萍．突发事件区域应急联动影响因素的实证研究［J］．灾害学，2011，26（3）：139－144.

［114］吴新燕，顾建华．国内外城市灾害应急能力评价的研究进展［J］．自然灾害学报，2007（6）：109－114.

［115］吴兴军．公共危机管理的基本特征与机制构建［J］．华东经济管理，2004，18（3）：53－55.

［116］吴忠民．中国中期社会危机的可能趋势分析［J］．东岳论丛，2008，29（3）：1－23.

［117］伍洪杏．长株潭突发事件的应急联动体制机制研究［J］．湖南商学院学报，2011，18（3）：59－63.

［118］夏志强．公共危机治理多元主体的功能耦合机制探析［J］．中国行政管理，2009（5）：122－125.

［119］徐选华，周声海，汪业凤等．非常规突发事件应急决策冲突消解协调方法［J］．控制与决策，2013，28（8）：1138－1144.

［120］徐泽水．区间直觉模糊信息的集成方法及其在决策中的应用［J］．控制与决策，2007，22（2）：215－219.

［121］徐志新，奚树人，曲静原．核事故应急决策的多属性效用分析方法［J］．清华大学学报（自然科学版），2008，48（3）：445－448.

［122］许文惠，张成福．危机状态下的政府管理［M］．北京：中国人民大学出版社，1998.

［123］许振宇．基于盲数的信息混沌条件下应急管理能力评价［J］．统计与决策，2011，（22）：52－54.

［124］续新民，杨马陵，黄长林．珠江三角洲城市群地震灾害与防御［J］．灾害学，2006，21（4）：36－41.

［125］薛可，黄晶，余明阳．基于不确定性多属性决策方法的网络论坛危机信息传播决策研究［J］．上海交通大学学报，2012，46（11）：1874－1880.

［126］薛澜，钟开斌．突发公共事件分类、分级与分期：应急体制的管理基础［J］．中国行政管理，2005，（2）：102－107.

［127］闫绪娴，侯光明．公共危机管理熵的测定［J］．北京理工大学学报，2006，26（增刊）：152－156.

［128］杨安华，童星，王冠群．跨边界传播：现代危机的本质特征［J］．浙江大学学报（人文社会科学版），2012，42（6）：5－15.

［129］杨安华．近年来我国公共危机管理研究综述［J］．江海学刊，2005，1（6）：75－82.

［130］杨继君，吴启迪，程艳．等面对非常规突发事件的应对方案序贯决策［J］．同济大学学报：自然科学版，2010（4）：619－624.

［131］杨军．我国公共危机协同治理对策研究［J］．甘肃理论学刊，2013（4）：125－129.

［132］杨青，杨帆．基于元胞自动机的突发传染病事件演化模型［J］．系统工程学报，2012，27（6）：727－738.

［133］姚杰，计雷，池宏．突发事件应急管理中的动态博弈分析［J］．管理评论，2005，17（3）：46－50.

［134］姚尚建．区域公共危机治理：逻辑与机制［J］．广西社会科学，2009（7）：79－83.

［135］姚士谋，朱英明，陈振光．中国城市群［M］．合肥：中国科学技术出版社，2001.

［136］于丽英，杜明星．基于警源—压力—预警能力的城市公共危机预警研究［J］．中国安全科学学报，2012，22（6）：164－169.

［137］于丽英，蒋宗彩．基于复杂系统观的城市群公共危机形成机理研究［J］．系统科学学报，2013，21（3）：62－65.

［138］于晓勇，尚赞娣．特大城市应急管理体系研究［J］．城市发展研究，2011，18（3）：9－12.

［139］岳小云，郑国萍．基于二元语义的紧急预案群决策方法［J］．廊坊师范学院学报：自然科学版，2011，11（1）：10－12.

［140］曾伟，周剑岚，王红卫．应急决策的理论与方法探讨［J］．中国安全科学学报，2009，19（3）：172－176.

［141］湛永松，卢兆明，袁国杰．基于 WebGIS 的分布式城市应急决策支持模型［J］．微电子学与计算机，2008，25（10）：51－53.

［142］张成福．公共危机管理：全面整合的模式与中国的战略选择［J］．中国行政管理，2003（7）：6－11.

［143］张国宁，沈寿林．试论复杂性科学方法论对还原论的超越［J］．系统科学学报，2013，21（4）：14－17.

［144］张海波，童星．应急能力评估的理论框架［J］．中国行政管理，2009（4）：33－37.

［145］张辉，刘奕．基于“情景—应对”的国家应急平台体系基础科学问题与集成平台［J］．系统工程理论与实践，2012，32（5）：947－953.

［146］张婧，申世飞，杨锐．基于偏好序的多事故应急资源调配博弈模型［J］．清华大学学报（自然科学版），2007，47（12）：2172－2175.

［147］张立荣，方堃．基于复杂适应系统理论（CAS）的政府治理公共危机模式革新探索［J］．软科学，2009，23（1）：6－11.

［148］张立荣，冷向明．协同学语境下的公共危机管理模式创新探讨［J］．中国行政管理，2007（10）：100－104.

［149］张仁平，曹任何．府际管理视角下的长株潭城市群公共危机管理合作模式研究［J］．行政与法，2008（8）：13－16.

［150］张小明．从 SARS 事件看公共部门危机管理机制设计［J］．北京科技大学学报（社会科学版），2003（3）：19－23.

［151］张小明．论公共危机事前风险管理与评估［J］．北京科技大学学报（社会科学版），2007，23（1）：36－40.

［152］张晓鹏，袁飞，杨非．复杂科学与危机管理研究的深化［J］．理论界，2008（1）：43－49.

［153］张永领．基于 Delphi 法和最小判别的应急能力逐级评价模式研究［J］．中国安全科学学报，2010，20（2）：165－170.

［154］张云龙，刘茂，剑峰．模糊群体决策方法在应急决策中的应用［J］．中国安全科学学报，2009，19（2）：33－37.

［155］赵成根．国外大城市危机管理模式研究［M］．北京：北京大学出版社，2006.

［156］赵定东．长三角区域性社会突发事件治理中的地方政府协作机制分析［J］．辽东学院学报（社会科学版），2009，11（5）：19－26.

［157］赵林度，杨世才．基于 Multi－Agent 的城际灾害应急管理信息资源协同机制研究［J］．灾害学，2009，24（1）：139－143.

［158］赵林度．城市群协同应急决策生成理论研究［J］．东南大学学报（哲学社会科学版），2009，11（1）：49－55.

［159］钟开斌．信息与应急决策：一个解释框架［J］．中国行政管理，2013（8）：106－111.

［160］钟琪，戚巍，张乐．公共危机治理网络的自组织演化模型［J］．中国科学技术大学学报，2010，40（9）：977－984.

［161］钟永光，毛中根，翁文国，杨列勋．非常规突发事件应急管理研究进展［J］．系统工程理论与实践，2012，32（5）：911－917.

［162］周国华，舒倩，李红霞．长株潭城市群生态安全建设研究［J］．湖南师范大学自然科学学报，2005，28（4）：75－79.

［163］周晓丽．公共危机的复合治理［J］．中共长春市委党校学报，2006（6）：59－62.

［164］朱莉，曹杰．超网络视角下灾害应急资源调配研究［J］．软科学，2012，26（11）：38－42.

［165］朱晓峰，潘郁，张瑞荣．危机管理的政府决策支持系统研究［J］．情报科学，2007（2）：167－176.

［166］朱正威，吕书鹏．城市社区公共安全管理绩效评价研究［J］．西安交通大学学报：社会科学版，2011，31（6）：58－62.

［167］朱正威，赵欣欣，蔡李．突发公共安全事件扩散动力学模型仿真研究［J］．中国行政管理，2012（9）：125－128.

［168］左春荣，田涛，马英．基于 Markov 链的非常规突发事件应急决策模型［J］．统计与决策，2012（19）：57－60.

［169］A. Adrot，J. L. Moriceau. Introducing Performativity to Crisis Management Theory：An Illustration from the 2003 French Heat Wave Crisis Response［J］．Journal of Contingencies and Crisis Management，2013，21（1）：26－44.

［170］A. Bagheri，M. Darijani，A. Asgary，et al. Crisis in urban water systems during the reconstruction period：a system dynamics analysis of alternative policies after the 2003 earthquake in Bam－Iran［J］．Water resources management，2010，24（11）：2567－2596.

［171］A. Boin，M. Ekengren. Preparing for the Word Risk Society：Towards a New Security Paradigm for the European union［J］．Journal of Contingencies and Crisis Management，2009，17（4）：285－294.

［172］A. Carlos，B. E. Costa，C. S. Oliveira，V. Vieira. Pnontization of bridges and tunnels earthquake risk mitigation using multicrileria decision analysis：Aplication to Lisbon［J］．Omega，2008，36（6）：442－450.

［173］A. Chen，N. Chen，J. M. Li. During－incident process assessment in emergency management：Concept and strategy［J］．Safety Science，2012（50）：90－102.

［174］A. Fruhling，D. Vreede，J. Gert，et al. Field Experiences with Extreme Programming：Developing an Emergency Response System［J］．Journal of Management Information Systems，2006，22（4）：39－68.

［175］A. Henstra. Evaluating local government emergency management programs：what framework should public managers adopt？［J］．Public Administration Review，2010，70（2）：236－246.

［176］A. Rose，T. Kustra. Economic Considerations in Designing Emergency Management Institutions and Policies for Transboundary Disasters［J］．Public Management Review，2013，15（3）：446－462.

［177］A. M. Goulielmos，A. Pardali. The framework protecting ports and ships from fire and pollution［J］．Disaster Prevention and Management，1998，7（4）：281－287.

［178］B. Van de Walle，M. Turoff. Decision support for emergency situations［J］．Information Systems and E－Business Management，2008，6（3）：295－316.

［179］B. D. Malamud，D. L. Turcotte. Self－organized criticality applied to natural hazards［J］．Natural Hazards，1999，20（2）：93－116.

［180］B. T. Turgut，G. Tas，A. Herekoglu. A fuzzy AHP based decision support system for disaster center location selection and a case study for Istanbu［J］．Disaster

Prevention and Management, 2011 (20): 499 -520.

[181] C. Ansell, A. Boin, A. Keller. Managing Transboundary Crises: Identifying the Building Blocks of an Effective Response System [J]. Journal of Contingencies and Crisis Management, 2010, 18 (4): 195 -207.

[182] C. D, Maio, G. Fenza, M. Gaeta, V. Loia, F. Orciuoli. A knowledge - based framework for emergency DSS [J]. Knowledge - Based Systems, 2011, 24 (8): 1372 -1379.

[183] C. F. Hermann. International Crisis: Insight from Behavioral Research [M]. N. Y.: Free Press, 1972.

[184] C. L. Hwang, K. P. Yoon. Multiple criterion decision making: methods and applications [M]. New York: Springer - Verlag, 1981.

[185] C. M. Pearson, J. A. Clair. Reframing crisis management [J]. Academy of Management Review, 1998, 23 (1): 59 -76.

[186] D. Bianucci, G. Cattaneo, D. Ciucci. Entropies and coentropies of coverings with application to complete to incomplete information system [J]. Fundamenta Informaticae, 2007, 75 (1/4): 77 -105.

[187] D. Fogli, G. Guida. Knowledge - centered design of decision support systems for emergency management [J]. Decision Support Systems, 2013, 55 (1): 336 -347.

[188] D. McEntire. Understanding and reducing vulnerability: from the approach of liabilities and capabilities [J]. Disaster Prevention and Management, 2011, 20 (3): 294 -313.

[189] D. Mendonca, G. E. G. Beroggi, G. D. Van, et al. Designing gaming simulations for the assessment of group decision support systems in emergency response [J]. Safety Science, 2006, 44 (6): 523 -535.

[190] D. Mendonca, W. A. Wallace. A cognitive model of improvisation in emergency management [J]. IEEE Transactions on Systems, Man, and Cybemetics - Part A (Systems&Humans), 2007, 37 (4): 547 -561.

[191] D. Mendonca. Decision support for improvisation in response to extreme events: Learning from the response to the 2001 World Trade Center attack [J]. Decision Support Systems, 2007, 43 (3): 952 -967.

[192] D. Molinari, F. Ballio, S. Menoni. Modelling the benefits of flood emergency management measures in reducing damages: a case study on Sondrio, Italy [J]. Natural Hazards and Earth System Science, 2013, 13 (8): 1913 -1927.

[193] D. J. Ergu, G. Kou, Y. Zhang. Analytic network process in risk assess-

ment and decision analysis [J]. Computers and Operations Research, 2014, 42 (2): 58-74.

[194] D. M. Lumbroso, M. D. Mauro, A. F. Tagg, F. Vinet, K. Stone. FIM FRAME: a method for assessing and improving emergency plans for floods [J]. Natural Hazards and Earth System Sciences, 2012 (12): 1731-1746.

[195] D. Y. Chang. Applications of the extent analysis method on fuzzy AHP [J]. European Journal of Operational Research, 1996, 95 (3): 649-655.

[196] E. Lettieri, C. Masella, C. Radaelli. Disaster management: findings from a systematic review [J]. Disaster Prevention and Management, 2009, 18 (2): 117-136.

[197] E. K. Stern. Crisis decisionmaking: A cognitive institutional approach [M]. University of Stockholm, Department of Political Science, 1999.

[198] F. Ozel. Time Pressure and Stress as a Factor During Emergency Egress [J]. Safety Science, 2001, 38 (2): 95-107.

[199] G. Alliso. Essence of Decision Explaining the Cuban Missile Crisis [M]. Longman Publishing Group, 1971.

[200] G. Galindo, R. Batta. Review of recent developments in OR/MS research in disaster operations management [J]. European Journal of Operational Research, 2013, 230 (2): 201-211.

[201] G. Lee, K. S, Jun, E. S. Chung. Robust spatial flood vulnerability assessment for Han River using fuzzy TOPSIS with α-level sets [J]. Expert Systems with Applications, 2014, 41 (2): 644-654.

[202] G. A. Klein. A recognition-primed decision (RPD) model of rapid decision making [J]. Decision making in action: Models and methods, 1993, 5 (4): 138-147.

[203] G. Q. Zhang, J. Ma, J. Lu. Emergency management evaluation by a fuzzy multi-criteria group decision support system [J]. Stochastic Environmental Research and Risk Assessment, 2009, 23 (4): 517-527.

[204] G. T. Fu. A fuzzy optimization method for multicriteria decision making: An application to reservoir flood control operation [J]. Expert Systems with Applications, 2008, 34 (1): 145-149.

[205] H. Haken. Synergetics of Brain Function [J]. International Journal of Psychophysiology, 2006, 60 (2): 110-124.

[206] H. Sinclair, E. E. Doyle, D. M. Johnston, et al. Assessing emergency management training and exercises [J]. Disaster Prevention and Management, 2012,

21 (4): 507 -521.

[207] H. Tamura, K. Yamamoto, S. Tomiyama, et al. Modeling and analysis of decision making problem for mitigating natural disaster risks [J]. European Journal of Operational Research, 2000, 122 (2): 461 -468.

[208] H. Tiedemann. Disaster Prevention and Mitigation: Some Prerequisites [J]. Disaster Prevention and Management, 1992, 1 (1): 11 -29.

[209] H. Wang. A rule - based decision support system for critical infrastructure management [J]. Human and Ecological Risk Assessment: An International Journal, 2013, 19 (2): 566 -576.

[210] H. J. Zimmermann. Fuzzy set theory and its applications (3th ed.) [M]. Boston: Kluwer Academic Publishers, 1996.

[211] I. Karimi, E. Hüllermeier. Risk assessment system of natural hazards: A new approach based on fuzzy probability [J]. Fuzzy Sets and Systems, 2007, 158 (9): 987 -999.

[212] I. N. Durbach, T. J. Stewart. Modeling uncertainty in multi - criteria decision analysis [J]. European Journal of Operational Research, 2012, 223 (1): 1 -14.

[213] J. Coles, J. Zhuang. Decisions in Disaster Recovery Operations: A Game Theoretic Perspective on Organization Cooperation [J]. Journal of Homeland Security and Emergency Management, 2011, 8 (1): 1 -14.

[214] J. Cosgrave. Decision making in emergencies [J]. Disaster Prevention and Management, 1996, 5 (4): 28 -35.

[215] J. Gottmann. Megalopolis or the Urbanization of the Northeastern Seaboard [J]. Economic Geography, 1957, 33 (3): 189 -200.

[216] J. Li, Q. Li, C. Liu, et al. Community - based collaborative information system for emergency management [J]. Computers & Operations Research, 2014, 42 (2): 116 -124.

[217] J. Schneider, C. J. Romanowski, K. Stein. Decision making to support local emergency preparation, response, and recovery [C]. Technologies for Homeland Security (HST), IEEE, 2013: 498 -503.

[218] J. Ye. Multicriteria fuzzy decision - making method using entropy weights - based correlation coefficients of interval - valued intuitionistic fuzzy sets [J]. Applied Mathematical Modeling, 2010, (34): 3864 -3870.

[219] J. K. Levy, K. Taji, Group decision support for hazards planning and emergency management: A Group Analytic Network Process (GANP) approach [J]. Mathe-

matical and Computer Modeling, 2007, 46 (7): 906 -917.

[220] J. K. Levy, K. W. Hipel. Introduction to the special issue on disaster risk reduction in the post 9 - 11 security environment [J]. Group Decision and Negotiation, 2009 (18): 299 -301.

[221] J. L. Cochrane, M. Zeleny. Multiple criteria decision making [M]. Columbia: University of South Carolina Press, 1973.

[222] K. Atanassov, G. Gargov. Interval - valued intuitionistic fuzzy sets [J]. Fuzzy Sets and Systems, 1989, 31 (3): 343 -349.

[223] K. Atanassov. Intuitionistic fuzzy sets [J]. Fuzzy Sets and Systems, 1986, 20 (1): 87 -96.

[224] K. F. Xie, G. Chen, Q. Wu. Research on the group decision - making about emergency event based on network technology [J]. Information Technology & Mangement, 2011 (12): 137 -147.

[225] K. M. Kowalski - Trakofler, V. Charles, S. Ted. Judgment and decision making under stress: An overview for emergency managers [J]. International Journal of Emergency Management, 2003, 1 (3): 278 -289.

[226] K. M. Neville, C. Doyle, J. Mueller, et al. Supporting Cross Border Emergency Management Decision - Making [C]. Proceedings of the 21st European Conference on Information Systems, 2013: 1 -7.

[227] L. Du, G. Zheng, Y. Kan, et al. The Research of a Decision - Making Model based on OODA Loop for Emergency Evacuation in City [J]. International Journal of Computer Science Issues, 2013, 10 (2): 455 -463.

[228] L. Lindsey. The decision - making process in an emergency: a reflection on paramedic practice [J]. Journal of Paramedic Practice, 2013, 5 (12): 692 -697.

[229] L. Sayegh, W. P. Anthony, P. L. Perrewe. Managerial decision - making under crisis: The role of emotion in an intuitive decision process [J]. Human Resource Management Review, 2004, 14 (2): 179 -199.

[230] L. A. Zadeh. Fuzzy sets [J]. Information Control, 1965 (8): 338 -353.

[231] L. K. Comfort, W. L. Waugh, B. A. Cigler. Emergency Management Research and Practice in Public Administration: Emergence, Evolution, Expansion, and Future Directions [J]. Public Administration Review, 2012, 72 (4): 539 -548.

[232] L. V. Green, P. J. Kolesar. Improving emergency responsiveness with management science [J]. Management Science, 2004, 50 (8): 1001 -1014.

[233] L. X. Cui. Applying Fuzzy Comprehensive Evaluation Method to Evaluate

Quality in Crisis and Emergency Management [J] . Communications in Statistics - Theory and Methods, 2012 (41): 3942 -3959.

[234] L. X. Yi, L. L. Ge, D. Zhao, J. X. Zhou, Z. W. Gao. An analysis on disasters management system in China [J] . Nat Hazards, 2012 (60): 295 -309.

[235] L. Yu, K. K. Lai. A distance - based group decision - making methodology for multi - person multi - criteria emergency decision support [J] . Decision Support Systems, 2011 (51): 307 -315.

[236] L. Y. Yu, Y. Wang. Research on Self - organization Evolution for Public Crisis Governance Network of Urban Agglomeration [C] . The 10th International Conference on Service Systems and Service Management, 2012, 162 -166.

[237] M. Jacob, T. Hellstrom. Policy understanding of science, public trust and the BSE - CJD crisis [J] . Journal of Hazardous Materials, 2000, 78 (1): 303 -317.

[238] M. Mahmoud, Y. Liu, H. Hartmann, et al. A formal framework for scenario development in support of environmental decision - making [J] . Environmental Modelling & Software, 2009, 24 (7): 798 -808.

[239] M. Newman, S. A. Smith. Integration of emergency risk management into west australian indigenous communities [J] . The Australian Journal of Emergency Management, 2004, 19 (1): 10 -15.

[240] M. Oussalah. On the compatibility between defuzzification and fuzzy arithmetic operations [J] . Fuzzy Sets and Systems, 2002, 128 (2): 247 -260.

[241] M. Peng, L. M. Zhang. Dynamic decision making for dam - break emergency management - Part 1: Theoretical framework [J] . Natural Hazards and Earth System Science, 2013, 13 (2): 425 -437.

[242] M. Peng, L. M. Zhang. Dynamic decision making for dam - break emergency management - Part 2: Application to Tangjiashan landslide dam failure [J] . Natural Hazards and Earth System Science, 2013, 13 (2): 439 -454.

[243] M. L. Carreno, O. D. Cardona, A. H. Barbat. A disaster risk management performance index [J] . Natural Hazards, 2007, 41 (1): 1 -20.

[244] N. Altay, W. G. Green. OR/MS research in disaster operations management [J] . European Journal of Operational Research, 2006, 175 (1): 475 -493.

[245] N. Kapucu, Disaster and emergency management systems in urban areas [J] . Cities, 2012, 29 (1): 41 -49.

[246] N. Kapucu, V. Garayev. Collaborative decision - making in emergency and disaster management [J] . International Journal of Public Administration, 2011,

34 (6): 366 - 375.

[247] N. Kapucu. Collaborative emergency management and national emergency management network [J]. Disaster Prevention and Management, 2010, 19 (4): 452 - 468.

[248] N. Rosmuller, G. E. G. Beroggi. Group decision making in infrasture safety planning [J]. Safety Science, 2004, 42 (6): 325 - 349.

[249] O. S. Vaidya, S. Kumar. Analytic hierarchy process: An overview of applications [J]. European Journal of Operational Research, 2006, 169 (1): 1 - 29.

[250] P. Benigno, A. Missale. High public debt in current crises: fundamentals versus signaling effects [J]. Journal of international money and finance, 2004, 23 (20): 165 - 188.

[251] P. Corrigan, G. Glomm, F. Mendez. AIDS crisis and growth [J]. Journal of Development Economics, 2005, 77 (1): 107 - 124.

[252] P. Salmon, N. Stanton, D. Jenkins, G. Walker. Coordination during multi - agency emergency response: issues and solutions [J]. Disaster Prevention and Management, 2011, 20 (2): 140 - 158.

[253] P. D. Haghighia, F. Bursteina, A. Zaslavsky, P. Arbon. Development and Evaluation of Ontology for Intelligent Decision Support in Medical Emergency Management for Mass Gatherings [J]. Decision Support Systems, 2013, 54 (2): 1192 - 1204.

[254] P. D. Wright, M. J. Liberatore, R. L. Nydick. A survey of operations research models and applications in homeland security [J]. Interfaces, 2006, 36 (6): 514 - 529.

[255] Q. Zhou, W. L. Huang, Y. Zhang. Identifying critical success factors in emergency management using a fuzzy DEMATEL method [J]. Safety Science, 2011 (49): 243 - 252.

[256] R. A. Krohling, V. C. Campanharo. Fuzzy TOPSIS for group decision making: A case study for accidents with oil spill in the sea [J]. Expert Systems with Applications, 2011, 38 (4): 4190 - 4197.

[257] R. C. Larson, M. D. Metzger, M. F. Cahn. Responding to emergencies: lessons learned and the need for analysis [J]. Interfaces, 2006, 36 (6): 486 - 501.

[258] S. Fink. Crisis Management: Planning for the Inevitable [M]. New York: American Management Association, 1986.

[259] S. Ibri, M. Nourelfath, H. Drias. A multi - agent approach for integrated

emergency vehicle dispatching and covering problem [J]. Engineering Applications of Artificial Intelligence, 2012, 25 (3): 554-565.

[260] S. Potter. Critical reasoning: AI for emergency response [J]. Applied Intelligence, 2012, 37 (3): 337-356.

[261] S. Tufekci, W. A. Wallace. Emerging area of emergency management and engineering [J]. IEEE Transactions on Engineering Management, 1998, 45 (2): 103-105.

[262] S. H. Chen, C. L. Hwang. Fuzzy multiple attribute decision making: methods and applications [M]. New York: Springer-Verlag, Heidelberg, 1992 (1): 465-486.

[263] T. Bayrak. Identifying requirements for a disaster-monitoring system [J]. Disaster Prevention and Management, 2009, 18 (2): 86-99.

[264] T. Vasavada. Managing Disaster Networks in India [J]. Public Management Review, 2013, 15 (3): 363-382.

[265] T. C. Wang, H. D. Lee. Developing a fuzzy TOPSIS approach based on subjective weights and objective weights [J]. Expert Systems with Applications, 2009, 36 (5): 8980-8985.

[266] T. L. Saaty. Decision making with dependence and feedback: The analytic network process [J]. Pittsburgh, PA: RWS Publication, 1996.

[267] T. Y. Chen, C. Y. Tsao. The interval-valued fuzzy TOPSIS method and experimental analysis [J]. Fuzzy Sets and Systems, 2008, 159 (11): 1410-1428.

[268] U. Gupta, N. Ranganathan. Multievent crisis management using non cooperative multistep games [J]. IEEE Transactions on Computers, 2007 (56): 577-589.

[269] U. Rosenthal, M. T. Charles, P. T. t. Hart. Coping with crises: the management of disasters, riots and terrorism [M]. Thomas, 1989.

[270] V. Clerveaux, B. Spence, T. Katada. Promoting disaster awareness in multicultural societies: the DAG approach [J]. Disaster Prevention and Management, 2010, 19 (2): 199-218.

[271] V. L. G. Nayagam, S. Muralikrishnan, G. Sivaraman. Multi-criteria decision-making method based on interval-valued intuitionistic fuzzy sets [J]. Expert Systems with Applications, 2011, 38 (3): 1464-1467.

[272] WHO. (2003). The World Health Report 2003-Shaping the Future [EB/OL]. http://www.who.int/whr.

[273] W. Ho. Integrated analytic hierarchy process and its applications – A literature review [J]. European Journal of Operational Research, 2008, 186 (1): 211 – 228.

[274] W. Smith, J. Dowell. A case study of co – ordinative decision – making in disaster management [J]. Ergonomics, 2000, 43 (8): 1153 – 1166.

[275] W. H. W. Ishak, K. R. Ku – Mahamud, N. M. Morwawi. Conceptual Model of Intelligent Decision Support System Based on Naturalistic Decision Theory for Reservoir Operation during Emergency Situation [J]. International Journal of Civil & Environmental Engineering IJCEE – IJENS, 2011, 11 (2): 6 – 11.

[276] W. L. Andrews, M. Helfrich, J. R. Harrald. The use of multi – attribute methods to respond to a nuclear crisis [J]. Journal of Homeland Security and Emergency Management, 2008, 5 (1): 1 – 16.

[277] W. S. Tai, C. T. Chen. A new evaluation model for intellectual capital based on computing with linguistic variable [J]. Expert Systems with Applications, 2009, 36 (2): 3483 – 3488.

[278] X. H. Xu, L. Y. Zhang, Q. F. Wan. A Variation Coefficient Similarity Measure and Its Application in Emergency Group Decision – making [J]. Systems Engineering Procedia, 2012, (5): 119 – 124.

[279] Y. Chen, K. W. Li, H. Y. Xu, S. F. Liu. A DEA – TOPSIS method for multiple criteria decision analysis in emergency management [J]. Journal of Systems Science and Systems Engineering, 2009 (18): 489 – 507.

[280] Y. Kuwata, I. Noda, M. Ohta, et al. Evaluation of decision support systems for emergency management [C]. Proceedings of the 41st SICE Annual Conference, IEEE, 2002 (2): 860 – 864.

[281] Y. Liu, Z. P. Fan, Y. Yuan, H. Y. Li. A FTA – based method for risk decision – making in emergency response [J]. Computers & OperationsResearch, 2014, 42 (2): 49 – 57.

[282] Y. Liu, Z. P. Fan, Y. Zhang. Risk decision analysis in emergency response: A method based on cumulative prospect theory [J]. Computers & Operations Research, 2014, 42 (2): 75 – 82.

[283] Y. Peng, Y. Zhang, Y. Tang, S. M. Li. An incident information management framework based on data integration, data mining, and multi – criteria decision making [J]. Decision Support Systems, 2012 (51): 316 – 327.

[284] Y. B. Ju, A. H. Wang. Emergency alternative evaluation under group de-

cision makers: A method of incorporating DS/AHP with extended TOPSIS [J]. Expert Systems with Applications, 2012, 39 (1): 1315 -1323.

[285] Y. M. Wang, T. M. S. Elhag. Fuzzy TOPSIS method based on alpha level sets with an application to bridge risk assessment [J]. Expert Systems with Applications, 2006, 31 (2): 309 -319.

[286] Y. M. Wang, Y. Luo, Z. S. Hua. On the extent analysis method for fuzzy AHP and its applications [J]. European Journal of Operational Research, 2008, 186 (2): 735 -747.

[287] Z. L. Yue. Deriving decision maker' s weights based on distance measure for interval - valued intuitionistic fuzzy group decision making [J]. Expert Systems with Applications, 2011, 38 (9): 116 -121.

[288] Z. S. Xu, X. Cai. Minimizing group discordance optimization model for deriving expert weights [J]. Group Decision and Negotiation, 2012, 21 (6): 863 - 875.

[289] Z. S. Xu. A deviation - based approach to intuitionistic fuzzy multiple attribute group decision making [J]. Group Decision and Negotiation, 2010, 19 (1): 57 -76.

[290] Z. S. Xu. Intuitionistic fuzzy multiattribute decision making: an interactive method [J]. IEEE Transactions on Fuzzy Systems, 2012, 20 (3): 514 -525.